염불보권문
念佛普勸文

동국대학교 불교기록문화유산아카이브사업단(ABC)
본서는 문화체육관광부 지원으로 동국대학교 불교학술원에서 간행하였습니다.

한글본 한국불교전서 조선9
염불보권문

2012년 9월 15일 초판 1쇄 발행
2021년 4월 5일 초판 2쇄 발행

지은이 명연
옮긴이 정우영 · 김종진
발 행 도서출판 학교법인 동국대학교출판문화원

출판등록 제2020-000110호(2020년 7월 9일)
주소 04626 서울시 중구 퇴계로36길2 신관1층 105, 106호
전화 02-2260-4714
팩스 02-2268-7851
Homepage http://dgpress.dongguk.edu
E-mail abook@jeongjincorp.com

편집디자인 꽃살무늬
인쇄처 일흥

© 2017, 동국대학교(불교학술원)

ISBN 978-89-7801-366-6 93220

값 13,000원

이 책의 무단 전재나 복제 행위는 저작권법 제98조에 따라 처벌받게 됩니다.

한글본 한국불교전서 조선 9

염불보권문
念佛普勸文

명연明衍 모음
정우영 · 김종진 옮김

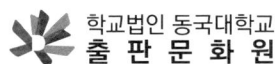
학교법인 동국대학교
출판문화원

한글본 한국불교전서를 펴내며

『한국불교전서韓國佛敎全書』(전14책, 동국대학교출판부)는 1700년 역사를 지닌 한국 불교사상의 정수를 담은 책으로서 한국의 사상과 문화의 보고이다. 전서는 삼국시대부터 1900년대 초에 이르기까지 한국에서 찬술된 불교문헌을 집대성한 것으로서 국내외 연구자들에게 한국의 사상과 역사 및 문화를 연구하는 데 활용도가 매우 큰 것으로 인정받고 있다.

이렇듯 정성 들여 수집하고 간행한 전서의 모든 문헌을 이 시대의 언어감각에 맞게 번역하고 이를 간행하여 일반 독자들에게 제공하는 것은 우리 세대의 시대적 과제라 할 수 있다. 이는 한국 문화의 우수성을 우리 스스로 확인하고 이를 바탕으로 새로운 문화를 창조하는 데 필요한 것으로서 우리 시대에 수행해야 하는 문화적 사명임이 분명하다.

이에 동국대학교 불교문화연구원에서는 『한국불교전서』를 역주하여 『한글본 한국불교전서』를 펴내는 바이다. 이를 통해 오랜 세월 동안 묻혀 왔던 보배와 같은 문헌들과 위대한 사상가들이 새롭게 조명되고 일반 독자들에게도 널리 읽히는 계기가 되기를 기대한다. 또한 이를 통해 한국 문화의 우수성을 재발견하고 우리 시대에 새로운 호흡을 불어넣는 가치관을 제시하는 데 밑거름이 될 것으로 기대한다.

사업의 진행과 역서의 출간에 도움을 준 문화체육관광부와 동국대학교 관계자 여러분께 심심한 감사를 드리며, 전서의 번역과 한글본의 완간이 마무리될 때까지 지속적인 성원이 있기를 당부드린다. 아울러 여러 가지 어려운 상황 속에서도 사명감을 가지고 동참해 주신 역자 여러분께 재삼 감사드린다.

2010. 6.
동국대학교 불교문화연구원장

염불보권문念佛普勸文 해제

정 우 영
동국대학교 국어국문학과 교수

1. 개요

『염불보권문念佛普勸文』의 원명原名은 '대미타참 약초요람 보권염불문大彌陁懺畧抄要覽普勸念佛文'인데, 보통 '염불보권문念佛普勸文' 또는 '보권염불문普勸念佛文'이라 통칭된다. 『염불보권문』은 조선 숙종 30년인 1704년에 경북 예천 용문사龍門寺에서 청허淸虛의 후예인 명연明衍 스님이 여러 불경에 있는 내용을 약초畧抄하여 엮고, 이를 우리말로 언해諺解하여 간행한 책이다. 그 후에 용문사판龍門寺版『염불보권문』을 저본으로 삼아 각 사찰에서 새로운 내용을 조금씩 덧보태거나 빼어 편집함으로써 다양한 이본이 성립되었다. 대표적인 것으로는 1741년 대구 팔공산 수도사판修道寺版, 1764년 대구 팔공산 동화사판桐華寺版, 1765년 황해도 구월산 흥률사판興律寺版과 평안도 묘향산 용문사판龍門寺版, 1776년의 경상도 합천 해인사판海印寺版, 그리고 1787년 전라도 무진 선운사판禪雲寺版 등을 들 수 있다.

이 책의 내용이 어떻게 구성되어 있는가를 해인사판을 중심으로 살피되, 편의상 네 부분으로 나누어 보면 다음과 같다.

Ⅰ부 : 「서序」와 승려 명연이 여러 경經·논論에서 약초한 글로 구성된

다. 주로 세상 사람들에게 염불念佛을 널리 권하는 내용으로, 장차張次는 1장~13장 앞면까지에 해당한다.

Ⅱ부 : 편자가「대미타참문大彌陁懺文」이라고 한 장차 13장 앞부터 23장 앞면까지이다. 이 부분에는「오장국왕견불왕생烏長國王見佛往生」,「세자동녀권모왕생世子童女勸母往生」,「수문황후이향왕생隋文皇后異香往生」,「경조방자권타왕생京兆房翥勸他往生」,「학사장항지과왕생學士張抗持課往生」,「신사목경집번왕생信士牧卿執幡往生」,「온문정처사친왕생溫文靜妻辭親往生」,「도우선화십념왕생屠牛善和十念往生」등이 실려 있다.

Ⅲ부 :「염불작법차서念佛作法次序」로「개경게開經偈」를 비롯하여「개법장진언開法藏眞言」,「도량게道場偈」,「참회게懺悔偈」,「찬불게讚佛偈」,「왕생게往生偈」,「여래십대발원문」,「나옹화상서왕가」,「인과문」,「대불정수능엄신주大佛頂首楞嚴神呪」등이 들어 있는데, 장차는 23장 앞에서 34장 뒷면까지이다.

Ⅳ부 :「유전기流轉記」,「임종정념결臨終正念訣」,「부모효양문父母孝養文」,「회심가」,「유마경維摩經」,「불설아미타경佛說阿彌陁經」,「현씨발원문玄氏發願文」,「현씨행적玄氏行跡」,「시주질」,「아미타불인행阿彌陁佛因行」으로 장차 34장 앞면부터 59장 뒷면까지이고,「왕랑반혼전王郞返魂傳」은 이들과는 별도로 장차가 매겨져 있어(1장~9장) 이것까지 합치면『염불보권문』은 전체가 68장이 되는 셈이다.

기타 보유편은 본래『염불보권문』이란 책과는 별도의 독립된 간행물로서, 부록처럼 뒤에 덧붙여 놓았다.

1741년 수도사修道寺에서 개간開刊한『염불보권문』은 1704년 예천 용문사판 판목을 가져다가 쇄출하고 거기에「임종정념결」과「부모효양문」을 추가한 것이며, 1764년 동화사판은 거기에 다시「회심가」,「유마경」,「왕랑반혼전」을 추가한 것이다. 1787년의 선운사판은 해인사판과 같은 구성으로 되어 있다.

또한 각 이본에는 간행하는 사찰 나름대로의 형편과 사정에 따라서 중간중간에 새로운 내용이 약간씩 추가되었으니, 동화사판에는 Ⅱ부에 「공각젼이라」, 「승귀라 ᄒᆞᄂᆞᆫ 즁…」이, 1765년 흥률사판에는 「제자종본생우사명진씨승감弟子宗本生于四明陳氏承感」 등 4편이 Ⅰ부에, 「아미타불본심미묘진언阿彌陁佛本心微妙眞言」 등 3편이 Ⅲ부에, 1765년 묘향산 용문사판에는 「귀의삼보편歸依三寶篇」 등 3편이 Ⅰ부에, 그리고 「향백낙천찬서법문香白樂天讚誓法門」 등 3편이 Ⅱ부에 추가되었다.

2. 서지 사항

『염불보권문』의 서지 사항을 간략히 소개하면 다음과 같다.
- 서명 : 대미타참 약초요람 보권염불문大彌陁懺畧抄要覽普勸念佛文
- 저자 : 명연明衍(생몰연대 미상. 청허 휴정의 후예)
- 서지 : 목판본
- 발행 사항 : 경상도慶尙道 합천陜川 해인사海印寺 — 건륭乾隆 41년(1776) 병신삼월일丙申三月日 개간開刊
- 형태 : 1권 1책, 사주단변四周單邊, 반곽半郭 19.5×16.5cm, 유계有界, 반엽半葉 11행 22자 상하내향백上下內向白, 20.5×29.3cm, 68장(59장+9장).
- 표제 : 미타참략초彌陁懺畧抄
- 판심제 : 보권문普勸文
- 지질 : 저지楮紙
- 소장처 : 서울대 일사문고, 계명대 도서관, 국립중앙도서관; 서강대 도서관, 한국학중앙연구원 장서각; 경북대 대학원(후쇄), 동국대 도서관(후쇄) 등.

현존하는 『염불보권문』의 이본과 소장 현황은 다음과 같다.

판본 현황	간행 연대	소장처
용문사판龍門寺版	1704	서울대 규장각, 김주원 교수
수도사판修道寺版	1741	서울대 규장각
동화사판桐華寺版	1764	영남대 도남문고陶南文庫
흥률사판興律寺版	1765	경북대 대학원(후쇄), 고려대 도서관
묘향산 용문사판龍門寺版	1765	충남대 도서관
해인사판海印寺版	1776	가. 서울대 일사문고, 계명대 도서관, 국립중앙도서관 나. 서강대 도서관, 한국학중앙연구원 장서각 다. 경북대 대학원(후쇄. 1954년) 라. 동국대 도서관(후쇄. 1960년)
선운사판禪雲寺版	1787	서울대 가람문고

현존하는 각 판본의 내용을 상호 대조하여 〈일람표〉로 만들면 다음과 같다. 이 표는 1704년 용문사판을 기준으로 순서를 정해 글의 제목을 붙인 것인데, 용문사판에는 없으나 다른 이본에 실린 것은 전후 내용을 고려하여 넣었다. 위의 이본 중에서 아래 일람표에 제시하지 않은 것에 대해서는 몇 가지 설명이 필요할 듯하다. 해인사판 중에서 서강대본과 한국학중앙연구원 장서각본은 동일한 판본이고, 서울대 일사문고본과 국립중앙도서관 자료가 동일한데, 세 곳에서만 차이를 보인다. 서강대본에는 「현씨행적」이 없는 대신, 일사문고본에는 「현씨행적」은 있으나 「불설아미타경」과 「현씨발원문」이 빠져 있다. 경북대 대학원(후쇄)과 동국대 도서관 소장본(후쇄)은 '해인사판'이라고는 하지만 20세기에 들어 쇄출한 자료이고, 1776년에 간행된 것으로 추정되는 서강대본과 서울대 일사문고본과 대조해 보면 편집에 오류가 많고, 구성면에서 차이가 나므로 일람표에서는 제시하지 않는다. (표에서 ㅇ는 해당 판본에 실려 있음을, ×는 실려 있지 않음을 표시한다.)

글의 제목	용문사판 (1704)	수도사판 (1741)	동화사판 (1764)	흥률사판 (1765)	묘향산 용문사판 (1765)	해인사판 (1776) (서강대)	해인사판 (1776) (일사)	선운사판 (1787)
서	○	○	○	○	○	○	○	○
귀명삼보 불보공덕	×	×	×	×	○	×	×	×
법보공덕	×	×	×	×	○	×	×	×
승보공덕	×	×	×	×	○	×	×	×
아미타불인행	×	×	×	×	×	○	○	○
제불불여아미타불	○	○	○	×	○	○	○	○
제자종본생우사명진씨승감	×	×	×	○	×	×	×	×
여동빈 오도송	×	×	×	○	×	×	×	×
백낙천송	×	×	×	○	×	×	×	×
송상무진거사	×	×	×	×	×	×	×	×
염제불불여념아미타불	○	○	○	○	○	○	○	○
제국세계불여서방극락세계	○	○	○	○	○	○	○	○
극락세계칠보지중유구품연화대	○	○	○	○	○	○	○	○
권타념불 동생서방	○	○	○	○	○	○	○	○
유연봉불무연훼불	○	○	○	○	○	○	○	○
유신유익무신무익	○	○	○	○	○	○	○	○
탐세사인부지염불대락	○	○	○	○	○	○	○	○
차상제경논문약초요람보권제인 차하대미타참문	○	○	○	○	○	○	○	○
오장국왕 견불왕생	○	○	○	○	○	○	○	○
세자동녀 권모왕생	○	○	○	○	○	○	○	○
향산백낙천찬서법문	×	×	×	×	×	×	×	×
당이태백찬서법문	×	×	×	×	×	×	×	×
소동파찬법문	×	×	×	×	○	×	×	×
수문황후 이향왕생	○	○	○	○	○	○	○	○
경조방자 권타왕생	○	○	○	○	○	○	○	○
학사장항 지과왕생	○	○	○	○	○	○	○	○
신사목경 집번왕생	○	○	○	○	○	○	○	○
왕낭전이라	○	○	×	×	×	×	×	×
불계 파훈…	○	○	○	×	×	×	×	×
정원대사참경절요발	○	○	×	×	×	×	×	×
온문정처 사친왕생	○	○	○	○	○	○	○	○
도우선화 십념왕생	○	○	○	○	○	○	○	○
져리나ᄆ으리나념불권혼후바리라	○	○	×	×	×	×	×	×
공각전이라	×	×	○	×	×	×	×	×
승귀라 ᄒᄂᆫ 즁이	×	×	○	×	×	×	×	×
염불작법차서	○	○	○	○	○	○	○	○
정구업진언	○	○	○	○	○	○	○	○
개경계	○	○	○	○	○	○	○	○
개법장진언	○	○	○	○	○	○	○	○

도량게	○	○	○	○	○	○	○	○
참회게	○	○	○	○	○	○	○	○
찬불게	○	○	○	○	○	○	○	○
왕생게	○	○	○	○	○	○	○	○
여릭십대발원문	○ 셔가부톄 님십대 발원문	○ 셔가부톄 님십대 발원문	○	×	○	○	○	○
훈번식 외오쇼셔	×	×	×	×	○	○	○	○
나옹화상 서왕가	○	○	×	×	○	○	○	○
인과문	○	○	○	×	×	○	○	○
대불정수능엄신주	○	○	○	×	○	○	○	×
관음보살ᄌ지여의뉸쥬	○	○	○	×	○	○	○	×
유전기	○	○	×	×	×	○	○	○
식당작법	○	○	×	×	×	×	×	×
반야바라밀다심경	○	○	×	×	×	×	×	×
추의심념	○	○	×	×	×	×	×	×
니발원문외오ᄂ…	○	○	○	×	×	×	×	×
임종정념결	×	○	○	○	○	○	○	○
부모효양문	×	○	○	×	○	○	○	○
경찬유통	×	×	×	×	○	×	×	×
고성념불유십종공덕	×	×	×	×	×	×	×	×
회심가고	×	×	○	×	○	○	○	○
유마경	×	×	○ (한문)	○ 抄出維 摩經禁 南草說 (한문)	○	○	○	○
현씨행적	×	×	×	○	×	×	×	○
불설아미타경	×	×	×	×	○	×	×	×
현씨발원문	×	×	×	×	○	×	×	×
아미타불본심미묘진언	×	×	×	×	×	×	×	×
준제진언	×	×	×	○	×	×	×	×
사성예법	×	×	×	○	×	×	×	×
왕랑반혼전	○ 왕랑젼 이라	○	○	○	×	○	○	○
환생게일	×	×	×	×	×	×	×	○

『한국불교전서』에 수록된 『염불보권문』을 위의 여러 이본과 면밀히 대조·분석해 보면, 1776년 해인사에서 간행된 자료(서강대본과 장서각본)를 저본으로 하되, 동화사판(1764)과 흥률사판(1765)에 실린 자료 중에서 편찬

목적에 부합하는 글들을 중복되지 않게 선별하여 수록한 것임을 알 수 있다. 결국 『염불보권문』은 18세기에 나온 불교 관련 포교자료를 최대한 수렴하여 체계화한 불교 종합 포교선집이라 규정할 수 있다.

3. 어학적 특징

『염불보권문』의 어학적 특성을 표기와 음운, 문법, 어휘를 중심으로 살펴보면 다음과 같다. (출처의 숫자는 장차이고, 장의 앞·뒷면은 각각 'ㄱ, ㄴ'으로 표시한다.)

먼저 국어 표기법과 음운에 관한 것으로, 초성병서는 중세국어 표기법에 비해 매우 간소화되어 있다. 이 책에는 중세국어 시기에 'ㅂ'계 또는 'ㅄ'계 병서로 구분되던 것이 'ㅂ'계로 합류된 것과 'ㅅ'계 병서가 사용되었다. 'ㅂ'계 병서로는 '훔쯰'(48ㄱ), '한야뻐시니'(48ㄱ), '뽑거니'(32ㄴ), '쁘미'(48ㄴ), '수리박쮜'(48ㄴ) 등이, 'ㅅ'계 병서로는 '쳥셕쌀'(32ㄱ), '쏘흔'(31ㄴ), '쎅거니'(32ㄴ), '못홀씨니라'(51ㄱ) 등이, 그리고 각자병서로 'ㅆ'이 '션씨'(56ㄱ) 등의 예에 나타난다. 15세기 국어 문헌자료에서 동사의 관형사형 어미 {-ㄹ} 아래에 무성 평장애음이 올 때에는 후행어의 초성을 'ㄲ, ㄸ, ㅃ, ㅆ, ㅉ' 등 각자병서로 표기한 바가 있었고, 선행어의 음절 말음이 평장애음('ㄱ, ㄷ, ㅂ')인 받침 다음에 오는 평장애음('ㄱ, ㄷ, ㅂ, ㅅ, ㅈ')은 필수적으로 경음화한다는 사실을 고려할 때 '거즛씨시라'(21ㄱ), '뻐러딜 쎠시니'(37ㄴ), '싱각홀찌니라'(29ㄴ), '갈 뿐이 아니라'(16ㄱ), '못홀 씨니라'(51ㄱ) 등에 쓰인 'ㅆ, ㅼ, ㅺ, ㅼ'은 모두 된소리를 표기한 것으로 볼 수 있다. 이와 동일한 환경에서 'ㅂ'계 병서로 표기한 경우도 나타난다. ㉠ '원홀 뗜이라'(51ㄴ).

그뿐만 아니라 이 문헌에 나타난 'ㅂ'계와 'ㅅ'계 초성 합용병서는 음가의 차이 없이 서로 통용되었다. ㉠ 빠흘(48ㄴ)/짜히(4ㄱ), 엇뻔(48ㄴ)/엇던

(18ㄴ), 또(48ㄴ)/쏘(2ㄱ). 이러한 예들을 아울러 판단할 때, 이 책에 쓰인 초성 병서竝書는 중세국어 표기법보다 간소화되어 각자병서 'ㅆ'과 초성 합용병서 'ㅅ'계와 'ㅂ'계 두 종류로 구분은 되었지만, 합용병서에 쓰인 초두의 'ㅅ'과 'ㅂ'은 대부분 된소리 부호로 쓰인 것이고, 아주 예외적으로 '수릭박쮜, 쁘미'와 같은 예의 병서 'ㅄ'의 초두 'ㅂ'은 폐쇄지속閉鎖持續을 나타내는 간접문자로 이해된다. 따라서 이 책에 쓰인 초성 병서는 'ㅆ; ㅺ, ㅼ, ㅽ, ㅾ; ㅲ, ㅳ, ㅄ, ㅴ' 등 9가지이다. 한편, 중성中聲의 경우는 어떠한가? 18세기 다른 문헌과 비교하여 크게 다른 면은 발견되지 않는다. 다만, 현본원玄本願이라는 불교 신도의 행적을 기록한 「현씨발원문」의 경우에 상향이중모음을 '워'로 표기해야 할 곳을 '외'로 표기한 특이한 예들이 발견된다. 예 '션씨발원문'(56ㄱ), '본원이요'(56ㄱ), '원호딕'(56ㄱ) 등. 이것은 활음 'w'와 단모음 '어(ə)'가 결합할 때 'w'를 '오'로 적은 것으로서 훈민정음 창제 당시 음양의 이치를 따져 표기법을 제정한 원칙에 어긋나는 표기이다. '외' 표기는 원순성은 유지하되 입술을 '우'보다 덜 내밀고 혀의 높이를 '우'보다 낮게 중간 정도로, 그리고 입도 중간 정도로 벌려 발음하는 것을 '외'로써 나타낸 것이라 해석할 수 있다.

　15·16세기 국어 표기법에서는 종성 표기가 'ㄱ, ㄴ, ㄷ, ㄹ, ㅁ, ㅂ, ㅅ, ㅇ' 등 여덟 개 받침으로 제한되었다. 이 책에는 1704년 용문사본『염불보권문』에서 쓰이던 'ㄷ' 종성 표기를 'ㅅ'으로 통일함으로써 'ㄱ, ㄴ, ㄹ, ㅁ, ㅂ, ㅅ, ㅇ' 등 7종성 표기 경향이 뚜렷하다. 예 거줏 것시(9ㄱ)(←거죽것시(10ㄴ)), 빈운은 섯도ᄂᆞ딕(29ㄴ)(←섣도ᄂᆞ딕(39ㄴ)) 등. 종성 표기에 나타난 또 하나의 특징은, 기저형의 말자음이 자음군일 때 자음 어미 앞에서 한 자음만 발음되는 단순화 현상을 표기에 반영한 예들이 나타난다는 것이다. 예 일월이 불다(←붉다)(30ㄱ). 즉 이들은 기저형의 말음이 자음군 'ㄺ, ㄻ, ㄼ'인 어간 뒤에 자음으로 시작되는 문법형태소가 결합할 때 각각 '볌거니'(32ㄴ)(←볿거니), '슬소와'(33ㄱ)(←숢-+소와) 등으로 표기하였는

데, 형태음소를 밝히지 않고 표음적 표기법에 따라 표기한 결과라 하겠다.

  이 책의 한자음 표기 방식은, 대체로 순한글 표기를 원칙으로 하고 있으나, 게偈·송頌의 경우에는 한자에 현실한자음을 병기하는 방식을 취하고 있다. 한자음은 본음 위주가 아니라, 음운론적 환경에 따라 당대의 국어 음운현상, 특히 두음법칙과 자음동화 등에 의한 변이음變異音을 표기에 반영하는 방식을 취하고 있다. 예를 들어, 한자의 본음이 'ㄹ'인 한자가 어두에 올 때, 'ㄹ'은 두음제약현상에 따라 거의 모두 'ㄴ'으로 바뀌지만, 아예 탈락시킨 경우도 나타난다. 예 닉일(來日. 21ㄴ), 낙낙흔듸(落落-. 30ㄴ), 영혼니(靈魂-. 4ㄱ) 등. 물론 '력쳔겁(歷千劫)'(30ㄱ)과 같은 예외도 극히 적지만 나타난다. '쳥녀쟝'(←靑藜杖(쳥려쟝))(29ㄱ), '염나대왕'(←閻羅大王(염라대왕))(32ㄴ), '당닉예'(←當來(당릭))(53ㄴ) 등과 같이 자음동화(비음화) 현상을 반영한 예들도 나타난다. 한자의 본음(현실한자음)인 '려藜, 라羅, 릭來' 등은 어두에 위치하지 않으면 /ㄹ/이 /ㄴ/으로 교체될 환경은 아닌데, 선행 음절말 자음이 비음 /ㅇ, ㅁ/일 때는 그것의 영향(비음화)으로 'ㄹ→ㄴ'으로 표기하였다. 이를 정리하면, 한자음을 표기할 때 자음동화 규칙이 적용된 발음을 표기에 반영하되, 어떤 경우는 표면음성형까지를, 또 어떤 경우에는 자음동화의 중간 단계까지를 반영하였다. 예 십뉵관경(←十六觀經(십륙관경))(2ㄱ).

  이 책에는 모음 /i, j/로 시작하는 어간의 두음 위치 또는 어간이 조사나 어미와 통합되는 경계에서 'ㄴ'을 첨가한 경우도 나타나는데, 두음 제약현상에 대한 과잉교정 표기로 해석된다. 이런 현상은 수의적이기는 하지만 그 예가 적잖이 발견된다. 예 냑간(6ㄱ)←약간若干, 녜슌(16ㄴ)←예슌(六十), 즁니나(6ㄱ)←즁이나, 남녀 등니(47ㄱ)←남녀 등이.

  중세국어와 근대국어 음운 현상을 구분 짓는 중요한 지표로 구개음화 현상을 든다. 이 책에는 일률적이지는 않지만 구개음화가 폭넓게 반영되어 있다. 고유어의 경우에는 '면티'(21ㄱ)/'면치'(13ㄴ), '어딜고'(11ㄱ)/'어진'

(16ㄴ) 등과 같이 비구개음화 표기에 대한 구개음화 어형이 자주 나타난다. 한자음의 경우는 구개음화가 적용된 '쳔디간'(←텬디간天地間)(5ㄴ), '틸보지'(←칠보디七寶池)(49ㄱ)와 같은 예도 나타나지만, '텬진면목天眞面目', '텬디天地'(41ㄱ)와 같은 구개음화되지 않은 예도 나타난다. 1704년 용문사본 자료를 그대로 옮긴 곳보다는 1776년 해인사본에 추가된 부분에서 '틸즁나망'(←칠듕라망七重羅網)(49ㄱ)과 같이 구개음화와 그것의 과잉교정 표기가 혼재되어 나타나고 있다. 한편, 고유어의 구개음화 현상은 앞서 살펴본 'ㄷ'구개음화와 함께 '젼줄(←견줄) 듸 업고'(4ㄴ), 'ᄀᆞ을과 져을'(←겨을)(4ㄴ) 같은 'ㄱ'구개음화도 나타나며, '션씨발원문'(←현씨발원문玄氏發願文)(56ㄴ)과 같은 'ㅎ'구개음화의 예도 나타나 구개음화에 관한 한 거의 모든 종류의 예들이 나타난다. 고유어의 구개음화보다 한자어에서 소극적으로 반영되는 이유는, 고유어는 해당 지역에서 언중들이 그 현상을 공인·수용하여 통용하면 그만이지만, 한자음은 전국적인 공인 과정을 거쳐야 관용음·통용음이 될 수 있으므로 보수성이 강하게 나타난다. 이 책에 나타난 구개음화를 통틀어 말한다면, 어간과 어미를 구분할 것 없이 구개음화와 비구개음화 어형이 혼기되어 나타나지만, 한자음 표기에서 구개음화에 대한 과도교정 표기가 다수 나타나는 것으로 볼 때 고유어나 한자음 모두 구개음화가 상당히 보편화되어 있었다고 평가할 수 있다.

다음은 이 책에 나타난 문법적 특징을 살펴보기로 한다. 우선, 현대국어의 관점에서 현재시제 또는 현재진행 형태로 볼 수 있는 '-는/ㄴ-'이 나타난다. ㉑ 신심이 니시면 불도을 호다 ᄒᆞ시고(9ㄴ). 이것으로써 18세기 초에 현재시제 또는 현재진행으로 해석할 수 있는 '-는/ㄴ-'이 쓰였다는 사실은 확인할 수 있으나, 현대국어에서처럼 활발했다고 해석할 정도로 용례가 많이 나타나지는 않는다.

현대국어에서 과거시제를 나타내는 선어말어미 '-았/었-'은 '-아/어# 잇/이시-' 구성에서 발달한 것인데, 이 책에는 '-앗/엇-'이 흔하게 나타난다. ㉑ 셔방의 갓다가(14ㄴ), ᄀᆞ득ᄒᆞ얏고(49ㄱ), 금새 빠히 빌렷고(49ㄱ), 합ᄒᆞ야 일윗고(49ㄱ). 그러나 과거시제의 형태가 오늘날과 같이 빈도가 높게 나타나는 것은 아니다. 과거시제 형태가 기대되는 자리에서도 과거시제 형태가 쓰이지 않은 경우도 있다. ㉑ 왕이 닐오ᄃᆡ 그딋 젼에 ᄒᆞᆫ 늘근 사ᄅᆞᆷ을 념불ᄒᆞ라 권ᄒᆞ니(16ㄷ). '젼에'라는 과거 부사어가 있으므로 과거시제임은 알 수 있지만, 서술어의 활용에는 '-앗/엇-'이 출현하지 않는다. 과거시제 형태 '-앗/엇-'은 중세국어에 비해 문법화가 상당히 진행되었으나, 그 쓰임이 현대국어만큼 활발한 것은 아니며, 이를 현재시제 또는 현재진행 형태와 비교하면 시제 범주로서 어느 정도 정착되었다고 할 수 있다. 다음으로, 미래시제와 관련된 형태로 '-ㄹ/리-'를 상정할 수 있다. ㉑ 극낙의 갈쇠다(16ㄱ). '-ㄹ-'은 미래에 대한 추측을 표시하는데 순수한 미래시제라기보다는 미래에 대한 추측 또는 가벼운 확신이나 의지를 가진 추측으로 보인다. 회상시제의 '-더-'는 15세기 국어와 동일하게 형태 변화 없이 쓰였다. ㉑ 나무아미타불을 낫밤업시 념ᄒᆞ더니(14ㄱ). '-더-'의 용법은 중세국어나 현대국어와 크게 다른 것으로 보이지 않으며, 주체의 행위를 과거의 사실로 받아들여 현재의 시점에서 과거 사실을 회상하는 의미를 나타낸다. 한편, 관형사형 어미로 확인되는 것은 '-ㄴ, -ㄹ'이다. 이들 형태는 중세국어나 현대국어와 다름이 없다. '-는/ᄂᆞᆫ'이 쓰인 '나서 늘그며 병드러 죽는 고모를 면치 못ᄒᆞ고'(13ㄴ)는 동사의 현재시제 형태이며, '-ㄴ'이 쓰인 '그딋도 늠을 념불 권혼 덕으로 극낙의 갈쇠다' (16ㄱ)는 동사의 과거시제 형태이며, '-ㄹ'이 쓰인 '대왕과 대비롤 ᄃᆞ려가랴 홀 째예'(14ㄱ)는 동사의 미래시제 형태이고, '-ㄴ'이 쓰인 '엇더혼 향내 나ᄂᆞᆫ고'(15ㄴ)는 형용사의 현재시제 형태인데 기능상 현대국어와 큰 차이가 없다.

다음으로, 중세국어의 청자 대우 체계는 'ᄒᆞ쇼셔체, ᄒᆞ야쎠체, ᄒᆞ라체'와 '반말체' 등이 있는 것으로 알려져 있다. 현대국어의 청자 대우 체계를

'합쇼체, 하오체, 하게체, 해라체'와, '반말체'로 '해요체'와 '해체'가 있는 것으로 간주할 때, 청자 대우는 그 형태에 관한 한 많은 변화를 입었음을 알 수 있다. 이 책에 나타나는 청자 대우 형태는 크게 4가지로 나누어 볼 수 있다. 명령형 어미로 '-(오)쇼셔'를 '해티 마로쇼셔'(9ㄱ)에서, '-옵시소'는 '념불동참 ᄒᆞ옵시소'(33ㄱ)에서, '-(으)시소'는 '싱각ᄒᆞ야 보시소'(9ㄱ)에서, '-소'는 '이보소'(31ㄱ)에서 확인할 수 있고, 평서형 어미로는 '-뇌다'를 '모다 념불ᄒᆞ면 이흔 주를 알게 권ᄒᆞ뇌다'(13ㄱ)에서, '-쇠다'는 '극낙의 갈쇠다 ᄒᆞ대'(16ㄱ)에서, '-ᄂᆡ이다'는 '대강만 술소와 젼ᄒᆞᄂᆡ이다'(33ㄱ)에서, '-ᄂᆡ다'는 '지극 권ᄒᆞᄂᆡ다'(4ㄴ)에서, '-ᄂᆞ니다'는 '낫밤업시 념ᄒᆞᄂᆞ니다'(20ㄱ)에서, '-라'는 '모듯 부례 타불만 ᄀᆞ지 못ᄒᆞ다 ᄒᆞ시니라'(2ㄱ)에서 확인할 수 있다. 청유형 어미로 '-옵새다'는 '차반를 이밧고 가옵새다 ᄒᆞ듸'(19ㄱ)에서, '-쟈'는 '영장인ᄉᆞ나 잘ᄒᆞ쟈 ᄒᆞ노니'(21ㄴ)에서, 의문형 어미로 '-ᄂᆞᆫ다'는 '셰간 이욕만 탐쟉ᄒᆞ고 훗길 닷기 모ᄅᆞᄂᆞᆫ다'(31ㄴ)에서, '-ᄂᆞᆫ고'는 '엇지 사름이 가고쳐 아니 ᄒᆞᄂᆞᆫ고'(6ㄱ)에서 확인할 수 있다.

다음으로, 이 책에 나타난 어휘 중에서 문법·의미·어휘사적인 면에서 주목할 만한 것들을 소개하면 다음과 같다. 'ᄀᆞ장'(12ㄱ)은 '매우'를 뜻하는 부사이다. 중세국어의 'ᄀᆞ장'은 (도착점) 부사로서 '한껏, 완전히' 등을 표시하였는데, 근대국어에 와서 오늘날과 같은 '最'의 뜻으로 쓰이게 된다. '건듯'(30ㄴ)은 근대국어 문헌에서 비로소 나타나는 것으로 보인다. 이 어휘가 중세국어 문헌에서 나타나지 않은 것은 특정 지역어였기 때문일 것으로 생각된다. 기존 사전에서는 이를 '얼핏'으로 풀이하고 있으나, 현대국어 '건들거리다'의 '건들'을 연상하면, '건듯'은 '건들'에 'ㅅ'이 첨가되면서 'ㄹ'이 탈락한 것일 가능성이 있다. '고모'(13ㄴ)와 '고상'(11ㄱ)은 이 문헌에만 나타나는 특징적인 어휘이다. '고상'은 현대국어 방언에서 확인되고, '고모'는 예천 용문사판에 나오지만 현대 예천지역 방언에서 확인되지 않는다. '고모'는 '삶의 근원적인 고통'을 뜻하고, '고상'은 '현세의 업에 대한

응보로 내세에 당하게 되는 징벌의 고통'을 뜻한다. '긔특奇特ᄒᆞ디라 너의 무룹이 종요롭다'(15ㄱ)에서 '긔특ᄒᆞ다'는 현대국어에서와 같이 '말이나 행동이 신통하여 귀염성이 있다'는 뜻을 나타낸다. 또 '나다'가 보이는데 '나히 열레헤 <u>나셔</u> 주거'(14ㄴ)에서 보는 바와 같이 부사격조사 '-에' 뒤에 쓰였다. 여기에 쓰인 '나다'는 용법 면에서 주목을 요한다. 다음으로, '나므래다/나무래다/나모래다'가 무정명사를 목적어로 취한 경우가 보인다. ㉔ 불법 나므랜 죄로(9ㄴ). 이 어휘는 현대국어에서는 일반적으로 특정 인물 목적어를 지배하는데, 여기서는 인간 외의 대상을 목적어로 지배하고 있어 현대국어와 차이를 보인다. 다음으로, '만만ᄒᆞ-'(多)가 흔히 쓰이는데, 여기에 '-고'가 통합하면 '만만ᄒᆞ고'(5ㄱ)로 표기되며 '-다'가 통합하면 '만타'(8ㄴ)로 표기된다. 그리고 '말다'는 '의심 말고 쏘 다른 잡예아기ᄎᆞᆨ을 보지 말고'(20ㄴ)에 나타나는데 거의 금지를 나타내나 단순한 부정을 나타내기도 한다. 중세국어의 '말다'는 금지 외에 단순한 부정을 나타내는 경우도 많았으나, 근대국어에 오면 후자의 의미는 상당히 줄어든다. 다음, '보채다'는 중세국어 자료에서는 '보차다/보차이다/보채다'로 나타난다. 현대국어에서는 '성가시게 하다'를 의미하지만, 중세국어와 근대국어에서는 이러한 의미 외에 객체에게 중대한 위해危害를 가하는 경우에도 쓰였다. ㉔ 귀신도 보채지 못ᄒᆞ고(22ㄱ). 또한 아직 고어사전에 실리지 않은 '사모랍다'(4ㄱ)가 보이는데, '난폭하다, 악하다'를 뜻한다. 이 단어는 어느 사전에도 실려 있지 않은데, 현대국어 경상도 남부 지역의 '상그랍다'와 관련이 있을 것으로 보인다. '상그랍다'는 '산만하다, 팔자가 흉하다, 난폭하다' 정도의 뜻을 나타낸다. '사모랍다'는 경상도 예천·안동·영풍(영주, 풍기) 지역에서 오늘날에도 쓰이는데, '너무 사모랍게 굴지 마라.'와 같은 용례에서 '난폭하다, 악하다'의 의미로만 쓰이는 경우를 연관시켜 볼 수 있다. 다음으로, 나이의 단위를 가리키는 '살'(17ㄱ)이 쓰였다. 나이에 쓰이는 단위성 의존명사 '살'(歲)은 종래의 고어사전에 수록되지 않았다. 17세기 국어사전에도 중세국어 어형과 동일하게 '셜'만 나와 있다.

4. 내용과 성격

이 책에 실린 여러 글의 내용을 간략히 소개하면 다음과 같다. 「서」에는 경상좌도 예천 용문사龍門寺에서 청허淸虛의 후예인 명연明衍이 『염불보권문』을 편찬한 취지와 수록 원칙, 그리고 발원 내용이 들어 있다. 이 책은 여러 불경佛經과 논論 중에서 염불을 권하는 글을 뽑아 엮은 것인데, 한문 원문에 언해한 것까지 함께 수록함으로써 지식층을 비롯하여 서민 대중들도 쉽게 접근할 수 있도록 하였다. 특히 아미타불을 염송하면 생사의 고해를 능히 면하고, 서방 극락세계에 바로 왕생하여 모든 불도를 이룰 수 있다고 하였으며, 스스로를 위해 염불하는 것은 물론이고 남에게도 아미타불을 염하기를 권하고 있다.

이 책의 내용을 크게 네 부분으로 나누어 요약하면 다음과 같다.

Ⅰ부는 여러 경론에서 염불을 권할 만한 글을 가려 뽑은 부분이다. 『대집경大集經』, 『대비경大悲經』, 『십육관경十六觀經』, 『아미타경阿彌陁經』, 『무량수경無量壽經』, 『현호경賢護經』, 『법화경法華經』, 『화엄경華嚴經』, 『나선경那先經』 등에서 대중들에게 염불신앙의 요체가 될 만한 글을 뽑아 수록하였다.

Ⅱ부는 염불을 열심히 행함으로써 극락왕생한 사람들의 이야기로 구성되어 있다. 중국을 배경으로 하고 있는 「오장국왕견불왕생烏長國王見佛往生」, 「세자동녀권모왕생世子童女勸母往生」, 「수문황후이향왕생隋文皇后異香往生」, 「경조방자권타왕생京兆房翥勸他往生」, 「학사장항지과왕생學士張抗持課往生」, 「신사목경집번왕생信士牧卿執幡往生」 등이다. 이 글들에서는 염불을 외워 극락왕생하였다는 사실을 한문과 그것을 우리말로 번역한 글을 함께 실었다. 「온문정처사친왕생溫文靜妻辭親往生」, 「도우선화십념왕생屠牛善和

十念往生」 등은 염불을 하여 덕을 보고 깨달음을 얻은 예를 한글로 써놓은 것이다. 이와 같은 내용의 이야기가 조선 중기 보우 스님이 지어 1637년 구례 화엄사에서 간행된 책 『권념요록』에도 실려 있는데, 그 글은 이 책의 것보다 이야기가 조금 더 길고 서술된 내용에서 약간의 차이를 보인다.

Ⅲ부는 실제로 염불을 하기 위한 진언인 염불작법念佛作法의 순서를 서술하였다. 「여리십대발원문」, 「나옹화샹셔왕가라」, 「인과문」, 「대불정수능엄신주大佛頂首楞嚴神呪」, 「관음보살ᄌᆞ지여의눈주」, 「유전기流傳記」 등이다.

Ⅳ부는 앞의 글들과는 조금 성격이 달라서, 임종臨終에서 사후死後의 세계까지를 보여주는 글로서 주로 아미타쿨과 관련된 내용으로 구성되어 있다. 「임종정념결臨終正念訣」은 사람이 임종을 맞이할 때에 생각을 바르게 하여 염불함으로써 서방정토에 왕생하는 비결을 담은 글이고, 「부모효양문父母孝養文」은 부모에게 아미타불 염송을 권하는 것이 출세간의 효도이며, 임종할 때에도 부모가 정토에 왕생하도록 효자순손孝子順孫에게 염불할 것을 권하는 글이다. 그리고 「회심가」는 아미타불을 염하여 극락정토에 왕생하고 생전에 깨달음을 얻어 극락국토에 이르기를 권하는 가사작품이다. 그 밖에 「유마경維摩經」은 바이샬리(毘耶離)를 무대로 재가거사인 유마힐이 병을 칭하고 누워 석가모니의 제자와 보살들이 문병하러 온 것을 계기로 문수보살文殊菩薩 등과 불법에 대하여 대화하는 형식의 글인데, 부처님의 출가 제자들의 경색된 사고를 유마힐이 시원하게 깨뜨리는 장면을 통해 부처님의 진정한 가르침이 무엇인가를 깨닫게 해 주는 내용이다. 이 「유마경」은 『반야경』의 정신을 계승하여 공空의 실천이념인 반야바라밀을 재가생활 속에서 적용하고 원대한 대승불교의 지평을 열어 나가려는 의미에서 수록한 것으로 보인다. 또한 「왕랑반혼전王郞返魂傳」은 왕랑이 불교를 배척한 죄로 저승에 끌려가 심판받게 되어 있었으나, 죽은 부인 송씨가 예방책을 일러 주어 위기를 모면하고, 부부가 다시 세상에 태어나 함께 불공을 닦아 극락세계에 태어난다는 불교소설이라 할 수 있

다. 다음으로, 「현씨발원문玄氏發願文」과 「현씨행적玄氏行跡」은 경상좌도 밀양에 사는 현씨가 항상 염불하며 임종할 때 자신을 승법으로 화장하도록 당부하고, 자녀들에게는 법을 행하되 재물을 희사해 보권문普勸文을 판각하여 모든 남녀노소에게 아미타불을 염하도록 권한다는 내용이다. 「불설아미타경佛說阿彌陀經」은 석가가 기수급고독원祇樹給孤獨園에서 제자 사리불舍利弗을 상대로 아미타불과 그가 머물고 있는 서방정토西方淨土 극락세계의 공덕과 장엄을 설명하고, 아미타불의 이름을 부르면 극락세계에 왕생한다고 설법하는 내용이다. 이 글이 『염불보권문』에 실린 것은 미타 정토신앙이 타력문이라 해서 전적으로 아미타불의 본원력에만 의존하는 것이 아니라, 본인이 진심으로 죄업을 참회하고 일심으로 염불과 관상법觀想法을 수행해야만 부처의 본원력과 상응해서 비로소 왕생극락이 이루어진다는 것을 강조하기 위해서일 것이다. 특히 동화사판·해인사판·선운사판에 모두 수록되어 있는 「왕랑반혼전王郞返魂傳」은 아미타불을 염한 공덕으로 극락에 가게 된다는 이야기여서 내용상으로 책의 Ⅱ부에 있는 왕생전으로 분류되는데, 동화사판의 것이 해인사판이나 선운사판보다는 좀 더 자세히 서술되어 있고, 직역체인 『권념요록』의 것보다 의역체로 되어 있는 점이 남다르다.

이밖에 보유편은 「제자종본생우사명진씨승감弟子宗本生于四明陳氏承感」, 「여동빈오도송呂洞賓悟道頌」, 「백낙천송白樂天頌」, 「송상무진거사宋相無盡居士」 등이다. 아미타불 염불의 중요성과 아미타불을 염송하면 극락왕생한다는 내용을 한문 원문과 이를 언해한 글로 병기하였다.

5. 가치

이 문헌에 대한 가치는 관점에 따라 다양하게 논할 수 있다.

첫째, 이 책은 18세기 조선의 불교 종합 포교선집이라 할 수 있다. 조선조의 불교 포교와 관련해서 특기할 만한 것으로는, 1443년 훈민정음 곧 '한글'을 창제한 후부터 한문 불경을 우리말과 글로 번역·간행함으로써 불교 포교와 한글 보급이라는 두 가지 목표를 달성하려는 노력을 들 수 있다. 15세기에는 주로 왕가王家와 국가기관인 간경도감을 주축으로 불경의 언해 사업이 추진되었고, 16·17세기에는 여러 사찰에서 필요에 따라 주로 개별 문헌을 번역·간행하는 방식으로 산발적으로 진행되었다. 그런데 18세기에 이루어진 이『염불보권문』은 1704년 경북 예천 용문사의 명연 스님이 처음 발원하여 여러 불경의 말씀을 대략 가려 뽑아 염불문을 만들고 우리말과 글로 옮겨 선남선녀가 쉽게 통달해 알도록 함으로써, 생사의 고해를 벗어나 서방극락에 왕생하고 모두 불도를 이루기를 기원하는 마음으로 간행한 것이다. 그 후 불교 포교를 위해 여러 사찰에서 간행이 이어져, 1741년에는 팔공산 수도사에서, 1764년에는 팔공산 동화사에서, 1765년에는 황해도 구월산 흥률사와 평안도 묘향산 용문사에서 각각 속간되었다. 그러다가 1776년 합천 해인사에서는 앞서 간행한『염불보권문』을 참고하되, 이본 간에 서로 내용이 중복되지 않도록 여러 글을 선정하고 새로운 글을 추가하여 판각하였는데, 경상도 밀양에 사는 신심 깊은 현씨玄氏의 유지를 받들어 그의 아들 현각성玄覺聖의 정재淨財로 이룩되었다.『한국불교전서』에 수록된『염불보권문』은 18세기에 민중들이 실제 생활에서 보고 들은 각종 불교적 신앙체험과 당시에 유포되어 있던 여러 글 중에서 실천 가능하면서도 정토신앙淨土信仰과 관련된 각종 글들을 최대한으로 수렴하여 집대성한 것으로서, 18세기 당대의 가장 대표적인 불교 종합 포교선집이라 평가할 수 있다.

둘째, 이 문헌은 국어국문학사적 측면에서 18세기 국어 방언사 및 소설사 연구를 위한 자료로서의 가치가 있다. 앞서 살펴본 것처럼, 이 문헌은 여러 이본이 전해지고 있다. 특히 그 이본들은 간행 시기와 지역이 서로 다르고, 그 안에 나타난 표기법과 문자의 사용 양상이 조금씩 다를 뿐 아니라 음운과 어휘 측면에서 크고 작은 차이를 보인다는 점에서 독특하다. 이 문헌에 실린 개별 글들의 첨삭 여부를 면밀히 분석한다면 간행 시기와 지역에 따른 18세기 국어의 현실을 조감할 수 있는 소중한 자료로 활용될 수 있다. 특히 해인사본에는 간행의 대시주大施主인 밀양에 살던 현씨玄氏에 관한 「현씨발원문」과 「현씨행적」이 실려 있는데, '션씨'(←현씨玄氏), '브쳬님/부쳬임', '발원'(←발원發願) 등 당대 민중들의 언어와 문자 보급의 보편화 여부를 실감할 수 있는 생생한 자료가 들어 있다. 한편, 문학사의 측면에서 「왕랑반혼전」은 염불공덕을 주제로 한 불교소설로서, 우리나라 소설발달사 연구에서 중요한 자료로 평가될 수 있다.

셋째, 18세기 한국불교사의 경향을 이해할 수 있는 자료로서 가치가 있다. 이 책 전체를 관통하는 불교사상은 정토사상이라 할 수 있다. 당시 조선의 시대적 배경과 불교의 위상이라는 맥락에서 민간에서 아미타 신앙이 발흥한 원인을 이해한다면, 이 문헌은 18세기 한국불교사를 기술하는 데 실증적인 자료로 활용될 수 있다.

이 밖에도 이 문헌은 대부분 한문을 우리말로, 우리말을 한문으로 옮겼으며 다양한 장르의 글들로 구성되어 있는데, 그 두 언어 사이에 첨삭과 가감에 많은 차이를 보이고 있다. 「여동빈오도송」 같은 짧은 시詩가 있는가 하면 「불설아미타경언해」와 같이 불경 전권을 번역한 경우도 있고, 「회심가고」와 같이 우리나라 고승대덕이 불교적 깨달음과 수행을 권면하는 불교가사佛敎歌辭도 들어 있으며, 「현씨발원문」이나 「현씨행적」 같은 일반 신도의 한글 발원문과 이에 대한 한문 번역문이 함께 실려 있다. 번역학의 관점에서 소재언어와 목표언어 텍스트에 대한 상호 비교·대조를 통해 독자층이나 지역적 배경에 따라 문체와 번역 양식 등 번역 전략이 어떻게 달라질 수 있는가 하는 문제를 해명할 단서를 마련해 줄 가능성이 있다.

이 문헌은 이미 오래전에 학계에 소개되었으나, 다양한 관점에서 연구되지 않아 원석原石과 같은 자료로 남아 있다. 앞으로 이 문헌에 대한 깊이 있는 연구가 기대된다.

6. 참고 자료

곽충구(1980), 「18세기 국어의 음운론적 연구」, 『국어연구』 43, 국어연구회.
김영배 외(1996), 『염불보권문의 국어학적 연구』, 동악어문학회.
김주원(1984ㄱ), 「18세기 경상도 방언의 음운 현상」, 『인문연구』 6호, 영남대 인문과학연구소.
_____(1984ㄴ), 「18세기 경상도방언을 탄영하는 불서에 대하여」, 『유창균박사환갑기념논문집』, 계명대학교출판부.
불교전서편찬위원회(1988), 『한국불교전서』 9, 동국대학교출판부.
서울대학교규장각(2001), 『규장각소장어문학자료』-어학편 해설-, 태학사.
송 민(1986), 『전기 근대 국어 음운론 연구』, 탑출판사.
이유기(2003), 「18세기 경상도 어휘의 연구」, 『한국어문학연구』 41집, 한국어문학연구학회.
태학사 편집부(1986), 『한국어학자료총서』 제8집, 태학사.
홍윤표(1986), 「염불보권문 해제」, 『한국어학자료총서』 제8집, 태학사.

국가기록유산(http://www.memorykorea.go.kr)
디지털 한글 박물관(http://www.hangeulmuseum.org)
원각사 정각 스님(http://wongaksa.or.kr)

차례

한글본 한국불교전서를 펴내며 / 5
염불보권문念佛普勸文 해제 / 7
일러두기 / 28

대미타참 약초요람 보권염불문 서大彌陁懺畧抄要覽普勸念佛文序 / 30

염불보권문念佛普勸文

Ⅰ. 경론에서 가려 뽑은 글
    모든 부처가 아미타불만 못하다 諸佛不如阿彌陁佛 ……… 35
    모든 부처를 염하는 것이 아미타불을 염하는 것만~ 念諸佛不如念阿彌陁佛 ……… 37
    모든 세계가 서방 극락세계만 못하다 諸國世界不如西方極樂世界 ……… 41
    극락세계 칠보 연못에 구품 연화대가 있다 極樂世界七寶池中有九品蓮花臺 ……… 45
    다른 사람에게 염불을 권하여 함께 서방에 왕생하다 勸他念佛同生西方 ……… 51
    인연이 있으면 불법을 받들고 인연이 없으면 불법을~ 有緣奉佛無緣毀佛 ……… 53
    믿음이 있으면 유익하고 믿음이 없으면 무익하다 有信有益無信無益 ……… 55
    세상일에 탐하는 사람은 염불의 큰 즐거움을 알지~ 貪世事人不知念佛大樂 ……… 57
    간기刊記 ……… 63

Ⅱ. 왕생전
    오장국 왕이 부처를 뵙고 왕생하다 烏長國王見佛往生 ……… 64
    세자 동녀가 어머니에게 왕생을 권하다 世子童女勸母往生 ……… 66
    수나라 문 황후가 신이한 향을 내고 왕생하다 隋文皇后異香往生 ……… 68
    경조 땅 방자가 사람들에게 왕생을 권하다 京兆房翥勸他往生 ……… 70
    학사 장항이 과업을 수지하고 왕생하다 學士張抗持課往生 ……… 72
    신사 목경이 깃대를 잡고 왕생하다 信士牧卿執幡往生 ……… 74
    불계를 파한 중 웅준이가 갑자기 죽어 극락 갔다고 하시다 ……… 77
    온문정 처가 어버이께 작별 인사하고 왕생하다 溫文靜妻辭親往生 ……… 79
    소 잡던 선화가 열 번을 염불하여 왕생하다 屠牛善和十念往生 ……… 81
    절이나 마을에서나 염불을 권한 후 바라라 ……… 82

Ⅲ. 염불작법

　　염불작법 차례 念佛作法次序 87
　　발원문發願文 103
　　나옹 화상 서왕가西往歌라 104
　　인과문因果文 109
　　대불정수능엄 신주大佛頂首楞嚴神呪 114
　　관음보살 자재 여의륜주 115
　　발원문 116
　　유전기流傳記 117

Ⅳ. 부록

　　임종정념결臨終正念訣 120
　　부모효양문父母孝養文 128
　　회심가고 131
　　유마경維摩經 144
　　불설아미타경佛說阿彌陁經 147
　　무량수불설왕생정토주無量壽佛說往生淨土呪 160
　　현씨 발원문玄氏發願文 161
　　현씨 행적玄氏行跡 168
　　아미타불阿彌陁佛 인행因行 174
　　왕랑반혼전王郎返魂傳 176
　　시주질과 간기 195

염불보권문念佛普勸文 보유편補遺篇

　　제자 종본이 사명 땅의 진씨로 태어나 감응을 받다 弟子宗本生于四明陳氏承感 199
　　여동빈 오도송呂洞賓悟道頌 210
　　백낙천의 송 白樂天頌 212
　　송 재상 무진 거사 宋相無盡居士 215
　　호제동자다라니경護諸童子陀羅尼經 217

역자 후기 219
찾아보기 221

일러두기

1 '한글본 한국불전서'는 문화체육관광부의 지원을 받아 동국대학교 불교문화연구원에서 수행하고 있는 '한국불교전서역주' 사업의 결과물을 출간한 것이다.
2 이 책의 번역은 『한국불교전서』(동국대학교출판부 간행) 제9책 『염불보권문念佛普勸文』을 저본으로 하였다.
3 독자의 이해를 돕기 위해 저본을 Ⅰ~Ⅳ부로 나누어 편집하였다.
4 한문은 한문대로, 언해는 언해대로 번역하여 수록하였다. 한문경전 부분과 언해 부분은 거의 일치하는 대목이 있는가 하면, 한문의 일부를 누락하거나 부연·확장하는 경우, 의역하는 경우 등 상호 변이가 있는 경우도 많다. 이러한 현상에는 그 나름대로 의의가 있기 때문에 이를 고려하여 한문과 언해를 각각 충실히 번역 소개하였다.
5 특히 언해문은 고어와 생략된 표현이 많아 현대문법과 다른 경우가 많다. 이 책의 언해 풀이는 언해 자료의 형태를 최대한 보전하면서도 현대어 문법에 맞게 의미를 충실히 전달하는 것을 원칙으로 하였다. 현대문법에 어긋나는 경우에는 원형은 그대로 살리면서 괄호를 활용하여 문맥을 다듬었다.
6 이 책의 체제는 '한문 번역문 – 한문 원문 – 언해문 – 언해 현대어 풀이' 순이고, 한문 원문이 없는 글감은 '언해 현대어 풀이 – 언해문' 순이다. 한문 원문은 띄어쓰기를 표시하기 위해 온점(。)을 사용하였다.
7 원문 교감 내용 가운데 ㉠은 『한국불교전서』의 교감 내용을, ㉡은 번역자의 교감 내용을 가리킨다.
8 주석에서 소개한 출전은 약자로 표기하였다. X는 『신찬대일본속장경新纂大日本續藏經』의 약자이다.
9 음역어는 현재의 한문 발음대로 표기하고, 그에 해당하는 범어 표기는 『불광대사전佛光大辭典』에 의거하였다. ⓢ는 범어를 뜻한다.

염불보권문
念佛普勸文

명연明衍

대미타참 약초요람 보권염불문 서
大彌陁懺略抄要覽普勸念佛文序

　살펴보건대, 도는 사람을 멀리하지 아니하고 가르침은 이치를 달리함이 없도다. 비록 만물의 모습이 각기 다르나 깨달음(靈覺)[1]의 본성은 이에 같으며, 중생의 이름이 비록 다르나 심성의 이치는 다르지 않다. 그러므로 『화엄경』에서는 마음과 부처와 중생 이 셋은 차별이 없다고 하였다. 그러나 시대가 흘러 성인으로부터 멀어지자 도 닦는 마음이 드디어 희미해져 사람들이 모두 본래 지니고 있던 불성을 알지 못하고, 뜬구름 같은 허깨비 몸을 아껴 오도五途[2]에서 괴로움을 겪고 사생四生[3]을 겪는다. 이에 오직 우리 부처님 세존께서 정반왕 태자로서 만승의 보위를 버리고 출가 수도하여 중생을 널리 구제하시기를 49년 동안 하셨고, 부처 입멸 후 천 년에 불법이 중국에 전파되니 대승의 가르침의 바다(敎海)가 없는 곳이 없었다. 그러므로 고금 천하에 여러 나라의 황제나 현명한 임금이나 이름난

1　영각靈覺 : 중생이 본래 구비하고 있는 신령하고 밝은 깨달음의 본성. 중생.
2　오도五途 : 오도五道, 오취五趣와 같다. 중생이 저지른 행위에 따라 받는다고 하는 다섯 가지 세계. 지옥도地獄道·아귀도餓鬼道·축생도畜生道·인간도人間道·천도天道의 오도를 말한다. 육도는 여기에 수라도修羅道를 합한 것이다.
3　사생四生 : 모든 살아 있는 것을 그 태어나는 방법의 차이에 따라 네 가지로 분류한 것. ① 태생胎生(모태에서 태어나는 것). ② 난생卵生(알에서 깨어나는 것). ③ 습생濕生(습한 곳에서 생기는 것). ④ 화생化生(어느 것에 의존하지 않고 스스로의 業力으로 태어나는 것. 어떤 것에 의존하지 않고 저절로 태어나는 것).

재상, 고관들이 모두 불법을 숭상하였고, 이태백李太白, 백낙천白樂天, 소동파蘇東坡, 황산곡黃山谷 같은 지혜롭고 통달한 선비들이 모두 저 아미타불을 높이고 찬양할 줄 알아 스스로 발원문을 지었다. 고금 승속에 이름난 이로서 염불하고 도를 행하여 이미 서방으로 돌아가 성불한 이들은 문헌에 소상히 기록되어 있다.

 극락거사極樂居士 왕자성王子成은 본래 유가의 이름난 재상 군자였다. 유교의 온갖 책과 불교의 여러 경론을 두루 알아 가려 뽑고 요약해 염불참죄십삼문念佛懺罪十三文[4]을 만들고 여러 사람들에게 염불을 권하여 모두 괴로움을 벗어나 즐거움을 얻게 하니 그 공덕이 적지 않다. 그러나 글이 광대하고 뜻이 깊은데 말세의 여러 사람들은 아는 것이 적고 의심이 많아 두루 알지 못하고 또 염불의 큰 이익을 알지 못해 세간의 물욕에만 탐내고 집착한다. 이에 내가 좁은 소견이지만 여러 경의 말씀을 대략 가려 뽑아 염불문을 만들고 언문으로 해석을 하여 선남선녀가 쉽게 통달하여 알도록 하였다. 잎을 따서 뿌리를 찾고 거친 곳에서 정밀한 곳으로 들어가게 한 것이다. 경에 "나무아미타불을 한번 염하는 자는 능히 생사의 고해를 벗어나 서방극락에 곧장 왕생하여 모두 불도를 이룬다."고 하였고, 또 "남에게 염불을 권하면 스스로 염불하지 않더라도 함께 극락에 왕생한다."고 하였으니, 이로 말미암아 여러분에게 염불을 권하여 함께 서방정토에 가고자 한다. 그러나 여기 적은 좁은 견해는 모두 명아주 잎과 콩잎 같아서 배부른 이는 기꺼이 먹을 수가 없을 것이니, 이에 양식 떨어진 무리를 기다리며 감히 작은 정성을 다하여 삼가 짧은 글을 올린다.

---

[4] 염불참죄십삼문念佛懺罪十三文 : 원元나라 때 왕자성王子成이 편찬한 『예념미타도량참법禮念彌陀道場懺法』이다. 아미타불을 염송하면서 극락왕생을 발원하는 참회법에 대해 설하며, 모두 13항목으로 구성되어 있다. 조선조 염불신앙의 홍포에 저본으로 중요한 역할을 한 문헌이다.

강희康熙 갑신년(1704) 봄 경상좌도慶尙左道 예천醴泉 용문사龍門寺
청허淸虛 후예後裔 명연明衍 모음(集)

大彌陁懺畧抄要覽普勸念佛文序[1]

詳夫道不遠人。敎無異致。雖萬物之形各異。而靈覺之性斯同。衆生之名各殊。而心性之理不異。故華嚴經云。心佛及衆生。是三無差別也。然而世降聖遠。道心邃微。故人皆不知本有之佛性。愛惜浮雲之幻身。困五途而歷四生。肆唯我佛世尊。以淨飯王之太子。捨萬乘之寶位。出家修道。普濟衆生。四十有九年。佛滅千載。法播中夏。大乘敎海。無處不有。故古今天下。諸國大帝明王。及名相尊官。兼崇佛法。如太白樂天東坡山谷。有智達士。而皆知尊向讚彼陁佛。自作願文。古今緇素名人。念佛行道。已歸西方而成佛者。昭載傳錄。故極樂居士王子成。本儒家名相君子也。儒之百家之書。佛之諸經之論。通知撮畧。作念佛懺罪十三文。普勸諸人念佛。咸皆離苦得樂。其功莫少也。然文廣意深。末世諸人。少知多疑。不能通知。亦不知念佛之大有益。貪着世間之物慾也。我以管見。畧抄諸經之說。以爲念佛之文。且以諺書解釋。使善男善女。易通易知。摘葉尋根。由粗入精。故經云。一念南無阿彌陁佛者。能免生死之苦海。直徃西方之極樂。皆成佛道。亦所謂勸他念佛。則自不念佛。而同生極樂。由是普勸諸人念佛。咸歸西方淨土。然所述管見。皆是藜藿之類。飽人不堪食。以俟絶陳之流。敢竭鄙誠。恭頌短引。

康熙甲申春。慶尙左道。醴泉龍門寺。淸虛後裔。明衍集。

---

1) ㉯『염불보권문』의 저본은 건륭 41년(1776) 경상도 합천군 해인사 개간본(정신문화연구원 도서관 소장)이다. 이와 비교되는 건륭 30년(1765) 구월산 흥률사 개간본(국립도서관 소장)을 갑본이라 칭한다. 갑본의 편차와 본문의 유무가 저본과 상이하여 같은 곳을 따라 대교하였다. 이 서문은 간기 뒤에 있었으나 편자가 이곳으로 옮겨 놓았다.

염불보권문
念佛普勸文

I. 경론에서 가려 뽑은 글

모든 부처가 아미타불만 못하다

여러 경에서 석가모니부처님께서 이르시기를 "삼천불三千佛[1] 가운데 서방 아미타불이 제일 존귀하신 부처님이다." 하셨고, 또 시방의 모든 세계 모든 부처님께서도 "아미타불이 제일이시다."라고 찬양하셨다. 그러므로 경에 이르시기를 "말세에 선남자 선여인으로 아미타불 명호를 듣고 열 번 소리 내어 염송하는 이는 비록 극악한 중죄를 지었더라도 지옥의 무거운 고통에서 벗어나 구품 연화대에 왕생하여 모두 함께 성불할 수 있다." 하셨다. 그러므로 모든 부처님보다 뛰어나다고 하신 것이다.

諸佛不如阿彌陀佛

諸經釋迦佛云。三千諸佛中。西方阿彌陀佛。第一尊佛。又十方諸世界諸佛皆讚云。阿彌陀佛第一。是故經云。末世若善男子善女人。得聞阿彌陀佛名號十聲念誦者。雖造極惡重罪。能免地獄之重苦。當生九品之蓮臺。咸皆成佛。故猶勝於諸佛也。

모든 부톄 타불만 굿지 못ᄒ다 ᄒ시니라

계경에 셔가부톄님이 닐ᄋ샤ᄃᆡ 삼쳔불 즁에 셔방 아미타불이 웃듬미라 ᄒ시고 ᄯᅩ 모든 셰계 모든 부톄님도 다 아미타불을 웃듬미라 ᄒ시니 그러므로 경에 닐ᄋ샤ᄃᆡ 말셰 남ᄌᆡ나 녀인이나 아미타불 일홈을 어더듯고 열 번 니나 싱각ᄒ야 념ᄒ면 비록 큰 죄를 만히 ᄒ야셔도 반드시 디옥을 면ᄒ고

---

[1] 삼천불三千佛 : 과거세過去世의 천불과 현재세現在世의 천불과 미래세未來世의 천불.

극낙셰계 가셔 다 부톄 되리라 ᄒ시니 고로 셔방 아미타불이 웃듬미라 ᄒ시니라

모든 부처가 아미타불만 같지 못하다고 하시니라

여러 경에 석가부처님이 이르시되 "삼천불 중에서 서방 아미타불이 으뜸이다." 하시고, 또 모든 세계의 모든 부처님도 다 "아미타불이 으뜸이다."라고 하시었다. 그러므로 경에 이르시되 "말세에 남자나 여인이나 아미타불 일컬음을 얻어듣고 열 번이나 생각하고 염하면, 비록 큰 죄를 많이 지었어도 반드시 지옥을 면하고 극락세계에 가서 다 부처가 되리라." 하셨으니, 고로 서방 아미타불이 으뜸이라고 하신 것이다.

모든 부처를 염하는 것이 아미타불을 염하는 것만 못하다

『대집경大集經』에 이르시기를 "말세 사람이 시방세계의 여러 부처님을 염하면 마음이 어지러워 고요해지지 않는다. 그러므로 오로지 서방 아미타불만 찬양하고 염하라." 하였고, 또 "걷거나 머물러 있거나 앉을 때나 누울 때나 삼칠일 동안 아미타불을 부르면서 염하여 잊지 않으면 곧 목숨을 마친 후 마땅히 극락에 날 것이다." 하셨다.

『대비경大悲經』에 이르시기를 "세상 사람이 밤낮으로 하루를 아미타불을 부르면서 염하고 부지런히 생각하여 잊지 않으며, 또 남들에게 권하여 돌고 돌아 전하여 서로 권하게 되면 곧 서방에 함께 왕생한다." 하셨다.

『십육관경十六觀經』[2]에 이르시기를 "어떤 사람이 비록 극악한 중죄를 지었더라도 목숨 마칠 때에 다행히 불법을 아는 스님을 만나 염불을 하도록 권할 때 그 사람이 진실로 듣고 아미타불을 열 번 염하면 곧 중죄가 모두 소멸하여 지옥에 들어가지 않고 곧바로 서방에 왕생한다." 하셨다.

사십팔 대원四十八大願[3] 중에 아미타불이 이르시기를 "모든 세계의 중생

---

[2] 『십육관경十六觀經』: 『불설관무량수경佛說觀無量壽經』의 약칭으로, 무량수불이 머물고 있는 극락세계로 가는 길을 보여주는 경으로서 가장 널리 알려진 경전에 속한다. 특히 이 경은 『불설무량수경』, 『불설아미타경』과 함께 정토 삼부경으로 꼽힐 만큼 정토사상을 대표하는 경전이다. 아미타불의 극락세계에 왕생하기를 소원하는 위제희에게 부처님이 극락세계에 왕생할 수 있는 방법을 비롯해 일상日想·수상水想·지상地想 관법 등 16가지의 관법觀法을 가르쳐 준다.

[3] 사십팔 대원四十八大願 : 사십팔원四十八願. 아미타불이 성불하기 전 법장보살이었을 때 세운 48가지 큰 소원. 그 서원은 중생 모두가 깨달음을 얻어서 성불할 것을 바라며, 극락정토에 왕생하기를 염원하는 것이다. 예를 들면, (1) 제1원 무삼악취원無三惡趣願—제가 부처가 될 적에, 그 나라에 지옥과 아귀와 축생의 삼악도三惡道가 있다면 저는 차라리 부처가 되지 않겠습니다. (48) 제48원 득삼법인원得三法忍願—제가 부처가 될 적에, 다른 세계의 보살들이 제 이름(아미타불)만 듣고 바로, 설법을 듣고 깨닫는 음향인 音響忍과 진리에 수순하는 유순인柔順忍과 나지도 죽지도 않는 도리를 깨닫는 무생법인 無生法忍을 성취하지 못하고, 모든 불법에서 물러나지 않는 불퇴전의 자리를 얻을 수 없

들이 나의 이름을 열 번 소리 내어 염하면 곧 죽은 후 모두 나의 국토에 왕생할 것이다. 그렇지 않으면 나는 부처가 되지 않으리라." 하셨다.

또 경에 이르시기를 "아미타불 명호를 듣고서 마음에 환희심이 일어나면 곧 목숨 마칠 때에 아미타불과 여러 보살들이 서방세계로 인도하신다." 하셨다.

또 부처님께서 이르시기를 "선남선녀가 하루, 이틀, 사흘, 나흘, 닷새, 엿새, 이레 동안 정성으로 아미타불 명호를 염하여 열 번 외우면 곧바로 서방에 왕생하여 생사를 영원히 끊고 반드시 부처가 된다." 하셨고, 또 "여자가 염불하면 남자로 변하여 극락에 왕생하여 곧바로 불과佛果를 이룬다." 하셨다.

念諸佛不如念阿彌陁佛

大集經云。末世之人。廣念十方諸佛。則心亂不㝎。故偏讚專念西方阿彌[1]佛。乃至行住坐卧。三七日中。阿[2]彌陁佛。稱念不忘。則命終後。當生極樂。大悲經云。若世人。晝夜一日。稱念阿彌陁佛。勤思不忘。又勸他人。轉傳相勸。則同生西方。十六觀經云。若人雖造極惡重罪。命終時。幸值有識道僧。教令念佛。其人信聽。稱念阿彌陁佛十聲。則重罪皆能消滅。不入地獄。卽生西方。四十八願。阿彌陁佛云。若諸世界有情之人。念我名號十聲。則此身死後。皆生我國。不然則我不成佛。又經云。得聞陁佛名。心生歡喜。則臨命終時。阿彌陁佛與諸菩薩。引導於西方。又佛言。若善男善女。一日二日三日四日五[3]六七日中。志心念阿彌陁佛名十誦。則卽生西方。永絶生死。決㝎成佛。又女人念佛。則轉女成男。徃生極樂。卽成佛果。

---

1) ㉠ 갑본에는 '彌' 뒤에 '陁'가 있다. 2) ㉠ 갑본에는 '阿'가 없다. 3) ㉠ 갑본에는

다면, 저는 차라리 부처가 되지 않겠습니다.

'五' 뒤에 '日'이 있다.

모든 부톄을 념ᄒᆞ미 타불만 못ᄒᆞ다 ᄒᆞ시니라

대집경에 니로샤ᄃᆡ 말셰 사ᄅᆞᆷ이 부톄을 만히 념ᄒᆞ면 ᄆᆞ음이 어즈러워 외오지 못ᄒᆞ니 그러모로 다만 아미타불만 싱각ᄒᆞ라 ᄒᆞ고 ᄯᅩ 닐오샤ᄃᆡ 안즈나 누으나 삼칠일 즁에 아미타불 일홈을 부즈러니 외오고 ᄯᅩ 다른 사ᄅᆞᆷ을 념불ᄒᆞ라 권ᄒᆞ면 ᄒᆞᆫ가지로 셔방의 간다 ᄒᆞ시고 ᄯᅩ 십뉵관경에 이로샤ᄃᆡ 아모 사ᄅᆞᆷ이라도 비록 큰 죄을 만히 지어도 그 사ᄅᆞᆷ이 유복ᄒᆞ야 새배마다 념불 열 번을 ᄒᆞ면 셔방의 간다 ᄒᆞ시고 ᄯᅩ 주글 ᄯᅢ예 불법 아는 즁을 만나 념불ᄒᆞ라 ᄒᆞ야든 그 말을 신ᄒᆞ야 듯고 나모아미타불 열 번를 ᄒᆞ면 디옥의 들 죄를 면ᄒᆞ고 바로 극낙셰계로 간다 ᄒᆞ시고 ᄯᅩ 사십팔원에 아미타불이 이로샤ᄃᆡ 시방 졔셰계 남진나 녀인이나 아모 사ᄅᆞᆷ이라도 내 일홈을 열 번이나 념ᄒᆞ면 다 내 국즁에 나리라 ᄒᆞ시고 ᄯᅩ 경에 닐오샤ᄃᆡ 아모 사ᄅᆞᆷ이라도 아미타불 일홈을 어더듯고 ᄆᆞ음애 즐겨 ᄒᆞ면 다 후싱애 셔방의 간다 ᄒᆞ시고 ᄯᅩ 부톄님이 닐오샤ᄃᆡ 홀리나 잇트나 사흐리나 닷쇄나 졍셩으로 나무아미타불 ᄒᆞ면 주글 ᄯᅢ에 아미타불과 관음보살리 와 극낙셰계로 ᄃᆞ려가리라 ᄒᆞ시니라 ᄯᅩ 닐오샤ᄃᆡ 녀인이 념블ᄒᆞ면 녀보를 벗고 남진 되야 극낙셰계 가셔 부톄 되리라 ᄒᆞ시니라

모든 부처를 염하는 것이 아미타불만 못하다고 하시니라

『대집경大集經』에 이르시되, "말세 사람이 부처를 많이 염하면[4] 마음이 어지러워 외우지 못하니, 그러므로 다만 아미타불만 생각하라." 하셨고, 또 이르시되 "앉으나 누우나 삼칠일 중에 아미타불 이름을 부지런히 외우고 또

---

4 부처를 많이 염하면 : 한문 원문 '廣念十方諸佛'을 고려할 때, 언해문의 '부톄을 만히 념ᄒᆞ면'은 '부처를 많이 염하면'보다는 '많은 부쳐를 염하면'으로 이해하는 것이 옳을 것이다.

다른 사람에게 염불하라고 권하면 함께 서방에 간다." 하시었다. 또 『십육관경十六觀經』에 이르시되 "아무 사람이라도 비록 큰 죄를 많이 지었어도 그 사람이 복이 있어 새벽마다 염불 열 번을 하면 서방정토에 가리라." 하셨고, 또 "죽을 때 불법佛法을 아는 중을 만나 (그 중이) 염불하라 하거든 그 말을 신信하여 듣고 나무아미타불 열 번을 하면 지옥에 들어갈 죄를 면하고 바로 극락세계로 간다." 하셨고, 또 사십팔원四十八願에 아미타불이 이르시되 "지금 여러 세계의 남자나 여인이나 어떤 사람이라도 내 이름을 열 번이나 염하면 다 나의 나라에 태어나리라." 하시었다. 또 경에 이르시되 "어떤 사람이라도 아미타불의 이름을 얻어듣고 마음에 즐겨 하면 후생에는 서방정토에 간다." 하시고, 또 부처님이 이르시되 "하루나 이틀이나 사흘이나 닷새나 정성으로 나무아미타불을 염하면 죽을 때에 아미타불과 관음보살이 와서 극락세계로 데려가리라." 하시었다. 또 이르시되 "여인이 염불하면 여보女報를 벗고 남자가 되어 극락세계에 가서 부처가 되리라."고 하시었다.

모든 세계가 서방 극락세계만 못하다

『대아미타경大阿彌陀經』에 이르시기를 "아미타불이 계신 국토의 이름은 극락이라 하며 정서쪽에 있다. 그 나라는 땅이 황금·백은·유리·수정·산호·호박·자거의 칠보七寶로 되었으며, 넓고 밝아 매우 좋으며, 만 가지 보배가 저절로 모여 항상 조화롭고 적당하니 매우 즐거워 비할 바 없다. 춘하추동과 대한大寒·소한小寒과 대열大熱·소열小熱이 없고, 또 지옥과 높은 산과 크고 작은 바닷물과 강물이 없으며, 또한 천한 사람, 여인, 악인, 금수가 없으며 다만 여러 부처와 보살과 선인들만 모여 있어 모두 항상 공경하고 아끼기를 형제와 같이 한다. 전생과 후생의 모든 일을 저절로 알며 옷과 밥이 저절로 생긴다. 또 아미타불 나라에 왕생한 모든 사람들은 칠보 연못에 핀 연꽃에 화생化生[5]하며 젖으로 기르지 않으며 여러 하늘의 사람이 온갖 기악과 보배와 옷과 음식을 가지고 내려와서 아미타불을 위하여 공양하고 예불하며 또 여러 사람 공양하기를 나날이 끝없이 한다. 또 여러 가지 고통이 없고 모든 즐거움을 받으며 영원히 생사윤회를 끊으니 마음이 열리고 뜻이 밝아져 그 칠보궁전을 타고 날아다니기를 자재롭게 하며 천지간의 멀고 가까운 일을 훤히 알 수 있으니 그 쾌락을 견줄 바 없도다. 어찌 아니 왕생하고자 하리오." 하셨다. 부처님께서 이르시기를 "아미타불 공덕과 국토가 좋은 것을 이루 다 말할 수 없도다." 하셨다. 나는 간추려 여러 사람을 위하여 그 내용을 조금만 이야기할 뿐이다.

---

[5] 화생化生 : ① 사생四生의 하나. 어느 것에 의존하지 않고 스스로의 업력業力으로 태어나는 것. 어떤 것에 의존하지 않고 저절로 태어나는 것. ② 지혜가 뛰어나 극락의 연꽃 위에 왕생하여 보살의 지혜와 공덕을 모두 갖추게 되는 것. 이에 반해, 지혜가 뛰어나지 못해 극락의 궁전에 왕생하여 그곳에 오랫동안 갇혀, 부처와 가르침과 보살을 가까이 할 수 없는 것은 태생胎生이라 한다.

諸國世界不如西方極樂世界[1]

大阿彌陁經云。阿彌陁佛所居國土。名極樂。正在西方。其國黃金白銀琉瑠[2]水晶珊瑚琥珀硨磲七寶爲地。廣明甚好。萬衆寶物。自然合會。常和中適。甚快無比。無春夏秋冬大小寒大小熱。亦無地獄高山大小海江水。亦無陋人女人惡人禽獸。惟會諸佛諸菩薩及諸善人。皆相敬愛。如兄若弟。自知前世後世諸事。衣食自然化生。又諸國人民生阿彌陁佛國者。七寶池蓮花中化生。亦無乳養。諸天人萬般伎樂衆寶衣食。各持下來。爲阿彌陁佛。供養作禮。又供諸人。日日無窮。亦無衆苦。具受諸樂。永絶生死。心開意明。乘其七寶宮殿。飛行自在。天地間遠近等事。能通能知。快樂無比。盡願往生。佛言。阿彌陁佛功德。國土快善。不可盡說。我畧爲諸人小說之耳。

---

1) ㉘「諸國世界不如西方極樂世界」의 본문은 저본과 갑본이 다르다. 갑본의 내용은 주로 극락의 외적 장엄에 대해 묘사하고 있는데 그 내용은 다음과 같다.

"彌陁經云。舍利弗。彼土何故名爲極樂。其國衆生。無有衆苦。但受諸樂。故名極樂。又舍利弗。極樂國土。七重欄楯。七重羅網。七重行樹。皆是四寶。周帀圍繞。是故彼國。名爲極樂。又舍利弗。極樂國土。有七寶池。八功德水。充滿其中。池底純以金沙布地。四邊階道金銀琉璃玻瓈合成。上有樓閣。亦以金銀琉璃玻瓈硨磲赤珠碼碯而嚴飾之。池中蓮華。大如車輪。靑色靑光。黃色黃光。赤色赤光。白色白光。微妙香潔。舍利弗。極樂國土。成就如是功德莊嚴。又舍利弗。彼佛國土。常作天樂。黃金爲地。晝夜六時。雨天曼陀羅華。其土衆生。常以淸旦。各以衣裓。盛衆妙華供養他方十萬億佛。即以食時。還到本國。飯食經行。舍利弗。極樂國土。成就如是功德莊嚴。佛言。阿彌陁佛功德國土快善。不可盡說。我畧爲諸人小說之耳。"

"『아미타경』에 다음과 같이 말하였다. '사리불이여, 그 불국토를 무슨 까닭에 극락이라 이르는가? 그 나라의 중생들은 아무런 괴로움이 없고, 다만 여러 가지 즐거움만 누리므로 극락이라 이름한다. 사리불이여, 극락세계에는 일곱 겹의 난간과 일곱 겹의 그물과 일곱 겹의 가로수가 모두 네 가지 보배(금·은·유리·파려)로 장식되어 빙 둘러싸여 있으므로 나라 이름을 극락이라 한다. 또 사리불이여, 극락세계에는 칠보 연못이 있어 여덟 가지 공덕을 갖춘 물이 그 안에 가득하다. 연못 바닥은 순전히 금모래만 깔려 있고, 연못가 사방의 섬돌은 금·은·유리·파려로 이루어져 있다. 그 위에는 누각이 있어 금·은·유리·파려·자거·붉은 구슬·마노로 장엄하게 꾸며져 있다. 연못의 연꽃은 크기가 수레바퀴만 한데, 푸른 꽃에서는 푸른빛이, 노란 꽃에서는 노란빛이, 붉은 꽃에서는 붉은빛이, 흰 꽃에서는 흰빛이 나며, 아름답고 향기롭고 깨끗하다. 사리불이여, 극락세계는 이러한 공덕과 장엄으로 이루어져 있느니라. 또 사리불이여, 저 불국토에는 항상 하늘 음악이 울리고, 황금 땅에는 밤낮 쉼 없이 만다라 꽃비가 내린다. 그 나라 중생들은 새벽마다 온갖 아름다운 꽃들을 바구니에 담아 다른 곳의 십만억 부처님들께 공양하고, 밥 먹을 때가 되면 바로 극락으로 돌아와 밥을 먹고 산책을 한다. 사리불이여, 극락세계는 이러한 공덕과 장엄으로 이루어져 있느니라.' 부처님께서 아미타불 공덕과 국토의 좋은 것을 다 말할 수 없다고 하셨는데, 내가 간추려 여러 사람을 위하여 조금만 이야기할 뿐이다." 2) ㉭ '瑠'는 '璃'인 듯하다.

모든 세계 극낙만 ᄀᆞᆺ지 못ᄒᆞ다 ᄒᆞ시다

대아미타경에 셔가부톄님이 닐오샤ᄃᆡ 아미타불 계신 국기니 ᄒᆡ 지는 셔역ᄉᆡ 니시ᄃᆡ 일훔미 극락세계라 극키 머되 가고져 ᄒᆞ면 잠간 간다 ᄒᆞ시고 그 국은 황금과 은과 뉴리와 슈뎡과 마노와 산호와 호박과 칠보로셔 싸히 되엿고 너르고 불고 만 가지 보븨 절로 삼겨 심히 죠하 젼줄 ᄃᆡ 업고 ᄯᅩ 봄과 여롬과 ᄀᆞ을과 겨을과 대한 쇼한 대열 쇼열 다 업고 디옥과 산과 바단믈 강믈 다 업고 사모라온 사름과 녀인과 즘싱 등이 다 업고 부톄와 보살과 어진 사름만 모화 니시며 젼싱후싱ᄉᆞ를 다 알고 옷과 밥과 절노 삼기ᄃᆡ 모든 하늘 사름이 만 가지 옷과 음식과 풍뉴와 가지고 ᄂᆞ려와 아미타불과 보살과 그 국 사름으게 공양ᄒᆞ고 가면 ᄯᅩ 다른 하늘 사름미 와셔 공양ᄒᆞ고 풍뉴ᄒᆞ고 가면 ᄯᅩ 그리ᄒᆞ기를[1)] 날마다 굿틸 제 업고 ᄯᅩ 니 사름이 주거 영혼니 극낙세계예 나면 틸보모새 년화고ᄎᆞ로 사름이 되여 나셔 젓도 먹지 아니ᄒᆞ고 절노 크고 한 고모 업고 즐거오믄 만만ᄒᆞ고 ᄯᅩ 극락세계 간 사름은 주그며 살기도 업고 ᄆᆞ음이 불가 텬지간 만믈을 다 알고 칠보궁뎐을 트고 ᄅᆞ라ᄃᆞ니고 죠코 즐거워 젼줄 ᄃᆡ 업거를 엇지 괴로온 셰계를 탐ᄒᆞ고 져 극낙세계를 가고져 발원을 아니ᄒᆞᄂᆞ고 부톄님이 닐오샤ᄃᆡ 아미타불공덕과 극낙셰계 죠호믄 다 니르지 못ᄒᆞᆯ다 ᄒᆞ시니라 내 부톄님 말슴을 약간 써내야 알게 ᄒᆞ고 극낙세계로 ᄒᆞᆫ가지로 가게 지극 권ᄒᆞᄂᆡ다

---
1) ㉭ 『한불전』에는 '그리ᄒᆞ기를~주거 영혼'이 누락되어 있다.

모든 세계가 극락만 같지 못하다고 하시었다

『대아미타경大阿彌陀經』에 석가 부처님이 이르시되, "아미타불이 계신 나라이니 해 지는 서녘(西方)에 있되 이름이 극락세계이다. 극히 멀되 가고자 하면 잠깐 (사이에) 간다." 하시고, "그 나라는 황금과 은과 유리와 수정과 마노와 산호와 호박과 같은 칠보七寶로써 땅이 되었고, 넓고 밝고 만 가지 보배가 저절로 생겨 심히 좋아 견줄 데가 없고, 또 봄과 여름과 가을과 겨울과 대한大寒·소한小寒·대열大熱·소열小熱이 다 없고, 지옥과 산과 바닷물·강물이 다 없고, 사나운 사람과 여인과 짐승 등이 다 없고, 부처와 보살과 어진 사람만 모여 있으며, 전생과 후생의 일을 다 알고, 옷과 밥이 저절로 생기되 모든 하늘(나라의) 사람이 만 가지 옷과 음식과 악기를 가지고 내려와서 아미타불과 보살과 그 나라 사람에게 공양하고 가며, 또 다른 하늘(나라) 사람이 와서 공양하고 악기를 연주하고 가며, 또 그러하기를 날마다 그칠 때가 없고, 또 이 사람이 죽어 영혼이 극락세계에 나면 칠보 연못에 연화 꽃으로 사람이 되어 태어나서 젖도 먹지 않고 저절로 크고, 많은 고생도 다 없고 즐거움은 많고 또 극락세계에 간 사람은 죽고 사는 것도 없고 마음이 밝아 천지간 만물의 일을 모두 다 알고 칠보궁전을 타고 날아다니고 좋고 즐거워서 견줄 데가 없거늘, 어찌 이 괴로운 세계를 탐하고 저 극락세계를 가고자 발원을 하지 않는가?" 하셨고, 부처님이 이르시되, "아미타불 공덕과 극락세계가 좋음은 다 이르지 못하리라." 하시니라. 내가 부처님 말씀을 약간 써내어 (모두에게) 알게 하고 극락세계로 함께 가도록 지극히 권하나이다.

극락세계 칠보 연못에 구품 연화대가 있다

　상삼품上三品, 중삼품中三品, 하삼품下三品의 구품九品이다.
　『무량수경無量壽經』에 이르시기를 "상삼품[6]에 왕생하는 자라. 만약 불경에 능통하고 계행戒行을 다 갖추고 세상일에 욕심내지 아니하며 만 가지 선을 행하는 어떤 사람이 그 나라에 나고자 하면 목숨을 마칠 때에 아미타불과 여러 성중이 내려와 맞이하여 손가락 한 번 튀길 사이에 극락으로 인도하리라. 연꽃 속으로 들어가 3일이 지나면 연꽃 봉오리가 몸이 되어 태어나며 삼십이상三十二相[7]의 몸을 모두 갖추고 설법을 듣자마자 생사윤회를 영원히 끊고 마음과 뜻이 시원하게 밝아져 곧 불과佛果를 이루고, 신

6　상삼품上三品 : 정토淨土에 왕생하는 9종(上品上生~下品下生)의 품류 중에서 상상上上·상중上中·상하上下 세 종류.
7　삼십이상三十二相 : 부처가 갖추고 있다는 32가지 뛰어난 신체의 특징. (1) 족하안평립상足下安平立相(발바닥이 평평하여 서 있기에 편함). (2) 족하이륜상足下二輪相(발바닥에 두 개의 바퀴 모양의 무늬가 있음). (3) 장지상長指相(손가락이 긺). (4) 족근광평상足跟廣平相(발꿈치가 넓고 평평함). (5) 수족지만망상手足指縵網相(손가락과 발가락 사이에 비단 같은 막이 있음). (6) 수족유연상手足柔軟相(손발이 부드러움). (7) 족부고만상足趺高滿相(발등이 높고 원만함). (8) 이니연천상伊泥延腨相(장딴지가 이니연과 같음. 이니연은 ⓢaiṇeya의 음사로 사슴 이름). (9) 정립수마슬상正立手摩膝相(팔을 펴면 손이 무릎까지 내려감). (10) 음장상陰藏相(음경이 몸 안에 감추어져 있음). (11) 신광장등상身廣長等相(키가 한 발 길이와 같음). (12) 모상향상毛上向相(털이 위로 향해 있음). (13) 일일공일모생상一一孔一毛生相(털구멍마다 하나의 털이 있음). (14) 금색상金色相(몸이 금빛임). (15) 장광상丈光相(몸에서 나오는 빛이 한 길이나 됨). (16) 세박피상細薄皮相(피부가 부드럽고 얇음). (17) 칠처륭만상七處隆滿相(두 발바닥과 두 손바닥, 두 어깨와 정수리가 두텁고 풍만함). (18) 양액하륭만상兩腋下隆滿相(두 겨드랑이가 두텁고 풍만함). (19) 상신여사자상上身如師子相(상반신이 사자와 같음). (20) 대직신상大直身相(신체가 크고 곧음). (21) 견원만상肩圓滿相(어깨가 원만함). (22) 사십치상四十齒相(치아가 마흔 개임). (23) 치제상齒齊相(치아가 가지런함). (24) 아백상牙白相(어금니가 흼). (25) 사자협상師子頰相(뺨이 사자와 같음). (26) 미중득상미상味中得上味相(맛 중에서 가장 좋은 맛을 느낌). (27) 대설상大舌相(혀가 큼). (28) 범성상梵聲相(음성이 맑음). (29) 진청안상眞靑眼相(눈동자가 검푸름). (30) 우안첩상牛眼睫相(속눈썹이 소와 같음). (31) 정계상頂髻相(정수리가 상투 모양으로 돋아나 있음). (32) 백모상白毛相(두 눈썹 사이에 흰 털이 있음).

통하고 자재로워 만사가 능통하니 어찌 쾌하지 않으리오." 하셨다.

이상은 상삼품에 왕생하는 사람이다.

極樂世界七寶池中有九品蓮花臺

上三品。中三品。下三品。是爲九品也。

無量壽經云。上三品徃生者。若有人能通佛經。具持戒行。不貪世事。能行萬善人。願生彼國。則命終時。阿彌陁佛。與諸聖衆來迎。一彈指間。引導極樂。入蓮花中。過三日後。以蓮胎爲身而出。則三十二相身形具足。卽聞說法。生死永絶。心通意明。卽成佛果。神通自在。萬事能通。豈不快哉。是爲上三品徃生者也。

극낙셰계예 아홉품 년곳좌디 이시니 샹삼품 즁삼품 하삼품

무량슈경에 닐으샤디 샹삼품에 가셔 나는 쟈는 아모 사름이라도 불경을 능히 알고 계법도 힝ᄒ고 셰간탐심도 아니ᄒ고 보시션ᄉ을 만만히 ᄒᄂ 사름이 극낙셰계 가고져 ᄒ면 그 사름이 뎡명이 다하셔 죽을 댄예 아미타블이 모든 보살을 드리고 와셔 그 사름의 영혼을 드리고 잠간 ᄉ이에 극낙셰계 가셔 년곳붕이예 들어 닛짜가 년곳츠로 사름이 되여 사흘 만에 년곳티 픠면 나셔 아미타불 셜법을 듯고 즉시 부톄 되면 살며 죽기도 다 면ᄒ고 신통즈간니 만만ᄒ고 견싱후싱 일과 쳔디간 만믈을 다 멀거케 안다 ᄒ시니라

극락세계에 아홉 품의 연꽃 좌대가 있으니 상삼품, 중삼품, 하삼품

『무량수경無量壽經』에 이르시되, "상삼품上三品에 가서 태어나는 자는 아무(어떤) 사람이라도 불경佛經을 능히 알고 계법戒法도 행하고 세간 탐심도 아니하고 보시布施와 선사善事를 많이 하는 사람이 극락세계에 가고자 하면 그 사람이 정명定命에 다다라서 죽을 때에 아미타불이 모든 보살을 데리고 와서 그 사람의 영혼을 데리고 잠깐 사이에 극락세계로 가서 연꽃 봉오리에

들어가 있다가 연꽃에서 사람이 되어 사흘 만에 연꽃이 피면 태어나서 아미타불 설법을 듣고 즉시 부처가 되면 사는 것과 죽는 것도 모두 면하고 신통神通, 재간才幹이 아주 많고, 전생과 후생의 일과 천지간 만물을 모두 훤하게 안다."고 하시었다.

중삼품

경에 이르시기를 "중삼품에 왕생하는 자라. 승려나 어른이나 아이나 비록 경을 알지 못하더라도 불경을 믿음으로 듣고 부모님을 효를 다하여 모시며 약간의 계戒라도 지니고 살생을 하지 않는 사람, 혹은 인자하고 보시하는 마음으로 발원하여 저 극락에 나고자 하는 사람은 목숨을 마칠 때에 아미타불과 여러 성중들이 내려와 맞이하여 일념하는 순간에 서방 극락국에 곧바로 왕생하리라. 연꽃에 들어가 연꽃 봉오리를 몸으로 삼아 7일 지난 후에 연화가 피면 그곳에서 나오나니, 몸은 금빛이며 생사의 괴로움이 영원히 끊어지며, 부처님 설법을 듣고서는 곧바로 불과를 이루고 육통六通[8]이 자재로워 쾌락이 비할 데 없으리라." 하셨다.

中三品

經云。中三品徃生者。僧與俗大小之人。雖不通經。信聽佛經。孝養父母。若干持戒。不得殺生。或爲仁慈布施心之發願。欲生彼國。命終時。阿彌

---

[8] 육통六通 : 육신통六神通. 수행으로 갖추게 되는 여섯 가지 불가사의하고 자유 자재한 능력. ① 신족통神足通(마음대로 갈 수 있고 변할 수 있는 능력). ② 천안통天眼通(모든 것을 막힘없이 꿰뚫어 환히 볼 수 있는 능력). ③ 천이통天耳通(모든 소리를 마음대로 들을 수 있는 능력). ④ 타심통他心通(남의 마음속을 아는 능력). ⑤ 숙명통宿命通(나와 남의 전생을 아는 능력). ⑥ 누진통漏盡通(번뇌를 모두 끊어, 다시 삼계에 미혹되지 않는 능력).

陁佛。與諸聖衆來迎。一念之頃。卽生西方極樂國。入蓮花中。以蓮胎爲身。而過七日後。蓮花乃開。出之。則身形金色。生死之苦永絶。聞佛說法。卽成佛果。六通自在。快樂無比。

즁삼품

경에 닐오샤디 즁삼품에 가 나는 사름은 즁나 쇽이나 녀인이나 비록 불경을 아지 못ᄒ나 불법을 신ᄒ야 듯고 부모 효양ᄒ거나 술 고기을 냑간 긋티거나 살싱도 아니ᄒ고 셰간 탐심도 젹게 ᄒ고 보시션ᄉ을 냑간 ᄒ면셔 졔 ᄆᆞ음애 극낙셰계로 가고져 ᄒ면 주글 ᄢᅢ예 아미타블이 관음보살 등을 ᄃᆞ리고 와 그 사름의 영혼을 ᄃᆞ리시고 잠간 ᄉᆞ이예 극낙셰계 가셔 틸보못 가온대 년화곳츠로 몸이 되여 잇다가 일웬날 디내야 년곳치 픠면 사름이 나셔 아미타불 셜법을 듯고 즉시 부톄 되면 살며 주그며 병들며 ᄒᆞ는 고모도 다 면ᄒ고 젼셰후셰 닐과 만믈을 다 알고 신통 ᄌᆡ간도 만만 무궁ᄒ다 ᄒ시니 엇지 사름이 가고쳐 아니 ᄒᄂᆞ고

중삼품

『무량수경』에 이르시되 "중삼품中三品에 가서 태어나는 사람은 중이나 속인이나 여인이나 비록 불경을 알지 못하나 불법을 믿어 듣고 부모를 효양孝養하거나 술과 고기를 조금 끊거나, 살생도 아니하고 세간 탐심도 적게 하고 보시, 선사善事를 조금 하면서 자기 마음에 극락세계로 가고자 하면, 죽을 때에 아미타불이 관음보살 등을 데리고 와서 그 사람의 영혼을 데리시고 잠깐 사이에 극락세계에 가서 칠보 연못 가운데 연꽃으로 몸이 되어 있다가 이레(7일)를 지나 연꽃이 피면 사람이 태어나서 아미타불의 설법을 듣고 즉시 부처가 되면, 살며 죽으며 병들며 하는 괴로움도 다 면하고 전세와 후세의 일과 만물을 다 알고, 신통, 재간도 아주 많고 끝이 없다."고 하셨는데, 어찌 사람은 (그곳에) 가고자 아니 하는가?

하삼품

경에 이르시기를 "하삼품에 왕생하는 자라. 여러 세계의 모든 남녀가 평생 한 가지도 선을 행하지 않고 여러 가지 악을 지었더라도, 매일 이른 아침에 아미타불 명호를 열 번 외우고, 목숨을 마칠 때에 다행히 불법을 아는 스님을 만나 염불을 권유할 때 그 말을 믿어 듣고 나무아미타불을 열 번 소리 내어 외워 저 나라에 나기를 바라면, 곧 목숨을 마칠 때에 화현한 부처님과 보살들이 내려와 맞이하여 잠깐 사이에 혼을 극락 칠보 연못의 연꽃 위로 이끌어 주시리라. 연꽃 봉오리를 몸으로 하여 칠칠일(49일)이 지난 후 연꽃이 바로 펴지고 사람의 모습이 다 갖추어져 부처님 설법을 듣고서 생사의 괴로움을 면하고 곧바로 부처 몸을 이루어 만사에 능통하고 옷과 밥을 생각하면 그대로 앞에 나타나리라." 하셨다.

下三品
經云。下三品徃生者。若諸世界。男女諸人。平生不爲一善。多造衆惡。每日晨朝。十念阿彌陁佛名。及命終時。幸値有識道僧。教令念佛信聽。念南無阿彌陁佛十聲。願生彼國。則命欲終時。化佛化菩薩來接。須臾之間。引魂於極樂七寶池蓮花之中。以蓮苞爲身。過七七日。蓮花乃敷。人形具足。聞佛說法。免生死苦。卽成佛身。萬事能通。衣食隨念現前。

하삼품

경에 닐오샤ᄃᆡ 하삼품에 가셔 나ᄂᆞᆫ 쟈ᄂᆞᆫ 이 국셰계예 남직나 녀인이나 아모 사ᄅᆞᆷ이라도 션ᄉᆞ을 ᄒᆞᆫ낫도 아니ᄒᆞ고 악ᄉᆞ을 만만히 ᄒᆞ여도 날마다 새베 나무아미타불 열 번을 ᄒᆞ거나 또 주글 째예 유복ᄒᆞ야 불법 아는 듕을 만나셔 념불ᄒᆞ라 ᄒᆞ야든 그 말을 신ᄒᆞ야 듯고 나무아미타불을 열 번을 ᄒᆞ면 아미타불과 관음보살 등이 와 그 영혼을 드리고 잠간 극낙셰계 가셔 년화곳봉

이예 들어 칠칠일을 잇다가 년곳츠로 사름이 되여 나면 몸도 죠코 아미타블 셜법을 듯고 즉시 부톄 되야 병들며 죽눈 고모도 다 면ᄒ고 젼싱후싱 일을 다 안다 ᄒ시고 옷과 밥도 절노 삼긴다 ᄒ시니라

하삼품

경에 이르시되, "하삼품下三品에 가서 태어나는 자는 이 나라에 남자나 여인이나 아무(어떤) 사람이라도 선한 일을 하나도 아니하고 악한 일을 많이 하였어도 날마다 새벽에 나무아미타불 열 번을 염하거나, 또 죽을 때에 복이 있어 불법을 아는 중을 만나서 (그 중이) 염불하라고 하거든 그 말을 믿어 듣고 나무아미타불을 열 번을 염하면, 아미타불과 관음보살 등이 와서 그 영혼을 데리고 잠깐 (사이에) 극락세계에 가서 연화 꽃봉오리에 들어 칠칠일을 있다가 연꽃에서 사람이 되어 태어나면 몸도 좋고 아미타불 설법을 듣고 즉시 부처가 되어 병들며 죽는 고통도 다 면하고 전생과 후생의 일을 다 안다." 하시고, "옷과 밥도 저절로 생긴다."고 하시었다.

다른 사람에게 염불을 권하여 함께 서방에 왕생하다

『현호경賢護經』[9]에 이르시기를 "어떤 사람이 억만금의 재물과 보화를 가지고 모든 보살과 중생에게 널리 베푼다면 그 얻는 복이 비록 무량하기는 하겠지만, 이 또한 어떤 사람이 다른 사람에게 한번 아미타불을 소리 내어 외우도록 권한 공덕만 못하리라." 하셨다.

대자보살大慈菩薩이 이르시기를 "두 사람에게 염불을 권하면 곧 자신도 염불한 것에 견줄 수 있고, 또 십여 인에게 권하면 곧 복덕이 무량하리라. 어떤 사람이 등촉으로 아미타불을 공양하면 곧 모든 부처님이 기뻐하시어 임종 시에 극락에 나서 시방세계를 두루 꿰뚫어 볼 것이니라." 하셨다.

『법화경法華經』에 이르시기를 "한 번이라도 나무아미타불을 염하는 자는 모두 불도佛道를 이루리라." 하셨다.

勸他念佛同生西方
賢護經云。有人將持億萬財寶。普施諸菩薩諸衆生。則其得福。亦雖無量。又不如有人勸令稱念一聲阿彌陁佛功德。大慈菩薩云。勸二人念佛。則比於自己念佛。又勸十餘人。則福德無量。若人燈燭。供養阿彌陁佛。則諸佛歡喜。命終生於極樂。徹見十方世界。法華經云。一稱南無佛者。皆以成佛道。

다른 사룸을 념불ᄒ라 권ᄒ면 ᄒᆞᆫ가지로 극낙셰계 간다 ᄒ시니라
현호경에 닐오샤ᄃᆡ 사룸이 지보을 만만히 가져 모든 부톄 보살과 ᄯᅩ 모든 사룸으게 보시을 만만히 ᄒᆞ면 그 어든 복덕기 비록 만만ᄒᆞ야도 다른 사룸을 권ᄒᆞ야 ᄒᆞᆫ번 나무아미타불 ᄒᆞᆫ 공만 ᄀᆞ지 못ᄒᆞ다 ᄒᆞ시고 ᄯᅩ 대ᄌᆞ보살리

---
[9] 『현호경賢護經』: 『대방등대집경현호분大方等大集經賢護分』의 별칭.

닐오디 두 사름을 념불ᄒ라 권ᄒ면 져는 념불 아니ᄒ야도 ᄒ나 다ᄅ지 아니ᄒ고 열 사름을 권ᄒ면 복덕기 만타 ᄒ시니 고로 경에 닐오샤디 아모 사름이라도 아미타불을 위ᄒ야 약간 불 혀고 공양ᄒ면 모든 부톄 다 즐겨ᄒ고 그 사름이 주거 극낙셰계 가셔 나면 모든 셰계 일을 다 안다 ᄒ시고 법화경에 닐오샤디 ᄒ번 나무불 ᄒ는 쟈는 다 불도을 닐울나 ᄒ시니라

다른 사람에게 염불하라 권하면 함께 극락세계에 간다고 하시었다

『현호경賢護經』에 이르시되, "사람이 재물과 보배를 많이 가져서 모든 부처, 보살과 또 모든 사람에게 보시를 많이 하면 그 얻은 복덕이 비록 많아도, 다른 사람에게 권하여 한번 나무아미타불을 염하게 한 공만 같지 못하다." 하시었다. 또 대자보살이 이르되, "두 사람에게 염불하라고 권하면 자기는 염불을 아니하였어도 (그들과) 조금도 다르지 아니하고, 열 사람에게 권하면 복덕이 많다."고 하셨으니, 고로 경에 이르시되 "아무 사람이라도 아미타불을 위하여 만약 불을 켜고 공양하면 모든 부처가 다 즐거워하고, 그 사람이 죽어 극락세계에 가서 태어나면 모든 세계의 일을 다 안다." 하셨고, 『법화경法華經』에 이르시되, "한번 나무아미타불을 염하는 자는 모두 불도佛道를 이루리라."고 하시었다.

인연이 있으면 불법을 받들고 인연이 없으면 불법을 해친다

경에 이르시기를 "금생今生에 크게 불법을 해치는 사람은 전생에 악업만 쌓고 선한 인연을 맺지 않았기 때문에, 금생에 이르러서도 불법을 받들지 않아 불법을 숭상하는 이를 보면 곧 크게 비웃으며 훼방하고 깨뜨린다." 하셨다.

경에 이르시기를 "불법을 훼방하면 곧 지옥에 들어가 세상에 나오지 못한다. 불법을 아는 선한 사람들은 비록 받들지 않더라도 해치지 못한다. 불법을 받들어 믿는 것은 성인의 길에 들어가는 인연이 되고 불법을 훼방하는 것은 지옥에 들어가는 바탕이 된다." 하셨다.

아아. 말세에 승려나 속인 모두 기꺼이 마음과 불도를 닦으려 하지 않고 세간의 재물 욕심을 탐내어 지옥에 들어가는 이는 많고 서방에 왕생하는 이는 적으니, 어찌 한심하지 않으리오. 지혜로운 이여, 깨우쳐 알라. 명부의 시왕十王[10]은 존귀한 사람도 무서워하지 않으며 지옥의 일은 꾸며낸 것이 아니니, 생각하여 신중히 할지어다.

有緣奉佛無緣毀佛

經云。今世大毀佛法者。前世來積惡。而無善緣。故至于今生。亦不奉佛法。若見崇佛人。則大笑毀破。經云。毀謗佛法。則入地獄。而不可出世。有識善人。自雖不奉。不可毀之。奉佛者。入聖道之因。毀佛者。入地獄之本。於戲。末世僧也俗也。不肯修心修道。貪求世間物慾。故入地獄者居

---

10 시왕十王 : 저승에서 죽은 사람을 재판한다는 열 명의 대왕. 진광왕, 초강대왕, 송제대왕, 오관대왕, 염라대왕, 변성대왕, 태산대왕, 평등왕, 도시대왕, 오도 전륜대왕이다. 죽은 날로부터 49일까지는 7일마다, 그 뒤에는 백일·소상小祥·대상大祥 때에 차례로 이들에 의하여 심판을 받는다고 한다.

多。徃西方者居小。豈不寒心哉。有智達人。通以知之。所謂冥間十王。不怕[1]尊貴之嚴。不無地獄之事也。思以愼之。

---

1) ㉮ 갑본에 '怕'은 '栢'으로 되어 있다.

불법연이 니시면 위ᄒᆞ고 업스면 훼흔다 ᄒᆞ시니라

경에 릴오샤듸 이싱에 불법을 해ᄒᆞᄂᆞ 사름은 젼싱에 악ᄉᆞ만 ᄒᆞ고 션ᄉᆞᄂᆞ 아니ᄒᆞᆫ 고로 해ᄒᆞ고 불법ᄒᆞᄂᆞ 사름을 보면 웃ᄂᆞ니 불법 나므랜 죄로 디옥의 든다 ᄒᆞ시니 실노 위티 아니나 해티 마로쇼셔 슬픈지라 말셰예 듕이나 쇽이나 션ᄉᆞ을 아니ᄒᆞ고 셰간만 탐ᄒᆞᄂᆞ니 고로 디옥 들 쟈ᄂᆞ 만ᄒᆞ고 극낙 갈 쟈ᄂᆞ 져그니 엇지 슬프지 아니ᄒᆞᆯ고 어진 사름은 통히 알라 시왕은 놉품 사름도 무셔워 아니ᄒᆞ시고 디옥도 거즛 것시 아니라 ᄒᆞ시니 싱각ᄒᆞ야 보시소

불법 인연이 있으면 위하고 없으면 훼손한다 하시니라

경에 이르시되, "이승에서 불법을 해치는 사람은 전생에 악한 일만 하고 선한 일은 아니한 고로 (불법을) 해치고, 불법하는 사람을 보면 비웃나니, 불법을 나무란 죄로 (죽으면) 지옥에 든다." 하셨으니, 실로 위하지는 않더라도 해치지는 마소서. 슬프구나. 말세에 중이나 속인이나 선한 일을 않고 세간만 탐하나니, 그러므로 지옥에 들어갈 자는 많고 극락 갈 자는 적으니 어찌 슬프지 아니할까? 어진(지혜로운) 사람은 꿰뚫어 알라. 시왕十王은 (세속의) 높은 사람도 무서워 아니 하시고, 지옥도 거짓된 것이 아니라고 하셨으니, (여러분은) 생각하여 보십시오.

믿음이 있으면 유익하고 믿음이 없으면 무익하다

『대화엄경大華嚴經』에 이르시기를 "신심信心으로 능히 불도를 이룰 수 있다." 하셨다.

『법화경法華經』에 이르시기를 "신심이 있는 사람에게는 불법을 말하고 신심이 없는 사람 앞에서는 불법을 설하지 말라. 설하면 곧 믿지 않고 불법을 훼방한 죄로 반드시 지옥에 들어가 영원히 나올 기약이 없다."고 하셨다. 그러므로 경에 이르시기를 "내 마음이 진실한 부처임을 깊이 믿으라. 마음 밖에서 부처를 구하면 외도外道이니라. 지혜로운 선인들이여. 늘 마음을 서방으로 향하여 아미타불을 염念하라. 이른바 염불하는 사람은 귀신도 해치지 못하고 시왕十王도 감히 부르지 못하리라." 하셨으니, 부처님 말씀을 새겨들으라. 부처님은 헛된 말씀을 하지 않으시니라.

有信有益無信無益
大華嚴經云。信心能成佛道。法華經云。有信心人。說佛法。無信人前。莫說佛法。說之則不信毀佛罪。必入地獄。永無出期。故云深信自心是眞佛。心外求佛是外道也。有智善人。時時心向西方。而念陁佛。所謂念佛人。鬼神不能害。十王不敢召。信聽佛語。佛不虛言也。

신심이 니시면 니ᄒᆞ고 업스면 니티 못ᄒᆞ며
대화엄경에 닐오샤ᄃᆡ 신심이 니시면 불도을 흔다 ᄒᆞ시고 법화경에 닐오샤ᄃᆡ 신심이 잇는 사름으게 불법을 니르고 업거든 니르디 말나 ᄒᆞ시고 니르면 불법 나무랜 죄로 디옥의 드러 나지 못ᄒᆞᆫ다 ᄒᆞ시니 경에 닐오샤ᄃᆡ 사름마다 제 ᄆᆞ음이 실노 부톄니 ᄆᆞ음 박긔 부톄를 ᄎᆞ즈면 외도라 ᄒᆞ시니 어진 사름은 시시예 ᄆᆞ음애 셔방을 ᄇᆞ래야 아미타불을 싱각ᄒᆞ쇼셔 념불ᄒᆞᄂᆞᆫ 사름은 귀신도 보치지 못ᄒᆞ고 시왕도 자바가지 못ᄒᆞᆫ다 ᄒᆞ시니 부톄님 말슴을

신ᄒᆞ야 드르시소 부톄님은 헌 말ᄉᆞᆷ을 아니ᄒᆞ신다 ᄒᆞ시니라

신심이 있으면 이롭고 없으면 이롭지 못하며

『대화엄경』에 이르시되, "신심信心이 있으면 불도를 한다." 하시고, (또) 『법화경』에 이르시되, "신심이 있는 사람에게 불법을 설하고, 없거든 설하지 말라." 하시고, "설하면 불법을 나무란 죄로 지옥에 들어가 나오지 못한다." 하시었다. 경에 이르시되 "사람마다 자기의 마음이 실로 부처이니 마음 밖에서 부처를 찾으면 외도外道라." 하시니, 어진 사람은 항상 마음에 서방을 바라고 아미타불을 생각하소서. 염불하는 사람은 귀신도 보채지 못하고 시왕十王도 잡아가지 못한다고 하셨으니 부처님 말씀을 믿고 들으십시오. 부처님은 거짓 말씀을 아니하신다고 하시었다.

세상일에 탐하는 사람은 염불의 큰 즐거움을 알지 못한다

　경에 이르시기를 "간탐慳貪[11]하고 악을 지은 자는 후에 지옥에 들어가 큰 고통을 받으며, 효와 보시를 행하는 자는 후에 사람으로 왕생하여 부귀를 받으며, 어질고 염불하는 자는 마땅히 극락에 왕생하여 불과를 이룬다." 하셨다. 이 말세에 깊이 아는 자는 적고 얕게 아는 자는 많아서 모두 불법이 온통 헛것이라 말하며 의식衣食이 넉넉한 것을 최고로 여긴다.
　오호라! 사람이 태어나 한세상을 사는데 얼마나 머물 수 있으리오? 아침에 났다가 저녁에 죽어 찰나 간에 세상을 달리하니 마치 높은 산의 조각구름이요, 물 위에 뜬 거품이라. 세상일에 욕심내어 그릇되게 천년 살아갈 계책을 꾸미며, 악을 끝없이 짓고 후세의 선행 길을 닦지 않으니 어찌 한심하지 않으리오. 또 세상 사람들이 이 국토의 즐거움을 말하지만, 서방의 즐거움에 비하면 백분의 일에도 미치지 못할 것이다. 이 모두가 여러 경에 다 실려 있으니 믿지 않을 수 없다. 신하 된 자는 진실로 왕의 말을 들어야 하고, 자식은 아비의 가르침을 들어야 하나니, 만약 듣지 않으면 어찌 충신 효자라 하리오?
　부처님은 삼계三界의 대도사이시고 인간과 천상의 사람들 중에 불제자 아닌 자 없으니, 누가 따라 기뻐하지 않으며 누가 왕생을 원하지 않겠는가? 옛사람이 말하기를 염불은 일체의 세속 일에 방해되지 않는다 하였도다. 그러므로 관리에게는 맡은 업무에 방해되지 않으며, 선비에게는 수양하고 독서하는 일에 방해되지 않으며, 장사꾼에게는 장사하는 데 방해되지 않으며, 농사꾼에게는 농사짓는 일에 방해되지 않으며, 승려에게는 참선하고 독송하는 데 방해되지 않으니, 무릇 일체의 하는 일이 모두 서

11　간탐慳貪 : 몹시 인색하고 욕심이 많음.

로 방해되지 않기 때문이다. 그러므로 비록 마소를 잡는 백정이라 하더라도 염불을 열 번 하면 서방에 왕생하는 것은 어렵지 않다.

『나선경那先經』[12]에 말하였다. "국왕이 나선那先에게 묻기를 '스님은 세상 사람이 평생 악을 행하다가 임종 시에 나무아미타불을 열 번 염하면 죽어서 서방에 난다 하셨는데, 나는 그 말을 믿지 못하겠습니다.' 하자, 나선이 답하기를 '비유하자면 큰 돌을 배에 실을 때 배의 힘으로 인하여 물에 빠지지 않는 것과 같습니다.' 하였다."

그러므로 경에 이르시기를 "아무리 나쁜 사람이라 하더라도 한때 염불하면 곧 지옥을 면하고 곧장 서방에 왕생할 수 있다." 하신 것이다.

또 이른바 자력自力과 타력他力에 대해 말하리라. 혹 여러 선업을 행하여 성불하고자 하는 것은 자력이니, 마치 나무를 심어 배를 만들어 바다를 건너는 것과 같아서 성불함이 더디다. 혹 염불하여 성불하는 것은 '타력'이니, 마치 배를 빌려 바다를 건너는 것과 같아서 성불함이 빠르다. 그러므로 경에 이르시기를 "삼천 냥을 보시한 공덕이 아미타불을 한번 염한 공덕만 못하다." 하였으니, 부처님 말씀을 믿고 들을지라.

대저 이 책은 여러 경론에서 뽑은 글로서 여러분들이 모두 훤히 알 수 있을 것이니 의심하지 말라. 비록 술과 고기를 먹는 사람도 아미타불을 한번 염하면 곧 재액을 소멸하고 수복을 더할 것이다. 한가하게 놀 때 이 글을 보고 정결한 곳에 올려놓아 밝히지 않도록 하라. 모든 일에 염불하고 비록 걸어갈 때라도 생각하고 염불하라.

---

[12] 『나선경那先經』: 『나선비구경那先比丘經』의 약칭. 동진東晉시대(A.D. 317~420)에 번역되었으나 번역자는 알려져 있지 않다. 나선 비구가 득도한 인연 및 그와 사갈국 미란왕彌蘭王과의 사이에 벌어진 여러 가지 문답을 담고 있다. 별명은 『미란왕문경彌蘭王問經』.

貪世事人不知念佛大樂

經云。慳貪造惡者。後入地獄。而受大苦。行孝布施者。後生人道。而受富貴。仁善念佛者。當生極樂。而成佛果。惟斯末運。深知者小。而淺識者多故。皆謂佛法多虛。衣食具足爲上。嗚呼。人生一世。能幾留乎。朝存夕亡。刹那異世。如高峯之片雲。水上之浮漚也。慳貪世事。枉作千年之生計。造惡無窮。不修後世之善道。豈不寒心哉。又世人。皆謂此國土樂處。比於西方之樂處。百分之中。亦不及一分也。完在諸經。不可不信。若爲臣者。信聽王言。爲子者。信聽父訓。若不信聽。則豈可名爲忠孝者哉。盖佛爲三界之大導師。人天之人。無非佛弟子也。何人不隨喜。何不願徃生。古人云。念佛亦不妨一切俗事。故在官不妨職業。在士不妨修讀。在商[1])賈不妨販賣。在農人不妨耕種。在僧不妨禪誦。凡一切所爲。皆不相妨故。雖殺牛屠馬之人。念佛十聲。而徃西方不難。那先經云。國王問那先道。僧言世人平生作惡。命終時。十念南無阿彌陁佛。死生西方。我不信是言。那先答云。比如大石載船。[2)] 則因舟力故不沒。故經云。人雖極惡。一時念佛。則能免地獄。直徃西方。又所謂自力他力。或行諸善。而欲成佛者。是自力。如種樹作船越海。成佛遲也。或爲念佛而成佛者。是他力。如借船越海。成佛速也。故經云。三千兩布施之功。又不如一念陁佛之功也。信聽佛語。大抵此册。文出經論。諸人皆可通見。不可疑心。雖食酒肉之人。一念陁佛。則消灾厄。增福壽。閑遊時。看此文而後。高在淨處。莫以淺踏。念佛萬事。雖行之時。亦可思而念之。

---

1) 갑본에 '商'은 '啇'으로 되어 있다.　2) 갑본에 '船'은 '舡'으로 되어 있다. 다음에 나오는 '船'자도 동일하다.

셰ᄉᆞ 탐ᄒᆞᄂᆞᆫ 사ᄅᆞᆷ은 념불ᄒᆞ야 크게 즐거온 주를 아지 못ᄒᆞᆫ다 ᄒᆞ시니라

계경에 닐오샤ᄃᆡ 악ᄉᆞ과 탐심과 ᄒᆞᄂᆞᆫ 쟈ᄂᆞᆫ 후에 디옥게 드러 고상을 슈ᄒᆞ고 효도와 보시과 ᄒᆞᄂᆞᆫ 쟈ᄂᆞᆫ 다시 사ᄅᆞᆷ미 되야 부귀ᄒᆞ고 어딜고 념불ᄒᆞᄂᆞᆫ

쟈는 극낙국의 가셔 부톄 된다 ᄒ시니라 이 말셰예 어딘 이 젹고 악쟈 만ᄒ 고로 불법을 다 허스라 ᄒ고 셰간이 만ᄒ면 웃듬미라 ᄒᄂ니 슬픈지라 사 ᄅ미 얼매 오랜고 아껴긔 닛다가 나죄 주그니 맛티 믈 우희 겁품 ᄀᆺ고 놉픈 봉의 쟈근 구름 ᄀᆺᄒ 인싱을 셰간만 탐ᄒ야 쳔년이나 살냐 ᄒ며 악죄 만히 ᄒ고 훗씨를 닥디 아니ᄒᄂ니 실로 슬푸다 ᄯ 사ᄅ미 다 닐오ᄃᆡ 이 국을 좃타 ᄒ거니와 극낙국에는 빅분에 ᄒᆞᆫ분도 못ᄒ다 ᄒ야 계경에 닐러시니 신치 아니미 올치 아니ᄒ니라 신히는 님금의 말ᄉᆞᆷ을 듯고 ᄌᆞ식은 아뷔 말 을 드르니 듯디 아니면 츙신 효ᄌ 아니라 ᄒ시니 부톄님은 쳔샹 인간애 웃 듬 스승이라 인간 텬샹 사ᄅ미 부톄님 뎨ᄌ 아니니 업스니 어늬 사ᄅ미 불 법을 됴하 아니며 엇지 극낙셰계 가고져 아니 ᄒ리요 ᄯ 닐오ᄃᆡ 념불은 져 리나 ᄆᆞ으리나 대도 ᄒ라 ᄒ시니 고로 벼슬ᄒ는 이나 글 ᄒ는 션븨나 념불 ᄒ기 올타 ᄒ시고 ᄯ 쟝시나 여름 진는 사ᄅ미나 둥과 거스나 아모 사ᄅ미 라도 념불ᄒ미 올타 ᄒ시니 그러모로 쇼과 믈과 잡던 사ᄅᆞᆷ도 념불 열 번을 ᄒ고 극낙셰계 가다 ᄒ시니라 나션경에 국왕이 나션 도승ᄃ려 무러 닐오ᄃᆡ ᄀᆞ장 죄 만ᄒ 사ᄅ미 주글 째예 나무아미타불 열 번 ᄒ면 디옥을 면코 셔방 의 간다 ᄒᄂ 말을 고디듯지 못ᄒ노라 ᄒ시니 나션 도승이 ᄃᆡ답호ᄃᆡ 큰 돌 히라도 빅예 시르면 빈 덕에 ᄲ지디 아니ᄒ니 극히 사모라온 사ᄅᆞᆷ도 념불 ᄒ면 아미타불 덕분에 디옥을 면코 셔방 간다 ᄒ시니 의심 마르쇼셔 ᄯ 닐 오ᄃᆡ 효양과 화듀과 보시션ᄉ ᄒ야 부톄 되기 더듸믄 남글 심거 크거든 버 허 ᄇᆡ를 무어 트고 바단믈 건너미 ᄀᆺᄒ니 붓톄 되기 더드고 념불ᄒ야 붓톄 도기 쉽기는 빈를 비러 트고 바단믈 건너미 ᄀᆺᄐ니 부톄 도기 쉽다 ᄒ시니 고로 삼쳔냥을 보시ᄒ야도 약간 나무아미타불 ᄒ 공만 ᄀᆺ디 못ᄒ다 ᄒ시니 라 부톄님 말ᄉᆞᆷ을 신ᄒ야 드르시소 ᄯ 이 칙을 인간사ᄅᆞᆷ을 대도 보게 ᄒ뇌 다 의심 마ᄅᆞ쇼셔 ᄯ 술 고기를 긋티기 쉽거든 그티고 념불ᄒ면 부톄 되기 쉽다 ᄒ시고 ᄯ 비록 술 고기를 긋치지 못ᄒ야도 념불ᄒ면 직익은 면ᄒ고 복과 목숨미 만타 ᄒ시니라 ᄯ 일도 업고 놀 째예 손과 닙과 싯고 이 칙을

정성으로 보고 본 후에 조흔 딕 언저 두고 쏘 념불ᄒ기를 가지가지 일을 홀 쌔예도 ᄒ라 ᄒ시니라

세속일 탐하는 사람은 염불하여 크게 즐거운 줄을 알지 못한다고 하시니라

여러 경에 이르시되, "악행과 탐심을 하는 자는 후에 지옥에 들어가 고통을 받고, 효도와 보시를 하는 자는 다시 사람이 되어 부귀하고, 어질고 염불하는 자는 극락정토에 가서 부처가 된다."고 하시었다. 이 말세에는 어진 이가 적고 악한 자가 많은 고로 불법을 다 헛일이라 하고 세간[13]이 많으면 으뜸이라고 하나니, 슬프구나. 사람이 얼마나 오래 머무는가? 아침에 났다가 저녁에 죽으니 마치 물 위의 거품과 같고 높은 봉우리의 작은 구름과 같은 인생을 세간만 탐하여 천년이나 살려고 하며 악한 죄를 많이 하고 후 때를 닦지 않으니 참으로 슬프다. 또 사람이 다 이르되 이 나라를 좋다고 하거니와 극락국토에 비하면 백분의 일도 못하다고 여러 경에 이르셨으니 믿지 않음이 옳지 않으니라. "신하는 임금의 말씀을 듣고 자식은 아비의 말을 들으니 듣지 아니하면 충신과 효자가 아니다."라고 하시었다. 부처님은 천상과 인간 세상에서 으뜸가는 스승이라, 인간 세상과 천상의 사람이 부처님의 제자가 아닌 사람이 없으니, 어느 사람이 불법을 좋아하지 않으며, 어찌 극락세계에 가고자 아니 하리오?

또 이르시되 "염불은 절에서나 마을에서나 모두 하라." 하시니, 고로 "벼슬하는 사람이나 글하는 선비나 염불하는 것이 옳다." 하시고, 또 "장사꾼이나 농사짓는 사람이나 중과 거사居士나 어떤 사람이라도 염불하는 것이 옳다." 하시니, 그러므로 "소와 말을 잡던 사람도 염불 열 번을 하고 극락세계에 갔다."고 하신 것이다. 『나선경那先經』에서 국왕이 나선那先 도승에게 물

---

13 세간 : 집안 살림에 쓰는 온갖 물건.

어 이르되 "아주 죄 많은 사람이 죽을 때에 나무아미타불 열 번을 하면 지옥을 면하고 서방에 간다고 하는 말을 곧이듣지 못하겠구나." 하시니, 나선 도승이 대답하되 "큰 돌이라도 배에 실으면 배의 덕으로 빠지지 아니하니, 지극히 사나운 사람도 염불하면 아미타불 덕분에 지옥을 면하고 서방에 간다고 하시니 의심하지 마십시오."

또 이르시되 "효양과 화주化主[14]와 보시와 선사善事를 하여 부처 되는 것이 더딤은, 나무를 심어 크면 베어서 배를 만들어 타고 바닷물을 건너는 것과 같으니 부처 되기가 더딘 것이고, 염불하여 부처 되기가 쉬움은 배를 빌려 타고 바닷물을 건넘과 같으니 부처 되기가 쉽다."고 하신 것이니, 그러므로 "삼천 냥을 보시하여도 나무아미타불을 조금 염불한 공만 같지 못하다."고 하신 것이다.

부처님 말씀을 믿고 들으십시오. 또 이 책을 인간 세상 사람에게 모두 보게 하니, 의심하지 마소서. 또 술·고기를 끊기 쉽거든 끊고 염불하면 부처 되기가 쉽다고 하시고, 또 비록 술·고기를 끊지 못하여도 염불을 하면 재액은 면하고 복과 목숨이 많아진다고 하시었다. 또 일도 없고 (한가로이) 놀 때에 손과 입을 씻고 이 책을 정성으로 보고 본 후에 깨끗한 곳에 얹어 두고, 또 염불하기를 갖가지 일을 할 때에라도 하라고 하시었다.

---

14 화주化主 : 자비심으로 조건 없이 절이나 승려에게 물건을 베풀어 주는 일. 시주施主·단월檀越·시조施助·시출施出 등과 같은 말.

간기 刊記

이상은 여러 경론의 글에서 요지를 대략 가려 뽑아서 사람들에게 널리 권한 것이다. 이하는 대미타참문 大彌陁懺文에서, 과거에 서방에 염불하여 왕생한 열 사람의 전기 傳記를 한 글자도 고치치 않고 베껴 소개하고 언문 諺文으로 해석하여 여러 사람들에게 염불을 권한 것이다.

此上諸經論文。畧抄要覽。普勸諸人。以下大彌陁懺文。昔日念佛徃西方十人傳記。一字不改。專出寫示。以諺字。兼出解釋。又勸諸人念佛。

간기[1]
이 우혼 모든 경에 말숨을 냑간 써내야 념블ᄒ라 권ᄒ고 이 아래는 예저긔 념불ᄒ야 극낙 간 열 사름의 면긔을 ᄒᆞᆫ ᄌᆞ도 곳치지 아니ᄒ고 써내야 언문으로 사겨내이 모다 념불ᄒ면 이ᄒᆞᆫ 주를 알게 권ᄒ뇌다

---
1) ㉠ '간기'라는 제목은 역자가 편의상 넣은 것임.

이 위는 모든 경의 말씀을 약간 써내어 염불하라 권하고, 이 아래는 옛적에 염불하여 극락으로 간 열 사람의 전기 傳記를 한 글자도 고치지 아니하고 써내어 언문 諺文으로 새겨 내었으니 염불하면 모두에게 이로운 줄을 알도록 권합니다.

Ⅱ. 왕생전

오장국 왕이 부처를 뵙고 왕생하다

『왕생전往生傳』에 이르기를 "오장국 왕이 나랏일 보는 여가에 여러 신하들에게 말하기를 '나는 국왕이지만 생로병사와 무상의 괴로움을 벗어나지 못하도다. 육도六道에 윤회함에 어찌 귀천이 있겠는가. 들건대 서방에 불국토가 있다고 하니 마음을 다해 서원하겠다.' 하였다. 이때부터 밤낮으로 부지런히 염불 수행을 하였으며 널리 보시를 베풀어 백성들을 이롭고 기쁘게 하였다. 매일 일백승재一百僧齋[15]를 베풀었는데 왕과 왕비가 친히 음식을 날랐고 때때로 이름난 스님을 초청하여 묘법을 물어보았다. 이렇게 30여 년을 정성껏 전념하여 변함이 없었다. 하루는 궁중에서 아미타불을 뵈었는데 아미타불이 서방의 성중聖衆과 함께 내려와 맞이하였다. 이와 같은 상서로움이 하나둘이 아니었다. 그때 단정히 앉아 입적하니 몸과 얼굴이 편안하고 기쁜 빛을 띠었다."고 하였다.

烏長國王見佛往生

往生傳云。烏長國王。[1] 萬機之暇。謂群臣曰。朕爲人主。不免生老病死無常之苦。六道輪廻。誰分貴賤。聞西方佛國。誓願棲神。於是日夜精勤。念佛行道。廣行普施。利樂衆生。每日設一百僧齋。王與后妃。親手行食。時請名僧。恣問妙法。三十餘年。精專無替。一日宮中。見阿彌陀佛。西方聖衆來迎。祥瑞不一。端坐示滅。身色怡悅。

1) ㉠ 『정토전서』에는 '烏萇國王'으로 소개되어 있다.

---

15 일백승재一百僧齋 : 백 명의 승려를 초청하여 공양하는 것.

왕싱뎐에 닐오듸 오쟝국왕이 일만 공ᄉ ᄒ시다가 뭇 신하드려 닐오듸 내 빅셩의 님금이 되여시듸 나셔 늘그며 병드러 죽는 고모를 면치 못ᄒ고 디옥 들기는 귀ᄒ며 쳔ᄒ니 업스니 내 드르니 셔방 아마타불국을 밍셔ᄒ야 가려 ᄒ고 그날부터 낫밤업시 념불ᄒ며 보시도 만만ᄒ야 듕싱을 즐겁게 ᄒ시고 날마다 즁을 빅식 블너 대왕이 친히 음식을 주시고 날마다 도승을 쳥ᄒ야 블법을 무르시고 셜흔 히 나마 불도를 위ᄒ시다가 ᄒᄅ날 대궐 즁에셔 아미타불을 보시니 아미타불이 모든 보살을 드리고 와셔 대왕과 대비를 드려가랴 홀 째예 그 타불과 보살의 광명샹셔 만만ᄒ시고 대왕과 대비 평안히 안자 주거 셔방의 가다 ᄒ시니라

『왕생젼往生傳』에 이르되 "오쟝국 왕이 일만 공사公事를 하시다가 뭇 신하들에게 이르되, 내가 백성의 임금이 되어 있으되, 나서 늙으며 병들어 죽는 고통을 면하지 못하고, 지옥에 들어가는 것은 귀하며 천한 사람이 (따로) 없느니라. 내가 서방 아미타불국이 있다고 들었으니, 서방 아미타 불국토를 맹세하여 가리라 하고, 그날부터 밤낮없이 염불하며 보시도 많이많이 하여 중생을 즐겁게 하시고, 날마다 중을 백 명씩 불러 대왕이 친히 음식을 주시고, 날마다 도승을 청하여 불법을 물으시고, 삼십여 년을 불도를 위하시다가 어느 날 대궐 안에서 아미타불을 보시니, 아미타불이 모든 보살을 데리고 와서 대왕과 대비를 데려가려고 할 때에, 그 아미타불과 보살의 광명과 상서祥瑞(복되고 길할 조짐)가 많으시고 대왕과 대비가 편안히 앉아 죽어 서방에 갔다."고 하셨다.

세자 동녀가 어머니에게 왕생을 권하다

『법원주림法苑珠林』[16]에 이르기를 "동녀童女는 송조宋朝의 위세자威世子로 양군梁郡 사람이다. 부자父子 세 사람은 모두 서방정토를 닦았으나 어머니는 닦지 않았다. 딸이 나이 열넷에 죽었는데 죽은 지 이레 만에 돌아와 어머니께 말하기를, '제가 서방에 가니 아버지와 오빠와 저는 벌써 연꽃이 있어 후에 마땅히 왕생할 것인데, 어머니만 연꽃이 없어서 제가 잠시 돌아와 알려드립니다.' 하였다. 그 후 어머니는 딸이 가르쳐 준 대로 나날이 아미타불을 염하여 가족 모두 안양安養 땅에 왕생할 수 있었다."고 하였다.

世子童女勸母往生
法苑珠林云。童女。宋朝威世子。梁郡人也。父子三人。俱修西方。惟妻不修。女年十四死。後七日却廻。啓母曰。兒往西方。父兄及己。已有蓮花。後當往生。唯母獨無。兒今暫歸相報至。後母依兒敎。日念陁佛。盡得往生安養矣。

동녜라 ᄒᆞᄂᆞᆫ 아ᄒᆡ 어마니 념불 권ᄒᆞ다
법원쥬림에 닐오ᄃᆡ 강남국 냥군 고을 간나ᄒᆡ 일홈은 동녜라 제 아바님과 제 형과 저와ᄂᆞᆫ 셔방 아미타블을 념호ᄃᆡ 그 어마니ᄂᆞᆫ 념불 아니ᄒᆞ더니 동녜 나히 열레헤 나셔 주거 셔방의 갓다가 이웬날 만애 다시 도라와셔 그 어마님쎄 아로ᄃᆡ 내 극낙의 가셔 보니 아바님과 형님과 나와ᄂᆞᆫ 년화곳지 니시니 후에 가면 다시 사ᄅᆞᆷ미 되여 나려니와 어마님은 년화곳지 업ᄉᆞ쎠늘

---

16 『법원주림法苑珠林』: 당나라 때(A.D. 668) 도세道世가 편찬한 책으로, 불교의 사상, 술어, 법수法數를 비롯하여, 설화, 스님들의 기행, 불탑과 가람의 건립과 그 공덕, 불보살에 대한 공양법 등 다양한 자료를 집대성한 불교백과사전이라 할 수 있다. 전 100권.

내 다시 와셔 아뢰뇌다 하니 그 후에 그 어마니 그 쫄 동녜의 말을 듯고 나무아미타불을 낫밤업시 념ᄒ더니 너히[1] 다 극낙셰계예 가셔 나다 ᄒ시니라

---
1) 㳿 해인사본에는 '니히'로 되어 있으나 용문사본(1704)에는 '네히', 동화사본(1764)에는 '너히'로 되어 있다.

동녀童女라고 하는 아이가 어머니에게 염불을 권하다

『법원주림法苑珠林』에 이르되, "강남 나라(南朝 宋)의 양군 고을 여자아이의 이름은 동녀童女이다. 저의 아버님과 제 형과 자기는 서방 아미타불을 염하되, 그 어머니는 염불을 아니하더니, 동녀가 나이 열넷에 죽어 서방에 갔다가 칠 일 만에 다시 돌아와서 자기 어머니께 아뢰기를 '내가 극락에 가서 보니 아버님과 형님과 나는 연꽃이 있으니 후에 가면 다시 사람이 되어 태어나려니와 어머님은 연꽃이 없거늘 내가 다시 와서 아룁니다.' 하니, 그 후에 그 어머니가 딸 동녀의 말을 듣고 나무아미타불을 밤낮없이 염하였더니 네 사람이 모두 극락세계에 가서 태어났다."고 하셨다.

수나라 문 황후가 신이한 향을 내고 왕생하다

『왕생전往生傳』에 이르기를 "수隋 문제文帝의 황후는 비록 왕궁에 있었으나 여자 몸을 매우 싫어하여 늘 아미타불을 외웠는데, 임종할 때 신이한 향기가 공중에서 내려와 방안을 가득 채웠다. 문제가 사리삼장闍提三藏[17]에게 이것이 무슨 상서인가 묻자, 대답하기를 '서방에 부처님이 계시는데 이름을 아미타불이라 합니다. 황후께서 쌓은 선업이 높아서 저 극락에 태어날 징조입니다. 더군다나 이는 부처님 가르침에 분명히 나와 있으니 의심할 것이 없습니다.'" 하였다.

隋文皇后異香徃生[1)]

徃生傳云。隋文皇后。雖居王宮。深厭女質。常誦阿彌陁佛。至臨終時。異香滿室。從空而至。文帝問闍[2)]提三藏。是何祥瑞。答曰。西方有佛。號阿彌陁佛。皇后業高。神生彼國。況聖敎分明。無致疑矣。

1) ㉤ 갑본에는「隋文皇后異香徃生」에서「信士牧卿執幡徃生」까지 4편은 한문 원문이 없고 한글로만 되어 있다. 2) ㉮ 해인사본에는 '闍'로 되어 있으나 예천 용문사본, 동화사본에는 '闍'로 되어 있다.

슈문황뎨의 대비 향내 내고 셔방 가시다

왕싱뎐에 닐오되 슈문황뎨의 대비 비록 대궐 즁에 계시나 심히 녜 몸을 슬ᄒ야 샹해 아미탈불 외오더니 주그실 째예 긔특ᄒᆫ 향내 대궐 즁에 ᄀᆞ득키 나니 대왕이 불법 아는 듕ᄃᆞ려 무로되 엇더ᄒᆞᆫ 향내 나ᄂᆞ고 ᄒᆞ신되 대답ᄒᆞ야 ᄉᆞ로되 셔방애 부톄 계시니 일홈이 아미타불이시니 대비의 념불공비 하 거룩ᄒᆞ시매 극낙국의 가 나시미로소이다 경에 닐오샤되 념불ᄒ던 사름은

---

17 삼장三藏 : 경율론經律論의 삼장三藏에 통달한 승려를 높이는 삼장 법사三藏法師의 준말.

주글 싸예 향내 나고 셔방의 간다 ᄒ시니 대왕이 의심을 마ᄅ쇼셔

수 문 황제의 대비大妃가 향내를 내고 서방에 가시다

『왕생전往生傳』에 이르기를, 수나라 문 황제의 대비가 비록 대궐 안에 계시나 심히 여자의 몸을 싫어하여 항상 아미타불을 외우더니, 죽으실 때에 기이하고 특별한 향내가 대궐 안에 가득히 나니 대왕이 불법을 아는 중에게 묻되, "어떠한 향내가 나는가?" 하셨다. 중이 대답하여 사뢰기를, "서방에 부처님이 계시는데 이름이 아미타불이시니 대비의 염불 공부가 매우 거룩하시므로 극락국토에 가서 태어나신 것입니다. 경에 이르시되, 염불하던 사람은 죽을 때에 향내가 나고 서방에 간다고 하셨으니, 대왕은 의심을 마소서."

경조 땅 방자가 사람들에게 왕생을 권하다

『미타감응도彌陁感應圖』에 이르기를 "당나라의 방자房翥[18]는 경조京兆 사람이다. 갑자기 죽어 저승에 이르러 염라대왕을 뵈었다. 왕이 말하기를 '장부책을 보니, 그대가 일찍이 한 노인에게 염불을 권하여 노인이 이미 정토에 났으니 어서 와서 만나 보라.' 하자, 방자는 '먼저 『금강경』만 권을 독송하고 오대산을 순례하도록 허락해 주십시오. 아직 왕생하고 싶지 않습니다.' 하였다. 왕은 '순례하고 경을 독송하는 것은 정말 좋은 일이지만 어서 빨리 정토에 나는 것만 못하다.'라고 하였으나, 그 뜻을 꺾을 수 없음을 알고 돌려보냈다."고 하였다. 이로 볼 때 다른 이에게 염불을 닦도록 권하는 사람은 다만 왕생할 뿐만 아니라 명부 세계까지도 감동시키는 것을 알 수 있다.

京兆房翥勸他徃生
彌陁感應圖云。唐方翥。京兆人。暴死至陰府。見閻羅王。王曰。據案簿。君曾勸一老人念佛。已生淨土。故來相見。翥曰。先許金剛經萬卷。巡五臺。未欲徃生。王曰。誦經巡禮。固爲好事。不如早生淨土。王知意不可奪。乃放還。以此知勸人修者。非徒徃生。又感動幽冥也。

방재 흔 늘근 사룸 념불 권코[1) 그 방재도 흔가지로 셔방 가다 ᄒ시다
미타감응도애 닐오듸 즁원국 경됴 짜 사룸 일홈미 방재라 과글니 주거셔 시왕에 가셔 뵌듸 왕이 닐오듸 그듸 젼의 흔 늘근 사룸을 념불ᄒ라 권ᄒ니

---

18 '翥'의 현대 한자음은 '저'(날다 저)이다. 그러나 『훈몽자회』(1527)에서는 '翥 늘 쟈'〈자회,하4〉이고, 『염불보권문』에서는 '房翥'에 대하여 '방재, 방재라'로 되어 있는데, '방재'는 '방쟈+ㅣ', '방재라'는 '방쟈+ㅣ라'로 분석되므로 '翥'는 '쟈'임을 알 수 있다. 따라서 여기서는 한국 전통한자음을 존중하여 '翥[쟈]'로 읽는다.

그 사람이 그디의 말솜을 신ᄒ야 듯고 념불ᄒ다가 그디의 몬져 주거 셔방의 가시니 그디도 늠을 념불 권흔 덕으로 극낙의 갈쇠다 흔대 방재 닐오디 나는 금강경 외오고 부톄긔 녜비ᄒᆞ믈 됴하ᄒ고 셔방 가믄 됴하 아니ᄒ뇌다 흔대 시왕이 닐오디 녜비ᄒ며 금강경 외오미 비록 됴흔 일이나 극낙의 감만 ᄀᆞ지 못ᄒ니라 ᄒ시고 그 방재을 다시 인간으로 노화 보내시니 일노써 보건대 다른 사룸 념불ᄒ라 권흔 공덕으로 극낙의 갈 쑨이 아니라 명간시왕이 다 아르시고 그 방쟈를 불너 보시니라 ᄒ시다

1) ㉮ 해인사본에는 '권고'로 되어 있으나 예천 용문사본과 동화사본에는 '권코'로 되어 있다.

방자가 한 늙은 사람에게 염불을 권하고, 그 방자도 마찬가지로 서방정토에 갔다고 하시다

『미타감응도彌陁感應圖』에 이르되, "중원 나라의 경조京兆 땅 사람 중에 이름이 방자房蠢라고 하는 이가 갑자기 죽어서 시왕께 가서 뵈니, 시왕이 이르되 '그대는 전에 한 늙은 사람에게 염불하라고 권하였는데, 그 사람이 그대의 말을 믿어 듣고 염불하다가 그대보다 먼저 죽어 서방에 갔으니 그대도 남에게 염불을 권한 덕으로 극락에 갈 것이다.' 하였다. 방자가 이르되 '나는 『금강경』을 외우고 부처님께 예배하는 것을 좋아하고 서방(정토)에 가는 것을 좋아하지 아니합니다.' 하니, 시왕이 이르되 '예배하며 『금강경』 외움이 비록 좋은 일이나 극락에 가는 것만 같지 못하니라.' 하시고 그 방자를 다시 인간 세상으로 놓아 보내셨다. 이로써 보건대 다른 사람에게 염불하라고 권한 공덕으로 극락에 갈 뿐만이 아니라 명간冥間[19] 시왕이 다 아시고 그 방자를 불러 보신 것이라." 하시었다.

---

19 명간冥間 : 사람이 죽은 뒤에 간다는 영혼의 세계. 명부冥府·명계冥界·명로冥路·명경冥境·명도冥途라고도 함.

학사 장항이 과업을 수지하고 왕생하다

『왕생전往生傳』에 이르기를 "진晉나라 한림학사 장항張抗은 평생 동안 선업을 쌓아 믿음으로 불문에 씨를 심었다. 부처님께 대비심다라니大悲心陀羅尼를 매일같이 십만 번 외우겠다고 맹세하여 서방에 왕생하고자 하였다. 과업을 마치고 육십이 넘어 병들어 누웠는데도 오직 아미타불만 염하였다. 가족들에게 말하기를 '서방정토가 바로 집 서쪽 방 안에 있어 아미타부처님이 연꽃에 앉아 계시고 옹아翁兒는 연화 연못 금모래 땅에서 즐겁게 놀고 있다.'고 하며 말을 마치고 염불하면서 숨을 거두었다. 옹아翁兒는 곧 손자 이름으로 두세 살 때 죽은 아이였다."[20]고 하였다.

學士張抗持課徃生
徃生傳云。晋翰林學士張抗。平生積善。信種佛門。誓課大悲心十萬遍。願生西方。課畢。年過六十。忽寢[1]疾。唯念阿彌陁佛。謂家人曰。西方淨土。只在堂屋西間之內。阿彌陁佛。坐蓮花上。翁兒在蓮花池金地上嬉戱。言訖。念佛而亡。翁兒乃孫子名。方三二歲而亡矣。

1) ㉠ 해인사본에는 '寢'으로 되어 있으나 예천 용문사본과 동화사본에는 '寢'으로 되어 있다.

할님 벼슬흔 쟝항이 쳔슈 외오고 셔방 가다
왕싱젼에 닐외되 딘나라 할님 벼슬ᄒ던 쟝항이 평싱애 어진 일과 불법을 ᄒ면셔 쳔슈경 십만 번을 외오고 극낙국의 가고져 ᄒ더니 긋 사예 나히 녜순이 지내야 문듯 병드러 아미타블 념ᄒ다가 쟝항이 제 집사ᄅᆞᆷ ᄃᆞ려 닐오되 셔방극낙[1]기 내 집 셔편 안해 아미타불이 년화곳 우회 안자 계시고 옹ᄋᆞ는

---

20 『정토전서』 X62-172c12.

년곳 금못 우희 논다 ᄒ고 그 말 못고 념불ᄒ다가 죽다 옹ᄋᆞᄂᆞᆫ 쟝항의 손ᄌᆞ 일홈이라 세 살 머거 죽다 ᄒ시니라

1) ㉝ 해인사본에는 '셔방극냑'으로 되어 있으나 예천 용문사본과 동화사본에는 '셔방극낙'으로 되어 있다.

한림翰林 벼슬을 지낸 장항張抗이 『천수경』을 외우고 서방에 가다

『왕생전往生傳』에 이르되, "진나라에 한림학사 벼슬을 지낸 장항이 평생에 어진 일과 불법을 닦으면서 『천수경千手經』 십만 번을 외우고 극락국토에 가고자 하였다. 그 때에 나이 예순이 지나 문득 병이 들어 아미타불을 염하다가 장항이 자기 집사람에게 이르되 '서방극락이 내 집 서쪽 안에 (있는데), 아미타불이 연꽃 위에 앉아 계시고 옹아翁兒는 연꽃 금 연못 위에서 논다.' 하고 그 말을 마치고 염불하다가 죽었다. 옹아는 장항의 손자 이름인데, 세 살 먹어 죽었다."고 하시니라.

신사 목경이 깃대를 잡고 왕생하다

『왕생전往生傳』에 이르기를 "당唐나라의 신사信士 정목경鄭牧卿은 영양榮陽 사람이다. 온 집안이 부처님을 받들어 모셨으며 어머니와 자매가 함께 정토에 나기를 기원하였다. 개원開元 21년에 병으로 위독해지자 의원과 도반들이 모두 권유하여 말하기를 '우선 고기를 먹어 병약한 몸을 회복하고 병이 다 나은 뒤에 정계淨戒를 수지함이 어떻겠는가?' 하였다. 목경은 '아! 이 같은 부질없는 인생, 훈예葷穢[21]를 먹어 병이 낫더라도 결국 사라져 없어질 것이다. 부처님 금하신 것을 받들지 않고 하찮은 목숨을 아껴 무엇 하리오.' 하고는 굳게 허락하지 않고 드디어 불사를 장엄하면서 손으로 번幡[22]의 깃대와 향로를 잡고 일심으로 아미타불을 염불하였다. 또 '장부가 한마음으로 물러서지 않고 서방에 나기를 서원합니다.'라고 하며 문득 세상을 떠났다. 신이한 향기가 뜰에 가득하여 이웃이 모두 향을 맡았고, 외숙은 꿈에 보배 연못에 꽃이 피고 목경이 합장하고 위로 올라가는 것을 보았다. 당시 그의 나이 오십구 세였다." 하였다.

信士牧卿執幡往生

往生傳云。唐信士鄭牧卿。滎陽[1)]人。擧家奉佛。母及姊妹。同祈淨方。至開元二十一年。因疾困篤。有醫人及同道者咸勸喩言。且進漁肉。以救羸軀。痊復之後。修持淨戒。不亦可乎。牧卿曰。噫如此浮生。縱因葷穢。而得痊平。終歸磨滅。不奉佛禁而惜微命。何爲。確然不許。遂嚴佛事。手執幡脚香爐。一心稱念阿彌陁佛。復作是言。丈夫一心不退。願生西方。奄

---

21 훈예葷穢 : 훈신葷辛. 마늘이나 파와 같이 냄새 나는 채소를 '훈', 고추와 같이 매운 맛이 있는 채소를 '신'이라 한다.
22 번幡 : 부처와 보살의 무한한 공덕을 나타내고 도량을 장엄 공양하기 위해 불보살의 명호를 써서 내거는 깃발. 꼭대기에 종이나 비단 따위를 가늘게 오려서 단다.

然長徃。異香充庭。隣里共知。舅氏夢寶池花敷。見牧卿。合掌趣上。時當五十九。

1) ㉠『예념미타도량참법禮念彌陀道場懺法』에는 '榮陽'으로 되어 있다.

뎡목경이 념불ᄒᆞ고 셔방의 가다

왕ᄉᆡᆼ뎐에 닐오ᄃᆡ 당나라 어진 양반 일홈은 뎡목경이니 영양고을 사ᄅᆞᆷ이라 그 집 사ᄅᆞᆷ이 다 불법을 위ᄒᆞ고 목경의 어마님과 아즈미과 누의와 ᄒᆞᆫ가지로 셔방 념불ᄒᆞ더니 뎡목경이 병드러 병이 듕ᄒᆞ니 의원과 친ᄒᆞᆫ 버지 다 와 닐오ᄃᆡ 고기와 마ᄂᆞᆯ 파 다시 머거 몸이 셩코 슬지거든 고기 파ᄅᆞᆯ 다시 그티고 념불ᄒᆞ기 올ᄒᆞ니라 ᄒᆞᆫ대 목경이 닐오ᄃᆡ 슬픈지라 이 거즛 몸을 비록 고기 마ᄂᆞᆯ 파 먹고 병이 됴흔들 얼매 오래 살쇼 내 고기을 먹지 아니ᄒᆞ리라 ᄒᆞ고 번과 향을 잡고 나무아미타불 ᄒᆞ명셔 닐오ᄃᆡ 져 극낙세계로 갈여 ᄒᆞ고 주그니 그 ᄊᆞ예 긔특ᄒᆞᆫ 향내 만히 나고 그 ᄆᆞᆯ 사ᄅᆞᆷ이 다 알고 ᄯᅩ 그 가ᄉᆡ엄의 ᄭᅮᆷ에 목경이 보여 닐오ᄃᆡ 내 극낙세계 간노라 ᄒᆞ니 나히 쉰아홉이라 ᄒᆞ시다

정목경鄭牧卿이 염불하고 서방정토에 가다

『왕생전』에 이르되, "당나라 어진 양반의 이름은 정목경鄭牧卿이니 영양榮陽 고을 사람이다. 그 집 사람이 모두 불법을 위하고 목경이의 어머님과 아주머니와 누이가 함께 서방 (정토를) 염불하였는데, 정목경이 병들어 병이 위중하니 의원과 친한 벗이 다 와서 이르기를, '고기와 마늘, 파를 다시 먹어 몸이 성하고 살찌거든 고기, 파를 다시 그치고 염불하는 게 옳으니라.' 하니, 목경이가 이르되 '슬프다. 이 거짓 몸이 비록 고기, 마늘, 파를 먹고 병이 좋아진들 얼마나 오래 살까? 나는 고기를 먹지 아니하리라.' 하고 번幡과 향香을 잡고 나무아미타불을 하면서 이르되 '저 극락세계로 가리라' 하고 죽으니, 그때에 기이하고 특별한 향내가 많이 나고 그 마을 사람이 모두 알

앉고, 또 장모의 꿈에 목경이가 나타나 이르되 '내가 극락세계에 갔노라.' 하니, 나이 쉰아홉이라." 하시었다.

불계를 파한 중 웅준이가 갑자기 죽어 극락 갔다고 하시다

『징험전』에 이르되, "이름이 웅준雄俊이라 하는 중은 성도成都 땅 사람이다. 중이 되어 있었으나 행실이 없어 시주의 재물을 함부로 먹더니 다시 속인이 되어 군사로 들어가 있다가 부전 싸움에서 죽음을 무서워하여 다시 중이 되어 있었다. 갑자기 죽어서 시왕께 잡혀가니 시왕이 이르기를, '웅준이는 지옥에 들어가라.' 하니, 웅준이가 소리를 크게 하여 이르되, '나를 지옥에 들어가라 한다면 삼천 제불이 다 헛된 말씀을 한 것입니다. 내가 중이 되어 있은 때에 『관경觀經』[23]을 보니 부처님이 이르시되 비록 악한 죄가 많아도 죽을 때에 나무아미타불을 열 번 염하면 지옥을 면하고 서방에 간다고 일렀으니 나는 비록 죄를 지었어도 오역죄五逆罪[24]는 아니하였고, 중이 되어 있은 때에 염불을 많이 하였으니 나는 지옥에 들어가지 않으리라.' 하고, 즉시 극락에 갔다."고 하시니라.

불계 파흔 즁 웅쥰이 과글니 주거 극낙 가다 ᄒ시다

딩험뎐에 닐오ᄃᆡ 일홈은 웅쥰이라 ᄒᆞᄂᆞ 즁이 셩도자 사ᄅᆞ미라 즁이 도야 이시ᄃᆡ 힝실이 업서 시쥬의 지믈을 만만히 먹더니 다시 속기 되야 군스의 드러 잇싸가 브젼 사홈에 주그믈 무셔워 다시 즁이 되야 잇더니 과글니 주거셔 시왕의 재펴가니 시왕이 닐오ᄃᆡ 웅쥰이 지옥의 들나 ᄒᆞᄃᆡ 웅쥰이 소ᄅᆞᆯ 크게 ᄒᆞ야 닐오ᄃᆡ 나ᄅᆞᆯ 디옥의 들나 홀딘대 삼쳔졔불이 다 헌 말슴을 ᄒᆞ야ᄂᆡ다 내 즁 되야 이신 제 관경을 보니 부톄님이 닐오ᄃᆡ 비록 악죄 만만

---

23 『관경觀經』: 『관무량수경』의 준말. 무량수불은 아미타불의 이칭.
24 오역죄五逆罪 : 다섯 가지 무거운 죄. 부친을 살해하고, 모친을 살해하고, 아라한을 살해하고, 불신佛身에서 피가 나오게 하고, 승단僧團의 화합을 깨뜨리는 경우. 줄여 '오역'이라고도 함.

ᄒᆞ야도 주글 싸예 남무아미타불 열 번을 ᄒᆞ면 디옥을 면ᄒᆞ고 셔방의 간다 닐너시니 나는 비록 죄를 디어도 오녁죄는 아니ᄒᆞ고 즁 되야 이신 제 념불을 만니 ᄒᆞ야시니 나는 디옥에 드지 아니ᄒᆞ리라 ᄒᆞ고 즉시 극낙의 가다 ᄒᆞ시니라

온문정 처가 어버이께 작별 인사하고 왕생하다

『왕생전』에 이르되, "진양晉陽 땅 사람 이름은 온문정溫文靜이라. 그 아내가 병들어 항상 누워 있으니 그 지아비가 자기 처에게 이르되 '어찌 땅에 항상 누워서 염불도 아니하는가?' 하니, 그 처가 이르되 '어떤 부처를 염할까?' 하니, 그 지아비가 이르되 '아미타불을 염하라.' 그 처가 그 말을 듣고 아미타불을 부지런히 생각하였다. 두 해를 지나고 나서 병세도 좋아지고 아미타불이 데려가려고 하니 그 처가 슬퍼하며 부끄러워하면서 지아비를 불러 이르되, '내가 오래 병이 들어 그대가 수고를 많이 하였고, 또 염불 가르침을 듣고, 내가 염불한 덕에 병세도 좋아지고, 이제 정해진 목숨이 다했으니 내일 서방에 돌아갈 것이다. 부모와 일가들을 오라고 하여 음식을 대접하고 갑시다.' 하니, 지아비가 곧이듣지 않다가, 어떻든 간에 괴이하다 하고 음식을 많이 장만하여 부모와 일가를 대접하고, 그 처가 이르되 '내가 염불하던 중에 아미타불이 데리러 왔으니 나는 극락세계로 가오니, 부모와 동생과 일가들 모두 염불하여 훗날에 서방에 오소서.' 하직하고 죽어서 갈 때에 거기에 모인 사람들이 보니 (온문정의 처가) 아미타불의 뒤를 좇아가더라." 하시었다.

溫文靜妻辭親徃生

왕싱젼에 닐오듸 딘양짜 사름 일홈은 온문졍이라 그 안히 병드러 미양 누어시니 그 지아비 제 텨드려 닐오듸 엇지 짜헤 미양 누어셔 념불도 아니ᄒ ᄂᆞᆫ고 ᄒᆞᆫ대 그 톄 닐오듸 엇던 부톄를 념홀고 ᄒᆞᆫ대 그 지아비 닐오듸 아미타불을 념ᄒᆞ라 그 톄 그 말 듯고 아미타불을 부즈러니 싱각ᄒᆞ더니 두 히를 지내야 병도 죠코 아미타불이 ᄃᆞ려가랴 ᄒᆞ니 그 톄 슬퍼ᄒᆞ며 붓그려ᄒᆞ면셔 지아비를 블너 닐오듸 내 오래 병드러 그듸 슈고 만히 ᄒᆞ고 쏘 념불 ᄀᆞᄅᆞ침 듯고 내 념불 덕에 병도 죠코 뎡명이 다하시니 ᄂᆡ일 셔방의 가리라 부모

와 일문들 오라 ᄒ야 차반를 이밧고 가옵새다 ᄒᄃᆡ 지아비 고디듯지 아니
ᄒ다가 아모커나 괴이타 ᄒ고 음식을 만히 ᄒ여 부모 일문을 이밧고 그 례
닐오ᄃᆡ 내 념블ᄒ다가 아미타불이 ᄃ리러 와시니 내 극낙세계로 가오니 부
모와 동싱 일문 등이 대도 념불ᄒ야 흔날노 셔방의 오쇼셔 하직ᄒ고 주거
갈 ᄶᅢ예 그 모혼 사ᄅᆞᆷ들이 보니 아미타불 뒤흘 조차가더라 ᄒ시다

소 잡던 선화가 열 번을 염불하여 왕생하다

『왕생전』에 이르되, "백정 장선화張善和가 말과 소를 잡아먹었는데 소 두 마리가 사람이 되어 이르기를 '네가 우리를 많이 죽였느니라.' 하니, 장선화가 놀라 아내에게 이르기를 '바삐 중을 청하여 나를 구제하라.' 하니, 그 처가 중을 청하니 중이 와서 이르되, 『관경觀經』에 이르시되, 지옥에 들어갈 사람도 죽을 때에 나무아미타불을 열 번을 하면 서방(정토)에 간다고 하시었다 하였다. 장선화가 그 말을 듣고 죽을 때에 바삐 한 손에 불을 잡고 또 한 손에 향을 잡고 아미타불을 열 번을 염하고 제 아내에게 이르되, '내가 보니 아미타불이 서방으로부터 와서 나를 데려가려고 하신다.' 하고 그 말을 마치고 죽었다."고 하시니라.

屠牛善和十念徃生

왕싱젼에 닐오되 빅뎡 쟝션홰 물과 쇼와 자바먹더니 쇼 두 머리 사룸이 되여 닐오되 네 우리를 만히 쥐견느니라 ᄒ니 쟝션화 놀나야 계집ᄃ려 닐오되 밧비 즁을 쳥ᄒ야 나를 구졔ᄒ라 ᄒ니 그 톄 즁을 쳥ᄒ니 즁이 와 닐오되 광경에 닐오샤되 디옥 들 사룸도 주글 ᄭ예 나무아미타불 열 번을 ᄒ면 셔방의 간다 ᄒ시니라 쟝션화 그 말 듯고 주글 쌔예 밧비 ᄒ 손애 블 잡고 ᄯ 혼 손애 향 잡고 아미타불 열 번를 ᄒ고 제 계집ᄃ려 닐오되 내 보니 아미타불이 셔방으로븟터 와 나를 ᄃ려가랴 ᄒ신다 ᄒ고 그 말 뭇고 죽다 ᄒ시니라

절이나 마을에서나 염불을 권한 후 바라라

　여러 경에 석가 부처님이 이르시되, 부처와 보살이 셀 수 없이 많아도 서방 아미타불과 관음보살이 으뜸이라 하시니, 말세에 남자나 여인이나 나무아미타불을 열 번을 염송하면 비록 지옥에 들어갈 죄를 지었어도 다 극락세계에 가리라 이르셨다. 진서眞書(한문)를 못하고 언문諺文 하는 사람을 위하여 깊은 경의 뜻을 언문으로 써내어 모두 염불할 줄을 알고 염불에 동참하여 서방 극락세계에 가기를 권하나이다. 또 아미타불만 염하는 것이 적다고 여기지 마십시오. 불경을 많이 본 중도 아미타불과 관음보살을 밤낮없이 염불하나이다. 또 참선과 불경 보는 것은 대체로 하지 못하려니와 이 책을 보면 염불하는 것은 절이나 마을에서나 모두 보게 하나이다. 의심하지 말고 또 다른 잡스러운 이야기책을 보지 말고 이 책을 한 번이라도 듣거나 보거나 한 사람은 다 극락세계에 가오리다. 또 서방 가기 어렵다고 말하지 마십시오. 약간 염불하여도 다 가리라 하시고 극락세계 간 사람은 모두 부처가 됩니다 하시며 또 부처가 되면 어떠한가? 전생의 일과 천지 만물의 일을 다 알고 신통한 재간은 백만 장군도 미치지 못하고 병들며 죽는 것도 면한다고 하시니라. 슬프고, 슬프다! 사람마다 제 마음이 실로 부처로되 내 마음이 부처인 줄 알지 못하고 부처가 되기 어렵다고 하나니 부디 내 마음이 부처인 줄을 알고 악행을 하지 말고 효양과 보시와 염불을 약간 하면서 발원하기를, 서방에 가고자 하면 부처 되기 쉽다고 하시니라. 실로 슬픈지라. 백 세를 살 사람이 적거늘 천년만년이나 살까 하고 지옥에 들어갈 탐심 악행만 즐기고 서방 갈 선행 염불은 즐기지 아니한다. 또 불법에 인연이 없는 사람은 제 스스로 말하기를, 아직 이승의 호사와 부귀영화만 좋아하고 후생 길 닦음을 모두 거짓된 것이라고 하느니라. 『지장경』에 이르시되, 지옥의 고통을 받기가 실로 무섭다고 하시니 부처님 말씀을 곧이듣지 않으면 반드시 지옥을 면하지 못한다고 하시었다. 그러므로 불법에 인연이 없는 사람을 대하여 불법을 말하지도 말고 권하지도 말고, 어진 사람은 이 책을 보고 또 다른 사람에게 염불하도록 권하소서. 방자라 하는 사람이 한 늙은 사람에게 염불을 권하고 마찬가지로 서방에 갔다 하시고, 또 동녀라고 하는 아이가 제 어버이에게 염불을 권하여 마찬가지로 극락세계에 갔다 하시니라. 또 백정 장선화도 나무아미타불을 열 번을 염송하고 서방에 갔다고 하시니라. 슬프다. 풀 끝의 이슬 같은 목숨이 아침에 있다가 낮에 죽으며 오늘 있다가 내일 죽는 것을, 천년만년이나 살까 하여 세간을 탐하는 마음을 내니 지옥의 죄를 받을 때에 처자 권속도 대신해 주지도 못하고 자기 죄는 자기가 받는다고 하시니라. 또 이 몸이 죽은 후에는 상좌와 처자 권속이 많고 많아도 망자亡者를 위하여 현왕재現往齋[25]·초재初齋·오재五齋를 하여 망자를 제도濟度하고자 하는 사람은 적고, 소와 닭을 많이 잡고 영장인사永葬禋祀[26]나 잘하고자 하나니, 슬프다. 망자는 더욱 죄상罪狀이 많고 많아 무궁하다고 하시니 모두 아십시오. 경에 이르시되, 비록 지옥에 들어갈 사람도 죽을 때에 나무아미타불 열 번을 하면 지옥을 면하고 서방에 간다고 하시니, 그러므로 슬퍼하지 말고 염불하라고 권하고 모두 함께 염불하시고, 죽은 후에 곡哭을 하소서. 또 고기와 술을 끊기 쉽거든 (고기와 술을) 하지 말고 염불하면 부처가 되기 쉽다 하시고, 또 비록 끊기 어렵거든 끊지는 못하여도 염불일랑 하소서. (염불하면) 허물이 없어진다고 하시고 모두 지옥을 면하고 극락에 간다고 하시니, 아니하는 사람보다는 실로 낫다고 하셨으며, 또 염불하는 사람은 귀신도 보채지 못하고 시왕十王도 잡아가지 못한다고 하시었다. 또 극락세계가 어디에 있는가? 이것은 해 지는 서녘에 있으되 가장 멀다고 하거니와, 잠깐 사이에 간다고 하시니 근심하지

---

25 현왕재現往齋 : 선왕재善往齋. 사람이 죽었을 때 극락으로 인도하는 기도.
26 영장인사永葬禋祀 : 편안하게 장사 지내는 것과 정결 하고 제사를 지내는 것.

말고 부모 효양과 보시 선행과 염불 동참을 약간 하면서 서방으로 가고자 하면 반드시 간다고 하시니라. 또 염불하기 싫거나 잊거나 하여 염불하지 못하거든 이 책 시주를 약간 하면 마찬가지로 서방에 가오리다. 슬프다. 인생 세간의 사람은 약간의 보시와 선행을 하면 부귀영화를 보고자 하니, 후생에 복덕은 받아도 또한 악한 죄를 지으면 도로 지옥을 면하지 못한다고 하시니라. 또 전생에 보시 선행을 한 이는 이승에서 부귀하고, 못한 사람은 가난하고 천하다고 하시고, 또 이르되 살생한 자는 단명하고 세상사 간탐慳貪하는 자는 지옥에 들어가고, 염불하는 자는 서방에 간다고 하시고, 도둑질한 자는 종과 말과 소가 된다고 하시니라. 또 부모를 근심시키거나 먼저 죽거나 하는 자식은 다 원수로서 되어 왔으니 부디 서러워 마소서. 부모는 (그 자식이) 원수인 줄 알지 못하고 더욱 서러워하나니, 슬프다. 대강 불법을 알도록 언문으로 써서 알게 하나이다. 모두 염불에 동참하소서.

져리나 므으리나 념불 권호 후 바리라

졔경에 셔가부톄님이 닐오샤디 부톄와 보살이 만만 무수ᄒ야도 셔방 아미타과 관음보살이 웃듬미라 ᄒ시니 말셰예 남진나 녀인이나 나무아미타불 열 번을 념ᄒ면 비록 디옥 들 죄를 지어도 다 극낙셰계예 가리라 닐으실시 진셔 못ᄒ고 언문 ᄒᄂ 사ᄅᆷ을 위ᄒ야 깁픈 경에 쓰즐 언문으로 써내야 대도 념불홀 줄 알고 념불동참ᄒ야 셔방극낙셰계 가게 권ᄒ뇌다 쏘 아미타불만 념ᄒ기 젹다 너기지 마로쇼셔 불경을 만히 본 즁도 아미타불과 관음보살을 낫밤업시 념ᄒᄂ니다 쏘 참션과 불경 보기는 대도 못ᄒ려니와 이 칙을 보면 념불ᄒ기는 져리나 므으리나 모다 보게 ᄒ뇌다 의심 말고 쏘 다른 잡예아기칙을 보지 말고 이 칙을 ᄒ 번니나 듯거나 보거나 ᄒ 사ᄅᆷ은 다 극낙셰계 가오리다 쏘 셔방 가기 어렵다 니르지 마시소 약간 념불ᄒ야도 다 가리라 ᄒ시고 극낙셰계 간 사ᄅᆷ은 다 부톄 되니다 ᄒ시며 쏘 부톄 되면 엇셔ᄒᆞ고 젼싱일과 쳔디만물을 다 알고 신통지간은 빅만 쟝군도 밋지 못ᄒᆞ고 병들며 주검도 면ᄒᆞ다 ᄒᆞ시니라 슬프고 슬프다 사ᄅᆞᆷ마다 제 ᄆᆞ음미 실노 부톄로ᄃᆡ 내 ᄆᆞ음이 부톄 줄 아지 못ᄒᆞ고 부톄 되기 어렵다 ᄒᆞᄂᆞ니 부ᄃᆡ 내 ᄆᆞ음미 부톄 줄 알고 악ᄉᆞ를 말고 효양과 보시와 념불과 약간 ᄒᆞ면셔 발원ᄒᆞ기를 셔방 가고져 ᄒᆞ면 부톄 되기 쉽다 ᄒᆞ시니라 실노 슬픈지라 빅셰을 살 사ᄅᆞᆷ이 젹거를 쳔년만년이나 살가 ᄒᆞ고 디옥 들 탐심 악ᄉᆞ만 즐기고 셔방 갈 션ᄉᆞ 념불는 즐기지 아니ᄒᆞᄂᆞ니 ᄯᅩ 불법 인연 업는 사ᄅᆞᆷ은 제 닐오ᄃᆡ 아직 이싱의 호ᄉᆞ 영화부귀만 죠하ᄒᆞ고 후싱길 닥그믈 다 거즛써시라 ᄒᆞᄂᆞ니 디장경에 닐오샤ᄃᆡ 디옥 고통 슈ᄒᆞ기 실노 무셥다 ᄒᆞ시니 부톄님 말슴을 고지듯디 아니면 반ᄃᆞ시 디옥을 면티 못ᄒᆞ다 ᄒᆞ시니라 그러모로 불법 인연 업는 사ᄅᆞᆷ을 ᄃᆡᄒᆞ야 불법을 니로도 말고 권토 말고 어진 사ᄅᆞᆷ은 이 ᄎᆡᆨ을 보고 ᄯᅩ 다른 사ᄅᆞᆷ을 념불 권ᄒᆞ쇼셔 방재라 ᄒᆞ는 사ᄅᆞᆷ이 ᄒᆞᆫ 늘근 사ᄅᆞᆷ 념불 권ᄒᆞ고 ᄒᆞᆫ가지로 셔방 가다 ᄒᆞ시고 ᄯᅩ 동녜라 ᄒᆞ는 아ᄒᆡ 제 어버이을 념불 권ᄒᆞ야 ᄒᆞᆫ가지로 극낙셰계 가다 ᄒᆞ시니라 ᄯᅩ 빅뎡 쟝션화도 나무아미타불 열 번를 ᄒᆞ고 셔방 가다 ᄒᆞ시니 슬프다 풀긋틔 이슬 ᄀᆞᆺ튼 목숨이 아츰의 잇싸가 나죄 주그며 오날 잇싸가 ᄂᆡ일 죽는 거슬 쳔년만년이나 살가 ᄒᆞ야 셰간탐심 ᄒᆞᄂᆞ니 디옥죄 슈홀 ᄯᅢ예 쳐ᄌᆞ권쇽도 ᄃᆡ신티 못ᄒᆞ고 제 죄는 제 슈ᄒᆞ다 ᄒᆞ시니라 ᄯᅩ 이몸 주근 후에는 샹좌와 텨ᄌᆞ권쇽이 만만ᄒᆞ야도 망쟈 위ᄒᆞ야 션왕지 초지 오지나 ᄒᆞ야 망쟈 졔도ᄒᆞ쟈 ᄒᆞ리는 젹고 쇼와 ᄃᆞᆰ과 만히 잡고 영쟝인ᄉᆞ나 잘ᄒᆞ쟈 ᄒᆞ노니 슬프다 망쟈는 더옥 죄샹이 만만무궁ᄒᆞ다 ᄒᆞ시니 모다 알오쇼셔 경에 닐오샤ᄃᆡ 비록 디옥 들 사ᄅᆞᆷ도 주글 ᄯᅢ예 나모아미타불 열 번를 ᄒᆞ면 디옥을 면ᄒᆞ고 셔방의 간다 ᄒᆞ시니 고로 슬퍼 말고 념블ᄒᆞ라 권ᄒᆞ고 모다 ᄒᆞᆫ가지로 념불ᄒᆞ시고 주근 후에 곡을 ᄒᆞ쇼셔 ᄯᅩ 고기와 수를 긋치기 쉽거든 말고 념불ᄒᆞ면 부톄 되기 쉽다 ᄒᆞ시고 ᄯᅩ 비록 긋치기 어렵거든 긋티지 못ᄒᆞ야도 념불난 ᄒᆞ쇼셔 허믈이 업다 ᄒᆞ시고 다 디옥은 면ᄒᆞ고 극낙의 간다 ᄒᆞ시니 안니ᄒᆞ는 사ᄅᆞᆷ과는 실노 낫다 ᄒ시니 ᄯ 념불ᄒᄂ 사름은 귀신도 보채지 못ᄒ고 시왕도 자바 가지 못ᄒ다 ᄒ시니라 ᄯ 극낙셰계 어ᄃᆡ 잇ᄂ고 이 히 지ᄂ 셧역키 이시 ᄃᆡ ᄀ장 머다 ᄒ거니와 잠간 ᄉ이예 간다 ᄒ시니 근심 말고 부모효양과 보 시션ᄉ와 념불 동참과 약간 ᄒ면셔 셔방으로 가고져 ᄒ면 반드시 간다 ᄒ 시니라 ᄯ 념불ᄒ기 슬커나 잇써나 ᄒ야 념불 못ᄒ거든 니 칙 시쥬를 약간 ᄒ면 흔가지로 셔방 가오리다 슬프다 인간사름미 냑간 보시션ᄉᄒ면 영화 부귀를 보고져 ᄒ니 후ᄉᆡᆼ애 복덕은 슈ᄒ야도 ᄯ 악죄ᄒ면 도로 디옥을 면 티 못ᄒ다 ᄒ시니라 ᄯ 젼ᄉᆡᆼ애 보시션ᄉᄒ니ᄂ 이ᄉᆡᆼ애 부귀ᄒ고 못ᄒ 사 름은 가난코 쳔ᄒ다 ᄒ시고 ᄯ 닐오ᄃᆡ 살ᄉᆡᆼ쟈ᄂ 단명ᄒ고 셰ᄉ 간탐쟈ᄂ 디옥 들고 념불쟈ᄂ 셔방 간다 ᄒ시고 도젹쟈ᄂ 죵과 ᄆ́과 쇼와 된다 ᄒ시 니라 ᄯ 부모를 근심ᄒ거나 몬져 주거나 ᄒᄂ ᄌ식은 다 원슈로셔 되여 와 신니 부ᄃᆡ 셜워 마로쇼셔 부모ᄂ 원슈 줄 아지 못ᄒ고 더옥 셜워ᄒᄂ니 슬 프다 대강 불법을 아도록 언문으로 뻐 알거 ᄒ뇌다 대도 념불 동참ᄒ쇼셔

Ⅲ. 염불작법

염불작법 차례

1. 정구업진언(구업을 맑게 하는 진언)
옴 수리수리 마하수리 수수리사하 【3번 염송】

念佛作法次序
淨口業眞言
唵修唎修唎摩訶修唎修修唎沙訶。【三誦】

념불작법ᄎ례라
명구업진언
옴슈리슈리마하슈리슈수리사하【삼송】

    염불작법의 차례다
      정구업진언淨口業眞言
      옴 수리수리 마하수리 수수리사하【3번 염송】

2. 개경게
위없고, 깊고 깊은 미묘한 법이여!
백천만겁 흐른대도 만나기 어려워라.
나 이제 보고 듣고 수지하리니,
여래의 진실한 뜻 알고 싶어라.

開經偈

無上甚深微妙法　百千萬劫難遭遇
我今聞見得受持　願解如來眞實意

기경게

무샹심심미묘법　빅천만겁난조우
아금문견득슈지　원히여릭진실의

　개경게開經偈
　무상심심미묘법　백천만겁난조우
　아금문견득수지　원해여래진실의

3. 개법장진언開法藏眞言
옴 아라남 아라다

開法藏眞言

唵阿羅喃阿羅陁[1)]
_____
1) ㉮ 갑본에는 한자 부분이 없다.

기법쟝진언

옴아라람아라타

4.
천수천안 관자재보살 광대원만 무애대비심 신묘장구 대다라니 왈 나모라 다나다라 야야 나막알약 바로기제 새바라야 모지 사다바야 마하 사다바야 마하가로 니가야 옴 살바 바예수 다라나 가라야 다사명 나막 가리다바 이맘 알야 바로기제 새바라 다바 니라간타 나막하리나야 마발 다 이사미 살발타 사다남 수반 아예염 살바 보다남 바바마라 미수다감 다 냐타 옴 아로계 아로가 마지로가 지가란제 혜혜하례 마하모지 사다바 사 마라 사마라 하리나야 구로구로 갈마 사다야 사다야 도로도로 미연제 마 하미연제 다라다라 다린나례 새바라 자라자라 마라미마라 아마라 몰제 예혜혜 로계 새바라 라아 미사미 나사야 나베사미사미 나사야 모하자라 미사미 나사야 호로호로 마라호로 하례 바나마나바 사라사라 시리시리 소로소로 못쟈못쟈 모다야 모다야 매다리야 니라간타 가마사 날사남 바 라 하라나야 마낙 사바하 싯다야 사바하 마하 싯다야 사바하 싯다유예 새 바라야 사바하 니라간타야 사바하 바라하 목카싱하 목카야 사바하 바나 마 하따야 사바하 자가라 욕타야 사바하 상카섭나녜 모다나야 사바하 마 하라 구타다라야 사바하 바마사간타 이사시체다 가릿나 이나야 사바하 먀가라 잘마 이바사나야 사바하 나모라 다나다라 야야 나막알야 바로기 제 새바라야 사바하

천슈천안 관ᄌ지보살 광대원만 무애대비심 신묘쟝구 대다라니 왈
나무라 ᄃ나ᄃ라 야야 나막알야 바로기데 사바라야 모지 사ᄃ바야 마하 사
ᄃ바야 마하 가로니가야 옴 살바 바예수 ᄃ라나 가라야 다사명 나막 기이
다바 이맘 알약 바로기데 시바라 다바 니라간타 나막 ᄒ리나야마발다 이샤
미 살발타 사다남 슈반애예염 살바보다남 바바말아 미슈다감 다냐타 옴 아
로계 아로가 마디로가 디ᄀ란뎨 혜혜하례 마하모디사ᄃ바 스마라 스마라
ᄒ리나야 구로 구로 갈마 사다야 사다야 도로도로 미년졔 마하 미년졔 다
라다라 다린ᄂ례 시바라 자라자라 마라 미마라 아마라 몰톄 예혜혜 로계
시바라 나아 미사미 나샤야 ᄂ베 사미사미 나사야 모하 자라 미사미 나샤

야 호로호로 마라호로 하례 바ᄂ마 나바 사라사라 시리시리 소로소로 몯댜
몯댜 못다야 모다야 미ᄃ리야 니라간타 가마샤 늘샤남 브라 ᄒ라 나야 마
낙 ᄉ바하 싯다야 ᄉ바하 마하 싯다야 ᄉ바하 싯다 유예 사바라야 ᄉ바하
니라 간타야 ᄉ바하바라하 목카 싱하목카야 ᄉ바하 바ᄂ마 쎠따야 ᄉ바하
자ᄀ라 욕다야ᄉ바하 샹카 셥나녜 모다나야 ᄉ바하 마하라 구타 다라야 ᄉ
바하 바마 ᄉ간타 니샤 시뎨다 ᄀ릿나 이나야 ᄉ바하 먀ᄀ라 잘마 니바 사
나야 ᄉ바하 나모라 ᄃ나ᄃ라 야야 나막알야 바로기뎨 싀바라야 ᄉ바하

5. 도량게

도량은 청정하여 흠결과 때 없으니
삼보의 용천龍天들 이곳에 내려오소서.
나 이제 오묘한 진언을 지송持誦하오니
자비로 비밀한 가호를 내려 주소서.

道場偈

道場淸淨無瑕穢　三寶龍天降此地[1)]
我今持誦妙眞言　願賜慈悲密加護

---
1) ㉕ 대한불교 조계종(2004:33)에서 발행한 『통일법요집』에는 '三寶天龍降此地'로
되어 있다.

도량게운

도량쳥뎡무하예　삼보용쳔강ᄎ디
아금지숑묘진언　원ᄉᄌ비밀가호

　　도량게道場偈

도량청정무하예 삼보용천강차지
아금지송묘진언 원사자비밀가호

6. 참회게

내 과거에 지은 모든 악업들
시작 없는 탐·진·치로 말미암은 것.
몸과 입과 뜻이 이르는 곳 따라 일어나는
그 일체를 나 이제 모두 참회합니다.

懺悔偈

我昔所造諸惡業 皆由無始貪嗔痴
從身口意至[1]所生 一切我今皆懺悔

1) ㉑ 갑본에는 '至'가 '之'로 되어 있다.

참회게 【삼설】

아석소조제악업 기유무시탐진티
종신구의디소싱 일체아금기참회

    참회게懺悔偈**【삼설】**
    아석소조제악업 개유무시탐진치
    종신구의지소생 일체아금개참회

7. 찬불게

순금빛 나는 아미타 부처님

상호가 단정코 엄정하여 견줄 이 없어라.
백호白毫는 구불구불 다섯 수미산이요,
감색 눈동자는 고요하고 맑아 사대해로다.
빛 가운데 화신불이 무수 억이요,
보살로 화한 무리도 끝이 없어라.
사십팔 대서원으로 중생을 제도하고,
구품九品으로 모든 이를 피안에 오르게 하셨네.
이로써 부처님 공덕 예찬하리.
장엄한 법계의 모든 중생들이여!
임종 시에 모두 다 서방왕생 원하면,
함께 미타불 뵙고 불도를 이루리라.
극락세계의 보배 연못 가운데에는
구품의 연꽃이 수레바퀴 같아라.
아미타 장륙 부처님 서 계시는데
왼손은 가슴에 대고 오른손은 내리셨네.
녹라의상에 붉은 가사를 걸치시고
금빛 얼굴 눈썹 사이엔 백옥의 터럭이라.
좌우편엔 관음보살 대세지보살님이
장엄하여 모시면서 낱낱이 살펴보시네.
목숨 바쳐 귀의하나니 성자이신 관자재보살님이여
몸은 마치 금산의 담복화詹葍花[27] 같아라.
목숨 바쳐 귀의하나니 성자이신 대세지보살님이여
마음의 지혜와 광명이 인연 중생 비추도다.

---

27 담복화詹葍花 : ⓢ campaka의 음사. 인도 북부에서 자라는 교목. 잎은 윤택이 있고, 짙은 노란색의 꽃이 피는데 그 향기가 진함.

세 성인 가지고 계신 공덕을 모으면

그 수 티끌모래보다 많고 크기는 하늘 같으리.

시방제불이 모두 다 찬탄하심

진겁塵劫이 다하도록 조금도 없어지지 않으리.

그런 고로 나 이제 공손히 예경하리.

내 손에 염주 들고 법계를 관하노니

허공을 끈으로 삼으니 꿰지 못할 것 없고,

평등한 노사나불 없는 곳 없으시네.

서방의 아미타불 관하며 구합니다.

나무아미타불.

【혹 열 번, 백 번, 천 번 낭송한다.】

讚佛偈

阿彌陁佛眞金色　相好端嚴無等倫
白毫宛轉五須彌　紺目澄淸四大海
光中化佛無數億　化菩薩衆亦無邊
四十八願度衆生　九品咸令登彼岸
以此禮讚佛功德　莊嚴法界諸有情
臨終悉願徃西方　共覩彌陁成佛道[1]
極樂世界寶池中　九品蓮花如車輪
彌陁丈六金躯立　左手當胷右手垂
綠羅衣上紅架裟　金面眉間白玉毫
左右觀音大勢至　侍立莊嚴審諦觀
歸命聖者觀自在[2]　身若金山舊蔔花
歸命聖者大勢至　心智光明照有緣
三聖所有功德聚　數越塵沙大若空

十方諸佛咸賛歎 塵刧不能窮少分
是故我今恭敬禮 我執念珠法界觀
虛空爲繩無不貫 平等舍那無何處
觀求西方阿彌佛 南無阿彌陁佛
【或十聲 百聲 千聲】

1) ㉠ 1704년 간행된 예천 용문사본에는 이 대목까지 〈찬불게〉이고, 다음 구부터는 〈아미타불찬〉으로 되어 있다. 2) ㉯ 갑본에 '自在'는 '世音'으로 되어 있다.

찬불게

아미타불진금식 샹호단엄무등눈
빅호완뎐오슈미 감목딩쳥ᄉ대히
광듕화불무수억 화보살즁역무변
ᄉ십팔원도즁싱 구품함녕등피안
이ᄎ녜찬불공덕 장엄법계계유정
님죵실원왕서방 공도미타셩불도
극낙셰계보디뎡 구품년화여거륜
미타댱뉵금구닙 좌슈당흉우슈슈
녹나의샹홍가사 금면미간빅옥호
좌우관음대셰지 시닙장엄심뎨관
귀명셩쟈관ᄌ지 신약금산쳠복화
귀명셩쟈대셰지 심디광명죠유연
삼성소유공덕취 수월딘사대약공
시방계불함찬탄 진겁블능궁쇼분
시고아곰공경녜[1] 나무아미타불
【혹 십셩 빅셩 쳔셩】

1) ㉠ 한문에는 이 뒤에 세 구가 더 있는데 언해 부분에는 없다.

찬불게讚佛偈

아미타불진금색　상호단엄무등륜
백호완전오수미　감목징청사대해
광중화불무수억　화보살중역무변
사십팔원도중생　구품함령등피안
이차예찬불공덕　장엄법계제유정
임종실원왕서방　공도미타성불도
극락세계보지중　구품연화여거륜
미타장륙금구립　좌수당흉우수수
녹라의상홍가사　금면미간백옥호
좌우관음대세지　시립장엄심체관
귀명성자관자재　신약금산첨복화
귀명성자대세지　심지광명조유연
삼성소유공덕취　수월진사대약공
시방제불함찬탄　진겁불능궁소분
시고아금공경례　나무아미타불

【혹 열 번, 백 번, 천 번 염송】

8.
서방정토 극락세계 삼십육만억 일십일만 구천오백의 같은 명호를 지니신 대자대비하신 아미타불께 귀의합니다

서방정토 극락세계 부처님으로서 몸이 길이와 높이가 같고,[28] 상호가 가없고, 금색 광명이 법계를 두루 비추고, 사십팔 대원으로 중생을 제도

---

28 서방정토 극락세계~높이가 같고 : 부처 삼십이상 중 신광장등상身廣長等相을 말한다.

하시며, 말로 다할 수 없고 말로 다할 수 없는 항하사만큼의 불국토에 헤아릴 수 없는 벼·삼·대나무나 갈대와 같이 수없이 많은, 삼백육십만억 일십일만 구천오백의 같은 명호를 지니신, 우리 도사 금색여래金色如來[29]께 귀의합니다.

南無西方淨土極樂世界三十六萬億一十一萬九千五百同名同號大慈大悲阿彌陁佛。
南無西方淨土。極樂世界。佛身長廣。相好無邊。金色光明。遍照法界。四十八願。度脫衆生。不可說不可說轉不可說。恒河沙佛刹。微塵數稻麻竹葦。無限極數。三百六十萬億。一十一萬。九千五百同名同號。我等遵師。金色如來。

나무셔방뎡토 극낙셰계 삼십늇만억 일십일만 구천오뵉 동명동호 대즈대비 아미타불
나무셔방뎡토 극낙셰계 불신쟝광 샹호무변 금싱광명 변죠법계 ᄉ십팔원 도탈즁싱 불가셜불가셜뎐불가셜 ᄒᆞᆼ하사블찰미딘수 도마듁위 무ᄒᆞᆫ극수 삼뵉늇십만억 일십일만 구천오뵉 동명동호 아등도ᄉᆞ 금스여리

　　나무서방정토 극락세계 삼십육만억 일십일만 구천오백 동명동호 대자대비 아미타불
　　나무서방정토 극락세계 불신장광 상호무변 금색광명 변조법계 사십팔원 도탈중생 불가설불가설전불가설 항하사불찰미진수 도마죽위 무한극수 삼백육십만억 일십일만 구천오백 동명동호 아등도사 금색여래

---

29 금색여래金色如來 : 여래의 다른 이름. 부처의 삼십이상 중의 하나로 금색상金色相이 있다. 몸이 금빛임.

9.
정수리를 뵐 수 없는[30] 아미타부처님께 귀의합니다.
정수리 위 육계肉髻를 지닌 아미타부처님께 귀의합니다.
머리터럭이 감청색이고 유리 같은 아미타부처님께 귀의합니다.
미간에 백호를 지닌 아미타부처님께 귀의합니다.
눈썹이 가는 수양버들 같으신 아미타부처님께 귀의합니다.
눈동자가 맑고 고요한 아미타부처님께 귀의합니다.
귀로 모든 소리를 들으시는 아미타부처님께 귀의합니다.
코가 높고 원만하고 곧은 아미타부처님께 귀의합니다.
혀가 크고 법라法螺[31] 같은 아미타부처님께 귀의합니다.
몸빛이 진금색인 아미타부처님께 귀의합니다.
문수보살님께 귀의합니다.
보현보살님께 귀의합니다.
관세음보살님께 귀의합니다.
대세지보살님께 귀의합니다.
금강장 보살님께 귀의합니다.
장애障礙를 없애는 보살님께 귀의합니다.
미륵보살님께 귀의합니다.
지장보살님께 귀의합니다.
청정 대해 같은 여러 보살마하살님께 귀의합니다.

---

30 정수리를 뵐 수 없는(無見頂上相) : 정성육계상頂成肉髻相. 정계상頂髻相이라고도 한다. 부처님의 삼십이상 중의 하나. 정상의 육이 상투모양으로 돋아나 있는 것. 누구나 볼 수 없는 상이므로 이렇게 말한다. 머리 부분에서 가장 올라온 곳의 위에 있는 불가견不可見의 정점이다. 이하 아미타불의 묘사는 삼십이상에서 가려 뽑은 것이다. 삼십이상은 앞의 주 7 참고.

31 법라法螺 : 소라 모양의 악기. 흔히 부처의 설법을 소라 껍데기로 만든 악기를 부는 것에 비유한다.

함께 사는 법계의 중생들이 함께 미타의 큰 서원의 바다에 들어가길 원합니다.

시방 삼세 부처님 중 아미타불이 제일이시니 구품으로 중생을 제도하시어 위엄과 덕이 끝이 없으십니다. 저희 이제 크게 귀의하고 삼업三業의 죄를 참회하며, 모든 복선福善들에게 간절한 마음으로 회향합니다.

바라옵건대 함께 염불한 이들 모두 극락에 태어나 부처님을 뵙고 생사를 깨달아 부처님과 같이 일체 중생을 제도하게 하소서.

바라옵건대 제가 임종할 때 일체의 모든 장애를 없애고 저 아미타불을 직접 뵙고 안락한 국토에 왕생하게 하소서.

바라옵건대 이 공덕이 일체 중생에게 널리 미쳐, 저희와 중생이 마땅히 극락에 태어나 모두 함께 무량수불을 뵙고 모두 함께 불도를 이루게 하소서.

南無無見頂上相阿彌陁佛。
南無[1]頂上肉髻相阿彌陁佛。
南無髮紺琉璃相阿彌陁佛。
南無眉間白毫相阿彌陁佛。
南無眉細垂楊相阿彌陁佛。
南無眼目淸淨相阿彌陁佛。
南無耳聞諸聲相阿彌陁佛。
南無鼻高圓直相阿彌陁佛。
南無舌大法螺相阿彌陁佛。
南無身色眞金相阿彌陁佛。
南無文殊菩薩。
南無普賢菩薩。
南無觀世音菩薩。
南無大勢至菩薩。

南無金剛藏菩薩。

南無除障碍菩薩。

南無彌勒菩薩。

南無地藏菩薩。

南無淸淨大海衆菩薩摩訶薩。

願共法界諸衆生。同入彌陁大願海。

十方三世佛。阿彌陁第一。九品度衆生。威德無窮極。我今大歸依。懺悔三業罪。凡有諸福善。至心用回向。願同念佛人。盡生極樂國。見佛了生死。如佛度一切。願我臨欲命終時。盡除一切諸障碍。面見彼佛阿彌陁。卽得徃生安樂刹。願以此功德。普及於一切。我等與衆生。當生極樂國。同見無量壽。皆共成佛道。

---

1) ㉘ 갑본에는 '南無'가 없다. 그 이하도 같다.

남무무견뎡샹샹아미타불 남무뎡샹육계샹아미타불 남무발감뉴리샹아미타블 남무미간빅호샹아미타불 남무미셰슈양샹아미타불 남무안목쳥뎡샹아미타불 남무이문졔셩샹아미타불 남무비고원딕샹아미타불 남무셜대법나샹아미타불 남무신식진금샹아미타불 남무문슈보살 남무보현보살 남무관음보살 남무대셰디 남무금강쟝보살 남무졔쟝애보살 남무미륵보살 남무디쟝보살 남무쳥뎡대히즁보살마하살 원공법계졔즁싱 동입미타대원히 시방삼셰불 아미타뎨일 구품도즁싱 위덕무궁극 아금대귀의 참회삼업죄 범유졔복션 지심용회향 원동념블인 진싱극낙국 견불뇨싱ㅅ 여불도일체 원아임뉵명죵시 진졔일체졔쟝애 면견피불아미타 즉득왕싱안낙찰 원이ᄎ공덕 보급어일체 아등여즁싱 당싱극낙국 동견무량슈 기공셩불도

　나무무견정상상아미타불 나무정상육계상아미타불 나무발감유리상아미타불 나무미간백호상아미타불 나무미세수양상아미타불 나무안목청정상아

미타불 나무이문제성상아미타불 나무비고원직상아미타불 나무설대법라상아미타불 나무신색진금상아미타불 나무문수보살 나무보현보살 나무관음보살 나무대세지 나무금강장보살 나무제장애보살 나무미륵보살 나무지장보살 나무청정대해중보살마하살 원공법계제중생 동입미타대원해 시방삼세불 아미타제일 구품도중생 위덕무궁극 아금대귀의 참회삼업죄 범유제복선 지심용회향 원동염불인 진생극락국 견불요생사 여불도일체 원아임욕명종시 진제일체제장애 면견피불아미타 즉득왕생안락찰 원이차공덕 보급어일체 아등여중생 당생극락국 동견무량수 개공성불도

10. 왕생게

왕생하기 왕생하기 원합니다. 미타의 설법 자리에 함께 앉아 손으로 향과 꽃을 들고 항상 공양하기를 원하옵니다.

왕생하기 왕생하기 원합니다. 극락에 왕생하여 미타를 뵈옵고, 이마를 문지르며 기별記莂[32] 내려 주시기를 원합니다.

왕생하기 왕생하기 원합니다. 연화장 세계에 왕생하여 나남 없이 일시에 불도를 이루기를 원합니다.

往生偈

願往生願往生。願在彌陁會中座。手執香花常供養。[1]

願往生願往生。往[2]生極樂見彌陁。獲蒙摩頂授記莂。

願往生願往生。往[3]生華藏蓮花界。自他一時成佛道。

---

1) ㉯ 갑본에는 '願往生…常供養'이 '授記莂' 뒤에 있다.　2) ㉯ 갑본에는 '往'이 '願'으로 되어 있다.　3) ㉯ 갑본에는 '往'이 '願'으로 되어 있다.

---

32 기별記莂 : 부처님이 수행하는 사람에 대하여 미래에 성불할 것을 낱낱이 예언하는 것.

왕싱게

원왕싱원왕싱 원지미타회즁좌 슈집향화샹공양 원왕싱원왕싱 왕싱극낙견
미타 획몽마경슈긔별 원왕싱원왕싱 원싱화장년화계 ᄌ타일시셩불도

왕생게往生偈

원왕생원왕생 원재미타회중좌 수집향화상공양 원왕생원왕생 왕생극락
견미타 획몽마정수기별 원왕생원왕생 원생화장연화계 자타일시성불도

11. 여래십대발원문如來十大發願文[33]

원아영리삼악도 원아속단탐진치 원아근수계정혜 원아상문불법승 원아
항수제불학 원아불퇴보리심 원아결정생안양 원아속견아미타 원아분신변
진찰 원아광도제중생 원이원이발원이 귀명례삼보【이 발원문 외우는 사람은
모두 극락세계에 가오리다. 하루 한 번씩 외우소서.】

여릭십대발원문[1)]

원아영니삼악도 원아속단탐딘치 원아근슈계뎡혜 원아샹문불법승 원아ᄒ슈
졔불흑 원아불퇴보리심 원아결명싱안양 원아속견아미타 원아븐신변진찰

---

33 이 책에서는 「여래십대발원문如來十大發願文」의 원문이 빠져 있다. 현행 발원문을 소
개하면 다음과 같다.
 "願我永離三惡道。願我速斷貪瞋癡。願我常聞佛法僧。願我勤修戒定慧。願我恒隨諸佛學。
願我不退菩提心。願我決定生安養。願我速見阿彌陀。願我分身遍塵刹。願我廣度諸衆生。"
 "바라옵노니 삼악도를 길이 여의고/탐심진심 삼독심 속히 끊으며/어느 때나 삼보 이
름 항상 듣고서/계정혜 삼학을 힘써 닦으며/ 부처님을 따라서 항상 배우고/위없는 보
리심에 항상 머물며/어김없이 안양국에 태어나아서/아미타 부처님을 친견하옵고/미
진세계 국토에 몸을 나투어/모든 중생 남김없이 건네지이다."
 『염불보권문』의 언해 부분은 현행 발원문의 3구와 4구가 바뀌어 있고, 현행 발원문
에는 "원이원이발원이 귀명례삼보" 부분이 없다. 이는 '바라옵고 바라옵고 발원합니다.
이 목숨 다해 삼보님께 예경합니다.'의 의미이다.

원아광도졔즁싱 원이원이발원이 귀명례삼보【니 발원문 외오ᄂ 사름은 다 극낙 셰계 가오리다 ᄒᆞ르 ᄒᆞᆫ 번식 외오쇼셔】

---

1) ㉮ 갑본에는 이 발원문이 없다.

발원문發願文

슬프다. 모두 염불 못하는 것은 전생에 불법 인연이 없어도 못하고, 부귀한 사람은 부귀에 골몰하여 못하고, 또 관직官職이 많은 사람과 가난한 사람이 대체로 염불을 못하는데, 이 책으로 시주를 약간 하거나 또 이 책판으로 화주化主를 하는 사람은 반드시 극락세계에 가오리다. 또 이 책을 한 번이라도 보거나 듣거나 하는 사람도 다 극락세계에 가오리다. 또 사람이 죽을 때에 울지 말고 모두 나무아미타불을 염송하다가 죽은 후에 염습한 뒤에 곡성을 하라 하시니라.

또 염불은 항상 남녀 (구별) 없이 모두 하라고 하였으되, 대체로 (염불) 할 줄을 알지 못하므로, 이 책을 써내어 므두 후세 사람에게 전하여 모두 동참하여 다 극락에 가도록 권하나이다.

발원문[1]

슬프다 대도 념불 못ᄒᆞ기ᄂᆞᆫ 젼싱애 불법 인년이 업서도 못ᄒᆞ고 부귀ᄒᆞᆫ 사ᄅᆞᆷ은 부귀예 골몰ᄒᆞ야 못ᄒᆞ고 ᄯᅩ 구우실이 만ᄒᆞᆫ 사ᄅᆞᆷ과 가난ᄒᆞᆫ 사ᄅᆞᆷ이 대도 념불 못ᄒᆞ거든 니 칙 시쥬 약간 ᄒᆞ거나 ᄯᅩ 니 칙판 화쥬을 ᄒᆞᄂᆞᆫ 사ᄅᆞᆷ은 반드시 극낙셰계 가오리다 ᄯᅩ 니 칙을 ᄒᆞᆫ 번니나 보거나 듯거나 ᄒᆞᄂᆞᆫ 사ᄅᆞᆷ도 다 극낙셰계 가오리다 ᄯᅩ 사ᄅᆞᆷ이 주글 ᄯᅢ예 우지 말고 모다 나무아미타불 ᄒᆞ다가 주근 후에 쇼염ᄒᆞᆫ 후에 곡셩을 ᄒᆞ라 ᄒᆞ시니라

ᄯᅩ 념불은 샹해 남녀 업시 다 ᄒᆞ라 ᄒᆞ야시되 대도 ᄒᆞᆯ 줄을 아지 못ᄒᆞ매 니 칙을 써나야 대도 후세 사ᄅᆞᆷ으게 젼ᄒᆞ야 대도 동참ᄒᆞ야 다 극낙의 가게 권ᄒᆞᄂᆡ다

---
1) ㉭ '발원문'이라는 제목은 역자가 편의상 넣은 것임.

나옹 화상 서왕가西往歌라

나도 이럴망정 세상의 사람이니

무상無常을【무상은 사람이 오래 살지 못한다는 말이다.】 생각하니 다 거짓 것이로세.

부모가 남겨 준 얼굴 죽은 후에 속절없다.

잠깐 동안 생각하여 세상사를 후려치고,

부모께 하직하고 단표자單瓢子 일납一納[34]에 청려장을 비껴들고

명산을 찾아들어 선지식善知識을【선지식은 불법을 아는 사람이다.】 친히 뵙고

마음을 밝히려고 천경만론千經萬論[35]을【천경만론은 불경이다.】 낱낱이 추심推尋하여

육적六賊[36]을【눈과 코와 혀와 몸과 귀와 탐심하는 것의 여섯 가지 도적이다.】 잡으려고 허공마虛空馬를【사람의 마음이다.】 비껴 타고

막야검莫邪劍[37]을【불법을 아는 말이다.】 손에 들고 오온산五蘊山[38]에【마음과 몸이 오온산이다.】 들어가니

제산諸山은【제산은 세간의 번뇌심이다.】 첩첩하고 사상산四相山[39]이【사상四相은

---

34 단표자單瓢子 일납一納 : 한 개 표주박에 한 벌의 누덕누덕 기운 옷(袈裟).
35 천경만론千經萬論 : 불·보살이 설한 내용을 담은 수많은 경經과 논論. '경'은 부처님의 설법, '논'은 불법의 뜻을 성현聖賢이 해석하고 논술한 것.
36 육적六賊 : 색色(눈), 성聲(귀), 향香(코), 미味(입), 촉觸(몸), 법法(마음)이라는 6가지로 '육경六境'이라고도 하며, 이들이 청정한 마음에 번뇌를 일으키게 하는 것을 '도적'에 비유한 것임.
37 막야검莫邪劍 : '막야'라는 칼. 춘추 시대에 간장干將이 만든 명검의 이름. 간장이 검을 주조할 때 잘되지 않자 그의 아내 막야가 용광로에 몸을 던져 두 개의 검을 완성하게 되었는데, 그 두 검의 이름을 각각 '간장'과 '막야'라고 불렀다.
38 오온산五蘊山 : '오온'을 산에 비유함. '오온'은 색온色蘊, 수온受蘊, 상온想蘊, 행온行蘊, 식온識蘊을 이름.
39 사상산四相山 : '사상'을 산에 비유함. '사상'은 금강경에서 설하는 중생의 4가지 그릇된 관념. ① 아상我相(오온의 요소들 속에 자아라는 나의 본체가 있고 나의 것이 있다고 생각하는 것). ② 인상人相(자아가 인간이어서 축생취畜生趣 등과 다르다고 집착하는 것). ③ 중생상

아상·인상·중생상·수자상이다.】 더욱 높다.

　　육근문두六根門頭에【육근문두는 육근의 눈과 코와 혀와 귀와 몸과 뜻, (그리고 그것의) 육문六門이다.】 발자취 없는 도적은

　　나며 들며【탐심을 내며 들이며 한다는 말이다.】 하는 중에 번뇌하는 마음 베어 버리고

　　지혜로 배를 만들어 삼계三界[40]바다를【삼계는 욕계 육천六天과 색계 십팔천 十八天과 무색계 사천四天이 삼계이니라.】 건네리라.

　　염불하는 중생 실어 두고 삼승三乘[41] 돛대에

　　일승一乘 돛을【불법 말씀이다.】 달아 두고 봄바람은 순하게 불고

　　흰 구름은 섞여 도는데, 인생세간을 생각하니

　　슬프고 서럽구나! 염불을 않는 중생들아

　　몇 생애나 살려고 세상일에만 탐착貪着[42]하여

　　애욕에 잠겼느냐. 하루도 열두 때요,

　　한 달도 서른 날에 어느 날에 한가할까.

　　청정한 불성은 사람마다 갖추어져 있으나

　　어느 날에 생각하며, 항하사의 공덕은

　　본래 구족하지만 어느 때에나 내어 쓸까?【불성이 사람마다 갖추어져 있다는 말이다.】

　　서왕西往[43]은 멀어지고【서왕은 극락세계이다.】 지옥은 가깝구나.

衆生相(오온이 임시로 화합하여 생긴 것을 자아라고 고집하는 것). ④ 수자상壽者相(자아는 어느 시기 동안 수명을 갖고 머문다고 생각하는 것).
40 삼계三界 : 중생이 윤회하는 세 가지 영역의 세계. 생명체가 머무는 세계 전체. 욕망이 지배하는 세계인 욕계欲界, 욕망은 끊었지만 육체는 남아 있는 자의 세계인 색계色界, 물질이 존재하지 않는 비물질성의 세계인 무색계無色界.
41 삼승三乘 : 불교를 수행하고 실천하는 입장을 세 가지로 구분한 것. 깨달음에 이르는 세 가지 실천 방법. 승乘은 가르침을 실어 나르는 것(탈것)에 비유한 말.
42 탐착貪着 : 만족할 줄 모르고 탐하는 마음을 버리지 못함.
43 서왕西往 : 서방정토로 극락왕생하는 것.

이보시오 어르신네, 권하노니 종제선근種諸善根[44]을 심으시오.【종제선근은 부모 효양·불공 보시·염불 화주化主와 같은 일이다.】

이 생애에 행한 공덕 후생에 받나니.

백년 탐물貪物(탐한 재물)은 하루아침의 티끌이요【사람이 죽은 후에는 세간사가 모두 거짓 것이니라.】

사흘 행한 염불은 백천만겁에

다함없는 보배로세. 어와! 이 보배는

천겁이 지나도 낡지 않고 긍만세이亘萬歲而 장금長今이라.[45]【사람의 불성은 살며 늙으며 병들며 죽는 고통이 모두 없다고 한 말이다.】

건곤乾坤이 넓다 한들 이 마음에 미칠쏜가.

일월이 밝다 한들 이 마음에 미칠쏜가.【사람 본심의 광명은 하늘·땅과 해·달의 광명도 미치지 못할 일이다.】

삼세제불三世諸佛은 이 마음을 아시고,

육도중생六道衆生은 이 마음을 저버릴새【육도六道는 천상과 인간, 귀신과 지옥, 짐승, 수라가 육도니라.】

삼계윤회三界輪廻를 어느 날에 그칠쏜가.【사람이 되며 짐승이 되는 것을 그칠 때가 없다 하는 말이니라.】

잠깐 동안 생각하고 마음을 깨쳐 먹고

태허太虛를 생각하니 산 첩첩 물 졸졸

바람 솔솔 꽃은 밝고 송죽松竹은 낙락落落한데

화장華藏바다를【이는 인간 세계이니라.】 건너 저어 극락세계 들어가니

---

44 종제선근種諸善根 : 여러 가지 선근善根을 심음. '선근'은 선업을 짓는 근원으로서, 선한 과보果報를 낳게 하는 원인이 될 선한 일.

45 천겁이 지나도~긍만세이亘萬歲而 장금長今이라 : 원전의 한글 '력쳔겁이 불고ᄒᆞ고 긍만셰이 쟝금이라'는 '歷千劫而不古 亘萬歲而長今'의 음역이다. '천겁을 지나도 낡지 않고, 만년을 뻗치어도(이르더라도) 항상 오늘이다.' 정도로 풀이된다.

칠보 금지七寶錦池(비단연못)에【칠보는 금과 은과 자거·마노·산호·호박·진주가 칠보이다.】칠보망七寶網을 둘렀으니
구경하기 더욱 좋아라. 구품 연대九品蓮臺에
염불소리 퍼져 있고, 청학·백학과 앵무·공작과
금봉金鳳·청봉靑鳳은 하는 것이 염불일세.
청풍淸風이 건듯 부니 염불소리 요요遙遙하네.[46]
어와, 슬프구나! 우리도 인간 세상에 나왔다가
염불 않고 어이할까, 나무아미타불.

나옹화상 셔왕가라[1)]

나도 이럴만경 셰샹애 인재러니 무샹을【무샹은 사름이 오래 사지 못ㅎ는 말이라】 싱각ㅎ니 다 거즛 거시로쇠 부모의 기친 얼골 주근 후에 쇽절 업다 져근닷 싱각ㅎ야 셰스을 후리치고 부모씌 하직ㅎ고 단표ᄌ 일납애 쳥녀쟝을 비기 들고 명산을 추자드러 션지식을【션지식 불법 아는 사름이라】 친견ㅎ야 ᄆᄋᆞᆷ을 볼키려고 쳔경만론을【쳔경만론 불경이라】 낫낫치 츄심ㅎ야 뉵적을【눈과 코와 셰와 몸과 귀와 탐심ㅎ니 여섯 도적이로다】 자부리라 허공마를【허공 아는 사름의 ᄆᄋᆞᆷ이라】 빗기 트고 마야검을【불법 아는 말이라】 손애 들고 오온산【ᄆᄋᆞᆷ과 몸과 오온산니라】 드러가니 졔산은【졔산은 셰간 버노심미라】 쳡쳡ㅎ고 스샹산이【스샹산은 아샹 인샹 즁싱샹 슈쟈샹이라】 더옥 놉다 뉵근문두애【뉵근은 눈과 코와 혀와 귀와 몸과 뜯과 뉵문이라】 자최 업슨 도적은 나며 들며【탐심을 내며 드리며 ㅎ는 말이라】 ㅎ는 즁에 번노심 베쳐 노코 지혜로 비를 무어 삼계바다【삼계는 욕계 뉵쳔과 식계 십팔쳔과 무식계 스쳔과 삼계니라】 건네리라 념불 즁싱 시러 두고 삼승 딤째예 일승 돗글【불법 말숨이라】 ᄃᆞ라 두고 츈풍은 슌히 불고 빈운은 섯도는 디 인간을 싱각ㅎ니 슬프고 셜운지라 념불 마는 즁싱드라 몃 싱을 살냐 ㅎ

---

[46] 요요遙遙하네 : 멀고 아득하게 들리네.

고 셰스만 탐챡ㅎ야 이욕의 즙겻ᄂ다 ㅎᄅ도 열두 시오 ᄒᆞᆫ 들도 셜흔 날애 어ᄂᆡ 날애 한가ᄒᆞ고 청명ᄒᆞᆫ 불셩은 사ᄅᆞᆷ마다 ᄀᆞ자신들 어ᄂᆡ 날애 싱각ᄒᆞ며 ᄒᆡᆼ사 공덕은 볼닉 구독ᄒᆞᆫ들 어ᄂᆡ 시예 나야 쓸고【불셩은 사ᄅᆞᆷ마다 ᄀᆞ자 인ᄂᆞᆫ 마리라】셔왕은 머러지고【셔왕은 극낙셰계】지옥은 갓갑도쇠 이보시소 어로신네 권ᄒᆞ노니 죵졔션근 시무시소【죵졔션근 부모효양 불공보시 념블 화쥬²⁾ 등 시이라】금싱애 ᄒᆞ온 공덕 후싱애 슈ᄒᆞᄂᆞ니 빅년 탐믈은 ᄒᆞᄅᆞ 아젹 듯글이오【사ᄅᆞᆷ이 주근 휘면 셰간시 다 거즛 것시니라】삼일 ᄒᆞ온 념블은 빅쳔만겁에 다홈 업슨 보뵈로쇠 어와 이 보뵈 력쳔겁이 불고ᄒᆞ고 긍만셰이 쟝금이라【사ᄅᆞᆷ의 불셩은 살며 늘그며 병들며 죽는 고뫼 다 업다 ᄒᆞᆫ 마리라】건곤이 넙다 ᄒᆞᆫ들 이 ᄆᆞ음애 미출손가 일월이 볼다 ᄒᆞᆫ들 이 ᄆᆞ음애 미출손가【사ᄅᆞᆷ의 본심 광명은 하늘짜과 ᄒᆡ들 광명도 밋지 못ᄒᆞᆯ 일이라】삼셰계불은 이 ᄆᆞ음을 아ᄅᆞ시고 뉵도즁싱은 이 ᄆᆞ음을 져ᄇᆞ릴식【뉵도ᄂᆞᆫ 쳔샹과 인간 귀신과 지옥 즘싱 슈라과 뉵도니라】삼계뉸회을 어ᄂᆡ 날에 긋칠손고【사ᄅᆞᆷ 되며 즘싱 되며 호기를 긋칠 제 업다 ᄒᆞᆫ 말이니라】져근닷 식각ᄒᆞ야 ᄆᆞ음을 싀쳐 먹고 태허를 싱각ᄒᆞ니 산쳡쳡 슈잔잔 풍슬슬 화명명ᄒᆞ고 숑죽은 낙낙ᄒᆞᄃᆡ 화장바다【니 인간셰계니라】건네 져어 극낙셰계 드러가니 칠보 금디예【칠보ᄂᆞᆫ 금과 은과 자거 마노 산호 호박 진쥬 칠뵈니라】칠보망을 둘너시니 구경ᄒᆞ기 더옥 죠희 구품 년ᄃᆡ예 념불소리 자자 잇고 쳥학빅학과 잉무공쟉과 금봉쳥봉은 ᄒᆞᄂᆞ니 념불일쇠 쳥풍이 건듯 부니 념불소리 요요ᄒᆞ외 어와 슬프다 우리도 인간애 나왓다가 념불 말고 어이ᄒᆞ고 나무아미타불

---

1) ㉤ 갑본에는 〈나옹화샹셔왕가〉에서「流傳記」까지의 내용이 없다. 2) ㉤ 해인사본에는 '희쥬'로 되어 있으나 동화사본에는 '화쥬'로 되어 있다.

인과문因果文

　석가세존님은 삼계三界의 도사導師이시고 사생四生의 부모이시다. 사람이란 것은 섬개투침纖芥投針[47] 맹귀우목盲龜遇木[48] 같아 인생난득人生難得 장부난득丈夫難得[49] 출가난득出家難得 불법난봉佛法難逢[50]이 아니온가. 천지간에 최귀最貴한 이는 다만 사람뿐이로다. 이보시오 어르신네, 이내 말을 들어 보오. 머리도 꼬리도 끝도 없는 말이로소이다. 인간 세상에 행득인신幸得人身[51] 나와서 세간사와 애욕에만 탐착하고 후생길 닦기를 모르는가. 무상은 신속하고【사람이 쉽게 죽는다는 말이다.】 세월은 쉽게 간다. 인연선종因緣善種, 부모효양父母孝養, 봉사사장奉事師長[52], 충신복덕忠信福德, 염불동참念佛同參, 불공보시佛供布施 하는 것밖에 또 무슨 일이 있겠는가. 인간 세상에 난 사람의 목숨을 헤아려 보오. 천년을 살며 만년을 살까. 이십 전에는 어리석었고 오십 후면 망령 들어 인간사를 알아 사는 것이 다만 수십 년뿐이로세. 슬프도다! 이 몸이 죽었다가 다시 올까. 사람을 얻어 대신할까. 값을 주고 여읠쏜가. 이내 몸에 중병重病 들어 곤고困苦히 아야, 아야 울며 지낼 적에 피치 못할 저 길일세. 고단하고 더욱 섧다. 그밖에 또 설운 일을 자세히 사뢰리다. 하루살이 같은 인생을 만년같이 길게 믿

---

47 섬개투침纖芥投針 : 작은 겨자씨에 바늘을 던져 꽂히게 한다는 뜻으로, 사람으로 태어나기 어렵고 또 부처님이 계신 세상을 만나기 어렵다는 것을 비유함.
48 맹귀우목盲龜遇木 : 눈먼 거북이가 우연히 물에 뜬 나무를 만남. 『열반경』에서, 사람은 세상에 태어나기 어렵고 또 부처님이 계신 세상을 만나기 어려운 것이 마치 큰 바다에서 눈먼 거북이가 물에 뜬 나무의 구멍을 만나는 것과 같이 사람의 몸을 받아 세상에 나거나, 불법을 만나기가 아주 어렵다는 것을 비유함.
49 인생난득人生難得 장부난득丈夫難得 : '인생난득'은 사람으로 태어나기가 어렵고, '장부난득'은 장부 되기가 어렵다는 뜻.
50 출가난득出家難得 불법난봉佛法難逢 : '출가난득'은 출가하기가 어려움을, '불법난봉'은 불법을 만나기가 어려움을 뜻함.
51 행득인신幸得人身 : 다행히 사람 몸으로 태어남.
52 봉사사장奉事師長 : 스승과 웃어른을 받들어 섬김.

어 세상사만 탐착하고 번뇌 중에 잠기어서 인연 선종, 부모 효양, 염불 동참, 불공 보시 우습게 여겨 불연을 못 맺은 사람들아! 목숨 마칠 그날에 염라대왕 보내오신 인로사자引路使者[53] 네다섯이 한 손에 쇠채 들고 또 한 손에 환도還刀 들고, 두 문전門前을 가로막고 서서 나와라 쉬이 나와라 재촉하는데 누구 말이라고 거스릴쏜가? 부모 동생 처자 노비가 곁에 가득히 있은들 대신 갈 이 누가 있으며, 금은옥백金銀玉帛 귀한 음식이 앞에 가득히 있은들 먹고 가며 가져갈까? 그 아니 서러운가. 천하에 머물러 있는 황제 왕후, 후공 재상, 부귀 장자, 승속 남녀, 거사 사당, 존비귀천, 노소 부인, 만물 중생이 피치 못할 저 길에 시왕께 잡혀 들어 추열推閱 다짐,[54] 시비 장단 갖가지를 물으실 제 인간 세상에서 지은 죄는 염라대왕 업경대業鏡臺[55]에 낱낱이 비치었고 【시왕이 명간冥間에 쇠거울을 두고 인간 세상 사람을 잡아다가 물으실 제 일생에 지은 죄와 선이 거울에 나타나니 거기 가서는 한 말이라도 거짓말을 하지 못한다고 하시니라.】 제석궁帝釋宮[56] 나망羅網 중에 낱낱이 어리어 있으니 어디 가서 한 말이라고 거짓 확인을 하겠는가? 내 입으로 사뢴 후에 그 누구라서 구제할까. 우두나찰牛頭羅刹[57] 마두나찰馬頭羅刹[58]【사람을 잡아가는 옥졸이다.】 모두 뛰어 달려들어 쇠사슬을 목에 걸고 쇠방망이 둘러메고 사방에 둘러서서 지옥으로 보내실 제 일목귀왕一目鬼王, 삼목귀왕三目鬼王이 나와 계시어 청석칼을 둘러메시고 항쇄족쇄項鎖足鎖[59] 갖추시고 이리로 가자, 저리로 가자 쇠채로 치시며 몰아가니 한 시각이나 머물쏜가. 넓은

---

53 인로사자引路使者: 죽은 사람의 영靈을 접인接引하여 저승으로 인도하는 염라대왕의 사자.
54 추열推閱 다짐: 심문하여 틀림이 없다는 것을 확인함.
55 업경대業鏡臺: 저승길 어귀에 있다는 거울로서, 지나는 사람의 생전의 행실을 그대로 비춰준다고 함.
56 제석궁帝釋宮: 제석천왕帝釋天王이 머문다는 도리천忉利天의 궁전.
57 우두나찰牛頭羅刹: 쇠머리 모양을 한 악한 귀신으로, 지옥의 옥졸.
58 마두나찰馬頭羅刹: 말머리 모양을 한 악한 귀신으로, 지옥의 옥졸.
59 항쇄족쇄項鎖足鎖: 목에 씌우는 칼(죄인에게 씌우던 형틀)과 발에 채우는 차꼬.

길 좁아지고 좁은 길 어두운데 소소히 부는 솔바람 소리에 팔만사천 무간지옥無間地獄에 철위성도 높으시구나. 쇠문 안에 달려들어 목을 베며 혀를 빼며 굽거니 삶거니 잡아당기거니 빼거니 가지가지로 다스리니, 아야, 아야 우는 소리는 오뉴월 가운데 악머구리 소리로다. 이 한 몸 가지고 백천 가지 다시 만들어 큰 고통을 받을 적에 그 어찌 아니 서러울쏜가. 목말라 울 적에 구리쇠 녹인 물을 먹이시고, 배고파라 울 적에 몽둥이와 철환을 씹히시고, 하루도 열두 때요 한 달도 서른 날에 일만 번을 죽이시고 일만 번을 살리시니, 하루던가 이틀이던가. 천만년을 지내어도 (지옥) 여읠 기약 없다 하니 잠잠히 하고 헤아려 보소. 어찌 아니 서러울쏜가. 슬프고 설운지라. 인간 세상 행득인신, 태어나신 존비귀천 승속 남녀, 거사 사당, 노소 제인, 어르신네. 자세히 헤아려 보소. 풀 끝에 이슬 같은 인생을 천만년이나 살까 하고 세사만 탐착하고, 인생난득 불법난봉은 전혀 생각지 아니하니, 슬프도다. 지옥 고통 받을 적에 그 뉘라서 대신할까. 권하노니 제 선근 심으시며 세사탐착을 너무 하지 말고 염불 동참하십시오. 이승에서 행한 공덕은 후생에서 받으오니, 지옥 선악, 보응 과보사는 다 이를 곳이 없어 대강만 사뢰어 전하나이다.

인과문

셔가셰존님은 삼계 도스시고 스싱에 부모시라 사룸이라 ᄒᆞᄂᆞᆫ 거슨 셤개투침 밍귀우목 ᄀᆞ희야 인싱난득 쟝부난득 츌가난득 불법난봉 아니온가 쳔디간의 최귀ᄒᆞ니 다뭇 사룸ᄲᅮ니로다 이보소 어로신네 이내 말숨 드러 보소 머리도 소리도 굿도 업슨 마리로쇠 인간애 힝득인신 나와셔 셰간 이욕만 탐챡ᄒᆞ고 훗길 닷기 모ᄅᆞᄂᆞ다 무샹은 신속ᄒᆞ고【사름이 수이 죽ᄂᆞᆫ 말이라】셰월은 수이 간다 인연션종 부모효양 봉ᄉᆞᄉᆞ쟝 츙신복덕 념불동참 블공보시 히온 밧긔 ᄯᅩ 무ᄉᆞ 일이 잇돗던고 인간애 나온 사룸 목슴을 혀여 보소 쳔년 살며 만년 살가 이십 젼의 어러닛고 오십 휘면 망녕되고 인ᄉ 아라 사ᄂᆞᆫ 거시 다믄 수십 년쑨이로쇠 슬프다 이 몸이 주것다가 다시 올가 사름 어더 딕신홀가 갑슬 주고 여흴손가 이내 몸애 즁병 드러 곤고히 아야라 우릴 저긔 피치 못홀 져 길힐쇠 又곱고 더옥 셜다 그 밧긔 또 셜운 이를 주셰히 스로리라 ᄒᆞᄅᆞ사리 ᄀᆞᆺ튼 인싱을 만년ᄀᆞᆺ치 길게 미더 셰스만 탐챡ᄒᆞ고 번노 즁애 즘겨셔 인연션종 부모효양 념불동참 불공보시 우이 너겨 불연 못 민 사름드라 명 ᄆᆞ츨 그날애 념나대왕 보내오신 인로스쟈 네다스시 ᄒᆞᆫ 손애 쇠채 들고 또 ᄒᆞᆫ 손애 한도 들고 두 문젼 가ᄅᆞ집고 어셔 나라 수이 나라 지촉ᄒᆞ거든 뉘 말이라 거스릴손고 부모동싱 쳐ᄌᆞ 노비 겻틱 ᄀᆞ득ᄒᆞ야신들 딕신 가리 뉘 이시며 금은옥빅 귀흔 음식 압픠¹⁾ ᄀᆞ득ᄒᆞ야신들 먹고 가며 가져갈가 그 아니 셜롤손가 쳔하의 머무러 인ᄂᆞᆫ 황제 왕후 후공지샹 부귀쟝쟈 승쇽남녀 거스샤당 존비귀쳔 노쇼부인 만믈즁싱 피치 못홀 져 길헤 시왕께 잡혀드러 츄열 다짐 시비쟝단 가지가지 무ᄅᆞ실제 인간애 디은 죄ᄂᆞᆫ 염나대왕 업경딕예 낫낫치 비최엿고【시왕이 명간애 쇠거을 두고 인간사름을 자바다가 무ᄅᆞ실제 일싱 지은 죄과 션과 거울에 낫타나니 게 가셔ᄂᆞᆫ ᄒᆞᆫ 말도 거즌말을 ᄒᆞ지 못ᄒᆞ다 ᄒᆞ시니라】뎨셕궁 나망즁에 낫낫치 어ᄅᆞ여시니 어듸 가 ᄒᆞᆫ 말이나 거즛 다짐 ᄒᆞ올손고 내 닙으로 스론 후에 그 뉘라셔 구제홀고 우두나찰 마두나찰【사름 자바가ᄂᆞᆫ 옥졸니라】모도 쒸여 드리ᄃᆞ라 쇠사슬 목의 걸고 쇠방마치 둘러메고 ᄉᆞ방의 둘러셔셔 디옥으로 보내실 제 일목귀왕 삼목귀왕 나와 겨셔 쳥셕쌀 메오시고 항쇄죡쇄²⁾ ᄀᆞ초시고 이리 가쟈 져리 가쟈 쇠채로 치시며 모라가니 ᄒᆞᆫ 극이나 머믈손가 너분 길 조바지고 조븐 길 어두온딕 쇼쇼이 송풍소릭예 팔만사쳔 무간디옥 쳘위셩도 노프실샤 쇠문안 드리ᄃᆞ라 목 버히며 혀 쌔며 굽거니 뽐거니 켜거니 쎅거니 가지가지로 다스리니 아야아야 우ᄂᆞᆫ 소릭ᄂᆞᆫ 오뉴월 가온대 억머구리 소릭로다 이 ᄒᆞᆫ 몸 가지고 빅쳔 가지 곳쳐 되여 대고통 슈홀 져긔 그 엇지 아니 셜올손고 목물나라 울 져긔 구리쇠 노긴 믈 머기시고 빅고파라 울 져긔 몽동쳘환 씨피시고 ᄒᆞᄅᆞ도 열두 시요 ᄒᆞᆫ 돌도 셜흔 날애 일만 번을 주기시고 일만 번을 사로시니 홀니런가 잇트리런

가 쳔만년을 디내여도 녀흴 긔약 업다 ᄒᆞ니 줌줌코 혜여 보소 엇지 아니 셜
올손고 슬포고 셜온지라 인간애 힝득인신 나오신 존비귀쳔 승쇽남녀 거ᄉᆞ샤
당 노쇼졔인 어루신네 ᄌᆞ셰히 혜여보소 풀긋틱 이슬 ᄀᆞᆺ튼 인싱을 쳔만년이
나 살가 ᄒᆞ야 셰ᄉᆞ만 탐챡ᄒᆞ고 인싱난득 불법[3]난봉은 견혀 싱각지 아니[4]ᄒᆞ
ᄂᆞ니 슬프다 디옥고상 슈ᄒᆞᆯ 저긔 그 뉘라셔 디신ᄒᆞᆯ고 권ᄒᆞ노니 졔션근 시
무시며 셰ᄉᆞ탐챡 너모 말고 념불동참 ᄒᆞ옵시소 이싱애 히온 공덕은 후싱애
슈ᄒᆞᄂᆞ니 디옥션악 보응 과보ᄂᆞᆫ 다 이룰 체 업ᄉᆞ와 대강만 술소와 젼ᄒᆞ
ᄂᆞ니이다

---

1) ㉭ 해인사본에는 '알희'로 되어 있으나 동화사본에는 '압픠'로 되어 있다. 2) ㉭ 해인사본에는 '항쇄죡쇄'로 되어 있으나 동화사본에는 '항쇄죡쇄'로 되어 있다. 3) ㉭ 해인사본에는 '불볍'으로 되어 있으나 동화사본에는 '불법'으로 되어 있다. 4) ㉭ 해인사본에는 '아나'로 되어 있으나 동화사본에는 '아니'로 되어 있다.

대불정수능엄 신주

다지타 옴 아나예 비사제 비라발샤라 도리반도 반도니 발샤라 방니반호훔 도로 옴반 사바하

大佛頂首楞嚴神呪
跢姪他。唵。阿那隸。毘舍提。鞞囉跋闍囉。陁唎槃陁。槃陁你。跋闍囉。訪尼泮虎吽。都嚧。甕泮。婆嚩賀。

대불뎡슈능엄신쥬
다지타 옴 아나예 비샤뎨 비라발샤라 도리반도 반도니 발샤라 방니반호훔 도로 옴반 스바하

대불정수능엄신주大佛頂首楞嚴神呪
다지타 옴 아나예 비사제 비라발샤라 도리반도 반도니 발샤라 방니반호훔 도로 옴반 사바하

관음보살 자재 여의륜주

나모못다야 나모달마야 나모싱가야 나무아리야 바로기다 쇠라야 보디사다야 마하 사다야 마하 가로이가야 하리다야 만다라 다야타 가가나바라디 단다마니 마하 무다례 루로루로 지따 하리다예 비사예 옴 부다나 부다니 야등

관음보살ᄌ재여의뉸쥬[1)]

나모못다야 나모달마야 나모싱가야 나무아리야 바로기다 쇠라야 보디사다야 마하 사다야 마하 가로이가야 ᄒ리다야 만ᄃ라 다야타 가가나ᄇ라디 단다마니 마하 무ᄃ례 루로루로 지따 ᄒ리다예 비사예 옴 부다나 부다니 야등

---

1) ㉮ 대한불교조계종(2004:38)의 『통일법요집』에는 제목이 「정본 관자재보살 여의륜주」로 되어 있고, 주문도 차이가 있다. 주문은 다음과 같다. "나모 못다야 나모 달마야 나모 <u>승가야</u> 나무 아리야 <u>바로기제</u> <u>사라야</u> <u>모지</u> 사다야 마하 사다야 <u>사가라</u> 마하가로 <u>니가야</u> 하리다야 만다라 <u>다냐타</u> 가가나 <u>바라지진다</u> 마니 마하무다례 루로루로 지따 하리다예 비사예 옴 부다나 부다니 야등"(밑줄은 『염불보권문』과 다른 부분임.)

발원문

또 양반, 상인, 중, 거사居士, 부인婦人, 사당舍堂 모두 제 마음이 실로 성인聖人 부처인 줄 알고, 비록 가지가지 만 가지 일을 하면서도 서방 아미타불을 잊지 말고 염하십시오. 또 아미타불만 염하기가 적다고 여기지 마십시오. 아미타불을 염하는 사람은 모두 극락에 가오리다. 또 이 책은 시주한 물건이니 혼자 보지 말고 다른 사람에게 주며 권하십시오. 또 불법 아는 데 가서 참회하고 또 불법 말씀을 들으시고, 부디 염불하여 함께 극락으로 가사이다. 나무아미타불.

발원문[1]
쏘 양반 샹인 즁 거스 부인 샤당 대도 내 ᄆᆞ음이 실노 셩인 부톄줄 알고 비록 가지가지 만 가지 이를 ᄒᆞ면셔도 셔방 아미타불을 닛지 말고 념ᄒᆞ시소 쏘 아미타블만 ᄒᆞ기 젹다 마시소 아미타블 ᄒᆞᄂᆞᆫ 사름 다 극낙의 가오리다 쏘 니 칙을 시쥬의 믈이니 혼자 보지 말고 다른 사름을 주며 권ᄒᆞ시소 쏘 불법 아ᄂᆞᆫ 듸 가셔 참회ᄒᆞ고 쏘 불법 말슴을 드르시고 부듸 념불ᄒᆞ야 ᄒᆞᆫ가지로 극낙으로 가새니다 나무아미타불

---
[1] 옙 '발원문'이라는 제목은 역자가 편의상 넣은 것임.

유전기

아! 인간의 잡다한 선업이 비록 만 가지라 하더라도 그 공덕이 염불보다 큰 것은 없도다. 왜 그러한가? 인의仁義와 효경孝敬을 행하고 불사를 건립하는 등의 갖가지 선행은 모두 유루有漏[60]의 씨앗(因)이어서 마침내는 삼계에 오르내리는 과보를 면하지 못하기 때문이다. 염불하는 공덕은 임종할 때에 곧장 서방에 왕생케 하니 모두 성불의 과보이다. 이에 불과를 이루고자 하는 이가 이를 버리고 어디로 간단 말인가? 대저 오늘날 세상의 어른이나 아이를 보건대 모두 고담책을 좋아하고 염불책을 좋아하지 않으니 그 또한 생각 없는 짓이로다. 경에 이르시기를 염불책을 베풀거나 전하거나 보거나 듣거나 하면 곧장 극락에 가서 모두 성불한다고 하였다. 하물며 재물을 써서 책으로 펴내 전하고 게다가 책장을 넘겨 보는 사람들에 있어서랴! 아, 사물의 흥성함과 황폐함이 예나 지금이나 무상하도다. 후에 선남자들이 나와 뜻을 같이하여 이어서 새기고 인쇄하여 만방에 유전하게 하면 사는 해가 무궁할 것이고 함께 극락에 돌아갈 것이니 매우 다행이라 하겠다.

적서赤鼠(丙子)년 3월 여항산餘航山에서 한량閑良 박사인朴思寅이 손을 씻고 베껴 적다.

流傳記

於戲。人間雜善。雖云萬種。功莫大乎念佛也。何則。仁義孝敬。建立佛事。乃至種種之行。皆是有漏之因。終未免三界昇沉之報。至如念佛之功。則臨死之時。直徃西方。皆成佛果也。乃以欲成佛果者。舍此而奚適

---

60 유루有漏 : 번뇌의 더러움에 물든 마음 상태, 또는 그러한 세계. 온갖 번뇌와 망상을 일으키는 마음 작용. 차별이나 분별을 일으키는 마음 작용. 누漏는 마음에서 더러움이 새어 나온다는 뜻으로 번뇌를 말함.

哉。大抵今觀世之大小人。皆好其古談之册。而不好其念佛之册。其亦不思之甚矣。經云。念佛之册。或施或傳。若見若聞。則遄投樂邦。皆以成佛也。而況用財印傳。兼可披閱者乎。吁。物之興廢。今古無常。後之善男。與我同志。嗣而刻之。印施流傳于萬方。歲之無窮。同歸極樂。幸甚。歲在赤鼠暮春。餘航山下。閑良朴思寅盥手記寫。

유젼고라

슬프다 인간 보시션스 만만ᄒ나니 념불칙을 냑간 시쥬흠만 ᄀᆺ지 못ᄒ디라 졔경에 부톄님이 닐오샤ᄃᆡ 불공보시 화쥬션스을 ᄒ면 비록 부귀는 슈ᄒ나 도로 싱ᄉ을 면치 못ᄒ거니와 념불 동참 시쥬 냑간 ᄒᆞᆫ 사ᄅᆞᆷ은 다 디옥을 면ᄒ고 셔방의 간다 ᄒ시니라 대도 념불ᄒ기 슬커나 이져셔 못ᄒ거든 니 칙 화쥬나 시쥐나 냑간 ᄒ야도 졀몋니 디옥을 면ᄒ고 바로 셔방극낙셰계 가오리다 또 다른 잡셔 녜아기칙을 보지 말고 니 념불칙을 ᄒᆞᆫ 번니나 보거나 듯거나 ᄒ면 셔방의 가오리다 시고로 다른 화쥬과 시쥬 만만히야도 니 칙 화쥬과 시쥬 냑간 공덕만 못ᄒ며 또 ᄌᆞ식기 죽거든 부ᄃᆡ 셜워 마시소 부모 몬져 죽는 ᄌᆞ식은 다 원슈 갑프러 왓다가 주그니 부ᄃᆡ 셜워 마시소 또 념불ᄒ기는 대도 남지나 녜인이나 ᄒ라 ᄒ야시ᄃᆡ 사ᄅᆞᆷ마다 졔 ᄆᆞᄋᆞᆷ미 실노 붓뎬 줄을 아지 못ᄒ고 셰간 탐심과 호ᄉ만 즐기고 후싱길 닥그물 아니ᄒ거니와 디옥 고상 슈ᄒ기 ᄀᆞ장 슈고로온 줄 아지 못ᄒ니 실노 불샹ᄒ다 고로 대도 알외ᄂᆡ다 인간 다른 보시션스을 만만 무궁ᄒ야도 니 념불칙 화쥬과 시쥬나 냑간 동참 공덕만 ᄀᆞᆺ지 못ᄒ오이다 또 니 칙을 냑간이나 바가 내야셔 후셰 사ᄅᆞᆷ의게 젼ᄒ면 그 공덕을 다 니르지 못ᄒᆞᆯ소다 또 부모 ᄌᆞ식기나 주글 쌔예 슬퍼 말고 모다 념불 나무아미타불 ᄒ다가 주근 후에 곡셩을 ᄒ시소 또 ᄌᆞ식기나 죽써든 셜워 말고 슬퍼 마시소 경에 닐오ᄃᆡ 부모 몬져 죽는 ᄌᆞ식은 다 원슈 가프러 온 ᄌᆞ식기라 ᄒ시니 부ᄃᆡ 슬퍼 마소 또 니내 몸 주근 후면 셰간사 다 거즛 거시니 어셔 이 념불 동참 인년ᄒ야 ᄒᆞᆫ가지로 셔방극낙

세계로 가옵새다 극권ᄒᆞᄂᆡ다

유전기流傳記라

슬프다! 세상에 보시 선사善事를 많이 하는 것이 염불책을 약간 시주함만 같지 못한지라. 여러 경에 부처님이 이르시되, "불공 보시, 화주 선행을 하면 비록 부귀는 받으나 도로 생사를 면치 못하거니와 염불 동참하여 시주를 약간 한 사람은 다 지옥을 면하고 서방에 간다." 하시니라. 대체로 염불하기가 싫거나 잊어서 못하거든 이 책으로 화주나 시주를 약간 하여도 분명히 지옥을 면하고 바로 서방 극락세계에 가오리다. 또 다른 잡서나 옛이야기책을 보지 말고 이 염불책을 한 번이나 보거나 듣거나 하면 서방에 가오리다. 이런 까닭으로 다른 화주와 시주를 많이 하여도 이 책의 화주와 시주를 약간 공덕을 쌓는 것만 같지 못하며 또 자식이 죽거든 부디 서러워하지 마십시오. 부모보다 먼저 죽는 자식은 다 원수 갚으러 왔다가 죽은 것이니 부디 서러워 마시오. 또 염불하기는 대체로 남자나 여인이나 모두 하라고 하였으되 사람마다 제(자기의) 마음이 실로 부처인 줄을 알지 못하고 세간의 탐심과 호사만 즐기고 후생 길 닦기를 아니하거니와 지옥 고생을 받기가 가장 고통스러운 줄 알지 못하니 실로 불쌍하다. 그러므로 모두에게 아뢰나이다. 인간 세상에서 다른 보시 선사를 많이많이 끝없이 하여도 이 염불책으로 화주와 시주를 약간 동참 공덕하는 것만 같지 못합니다. 또 이 책을 약간이나마 박아내어서 후세 사람에게 전하면 그 공덕을 다 이르지 못할 것이로다. 또 부모나 자식이나 죽을 때에 슬퍼하지 말고 모두 나무아미타불을 염하다가 죽은 후에 곡성哭聲을 하십시오. 또 자식이 죽거든 서러워하지 말고, 슬퍼 마십시오. 경에 이르되, "부모보다 먼저 죽는 자식은 다 원수 갚으러 온 자식이라." 하시니, 부디 슬퍼 마시오. 또 이내 몸이 죽은 후면 세간사가 다 거짓된 것이니, 어서 이 염불에 동참 인연을 맺어 함께 서방 극락세계로 가십시다. 지극히 권하나이다.

Ⅳ. 부록

임종정념결

선도 화상善導和尙의 『임종정념결臨終正念訣』에 다음과 같이 말하였다.

지귀자知歸子가 정업 화상淨業和尙에게 여쭈었다.

"세상에서 중대한 것은 생사보다 더한 것은 없으니, 한 호흡이 돌아오지 않으면 후생後生에 속하게 되고, 한 생각이 어긋나면 곧 윤회에 떨어집니다. 소자가 가르침을 여러 번 받아 염불 왕생하는 법의 이치는 밝게 알고 있습니다. 그러나 병이 들어 죽을 때가 되면 마음(心識)이 산란해지고 가족들이 혹 정념正念[61]을 움직여 정토의 씨앗(淨因)을 잃어버릴까 두렵습니다. 바라건대 돌아가는 길의 방편을 거듭 보이셔서 (윤회의 늪에) 빠지는 고통에서 벗어나도록 해 주십시오."

대사가 말하였다.

"기특하도다. 매우 중요한 질문이로다. 무릇 사람이 임종할 때 정토에 왕생하고자 하거든 먼저 준비를 해야 죽음을 두려워하고 생을 탐착하지 않게 된다. 항상 스스로 생각하기를, '내 현재의 몸이 많은 고통 속에 있는 것은 부정不淨한 악업이 갖가지로 얽어매고 있기 때문이다.'라고 하라. 이 더러운 몸을 버리고 정토에 왕생하여 무량한 쾌락을 받고 부처님 뵙고 불법을 들으며 괴로움을 벗어나 해탈하면 곧 뜻에 맞는 일이 될 것이니, 마치 냄새나고 해진 옷을 벗고 보배로운 옷을 입는 것과 같다. 몸과 마음을 내려놓아 탐심과 집착을 일어나지 않게 하고, 병환이 있을 때는 경중

---

61 정념正念 : 팔정도八正道의 하나. 바른 명심. 신체는 깨끗하지 못하며, 느낌이나 감정은 괴로움이며, 마음은 항상 변하며, 모든 현상에는 불변하는 실체가 없다는 것을 항상 명심하여 잊어버리지 않음.

을 가리지 말고 문득 무상을 생각하여 일심으로 죽음을 기다려야 한다. 반드시 집안사람이나 간병인이나 왕래하며 문안 오는 사람들에게 당부하되, '내 앞에 와서는 나를 위해 염불만 하고 눈앞의 한가롭고 잡스런 일과 집안의 크고 작은 일은 말하지 말라.'고 하라. 또 부드러운 말로 위로하거나 안락하기를 축원하는 말도 하지 말 것이니 이것들은 헛되고 내실 없으며 재앙이 미치는 말이기 때문이다. 병이 위중해져 목숨이 오래가지 못할 때에는 가족에게 직접 당부하기를, '내 앞에 와서 눈물을 흘리며 곡을 하지 말라. 괴로워 탄식하는 소리를 내면 혹 마음을 혼란케 하고 정념을 잃게 하니, 다만 아미타불을 기억하여 동시에 큰 소리로 나를 위해 염불하면서 목숨이 다하는 것을 지키도록 하라. 숨이 다 끊어지면 그때는 슬퍼하며 울어도 된다.'고 하라. 혹 정토를 잘 아는 사람이 있으면 자주 와서 그 이치가 가장 좋은 것임을 재촉하고 권면하도록 하라. 이와 같이 하면 천만 번 왕생하더라도 반드시 의심이 없을 것이다. 이것이 곧 확실하고 중요하고 급한 요지이니 마땅히 믿고 행하라."

"의원을 찾아 약을 복용하는 것은 마땅히 하지 말아야 합니까?"

"이것은 다만 마음을 쓰는 것을 논할 따름이다. 약을 먹어 치료하는 것은 스스로 구하는 것을 막지 않는다. 그러나 약은 다만 병을 고칠 따름이지 어찌 목숨을 치료할 수 있겠는가? 목숨이 다하면 약이 무슨 소용이겠는가?"

"귀신과 화복을 기도하여 구하는 것은 어떠합니까?"

"사람 목숨의 장단과 나고 죽음은 이미 정해져 있는데, 어찌 귀신의 힘을 빌려 목숨을 늘리려 하는가? 세상 사람들이 미혹하여 도리어 다시 구하는구나. 중생을 희생하여 귀신에게 제사하는 것은 다만 죄업을 더하고 원수를 배로 맺게 하여 도리어 수명을 더는 것일 뿐이다. 대명大命이 다하는데 작은 귀신(小鬼)이 어찌할 것인가? 공연히 스스로 두려워하고 당황하기만 할 뿐 반드시 구제받지 못할 것이니 크게 삼가도록 하라. 마땅히 이 글을 집안 음식 먹는 곳이나 왕래하는 길목에 안치해 놓고 때때로 보고 항상 마음에 기억하게 하여 임종을 당하여 잊어버리는 일이 없도록 하라."

"평생에 한 번도 염불을 하지 않은 사람도 염불하여 왕생할 수 있습니까?"

"이 법은 승인僧人이나 속인이나 염불하지 않은 사람도 염불하여 모두 왕생할 수 있으니 결코 의심하지 말라."

나는 세상 사람들이 평상시에 염불 예배하고 왕생 발원하다가 병환에 들어 임종할 때가 되면 단지 죽음을 두려워하여 (앞서 한) 말을 전혀 돌아보지 않는 것을 많이 보았다. 이는 곧 형체가 소멸하고 숨이 끊어져 혼이 명계冥界에 던져지기를 기다려, 비로소 십념十念을 시작하는 것이다. 비유하자면 도적이 떠난 후 문을 닫는 것과 같으니 무슨 일로 구제하겠는가? 하물며 죽음에 관한 일은 사안이 크므로 반드시 스스로 편의를 갖추어야 할 것이다. 일념이 어긋나면 만겁토록 고통을 받으니 누가 대신하겠는가? 생각하고 생각하라.

臨終正念訣[1]

善導和尙臨終正念訣云。知歸子致問於淨業和尙曰。世之大者。莫越生死。一息不來。乃屬後世。一念若錯。便墮輪廻。小子累蒙開誨念佛徃生之法。其理雖明。又恐病來死至之時。心識散亂。仍慮家人。或動正念。忘失淨因。伏望重示歸徑之方。俾脫沉淪之苦。師曰。奇哉。斯問之要也。凡人臨命終時。欲得徃生淨土者。須先準備。不得怕死貪生。常自思念。我現在之身。多有衆苦。不淨惡業。種種交纏。若得捨此穢身。卽得徃生淨土。受無量快樂。見佛聞法。離苦解脫。乃是稱意之事。如脫臭獘之衣。得着珍御之服。放下身心。莫生貪着。纔有病患。莫論輕重。便念無常。一心待死。須囑家人。看病人。徃來揖問人。凡來我前。但爲我念佛。不得說眼前閑雜之事。家緣長短之事。亦不須頓²⁾語安慰。呪願安樂之詞。此是虛華不實㚷及之語。及至病重。命將不久之時。家人親囑。不得來前。垂淚泣哭。發嗟嘆懊惱之聲。或亂心神。失其正念。但敎記取阿彌陁佛。一時高聲。爲我念佛。守令氣絶。待氣盡了。方可哀哭。或有明解淨土之人。頻來策勵。其理最佳。若如此者。千萬徃生。必無疑也。此是端的要急之旨。當信而行之。問求醫服藥。應不用也。答此但論用心耳。服藥醫療。不妨自求。然藥只能醫病。豈能醫命耶。命若垂盡。藥豈奈何。問神祇禍福。求禱如何。答人命長短生下已乏。何假鬼神延之耶。世人迷惑。反更求耶。殺害衆生。祭祀鬼神。但增罪業。倍結冤讐。反損壽矣。大命若盡。小鬼奈何。空自愴惶。必無所濟。切宜謹之。當以此文帖。安堂前飮食之處。及徃來要路之間。令時時見之。常記於心。免見臨危忘失。問平生不曾念佛者。還用得否。答此法。僧人俗人不念佛人。用之。皆得徃生。決無疑矣。余多見世人於平時。念佛禮拜。發願徃生。及到病患臨終。但只怕死。都不見言。此事直待形消氣絶。識投冥界。方始十念。譬³⁾如賊去關門。濟何事耶。而況死門事大。須自着便宜。一念蹉跎。歷刼受苦。誰人相代。思之思之。

1) ㉖ 갑본에는 제목이 없다. 2) ㉖ 갑본에 '頓'은 '軟'으로 되어 있다. 3) ㉖ 갑본에 '譬'는 '此'로 되어 있다.

임종정념결¹⁾

션도화샹의 님종졍념결의 니로ᄃᆡ 지귀지 졍업화샹게 무러 ᄀᆞ로ᄃᆡ 셰샹의 큰 거시 싱ᄉᆞ의 디내미 업스니 ᄒᆞᆫ 숨이 오지 못ᄒᆞ야 이예 후싱이 되미니 ᄒᆞᆫ 념아 만일 그르면 문득 뉸회예 ᄯ러딜 ᄶᅥ시니 쇼지 ᄌᆞ로 ᄀᆞᆯ침을 닙ᄉᆞ와 념불ᄒᆞ야 극낙왕싱ᄒᆞᆯ 법은 비록 불켜ᄉᆞ오나 ᄯᅩᄒᆞᆫ 병드러 주글 ᄶᅢ예 ᄆᆞᄉᆞ미 살난ᄒᆞ미 저프며 ᄯᅩ 집안 사름이 나의 졍념을 어즈려 념불을 일흘가 ᄉᆞ렴ᄒᆞ옵ᄂᆞ니 굿브러 ᄇᆞ래ᄂᆞ니 다시 도라갈 법을 보이샤 싱ᄉᆞ애 팀눈지고를 벗게 ᄒᆞ쇼셔 화샹이 ᄃᆡ답ᄒᆞ야 ᄀᆞ로ᄃᆡ 긔특ᄒᆞ다 너의 무룸이 종요롭다 대개 사름이 주글 째에 졍토에 가고져 홀딘댄 브딕 몬져 압길흘 슬피딕 주검을 저허 말며 살기를 탐티 말고 스스로 싱각호딕 이 몸이 괴롭기는 모딘 악업이 얼미인 타시니 만일 이 더러온 몸을 브리고 졍토의 왕싱호야 블을 뵈ᄋᆞ와 법을 듯줍고 고를 여희고 무량쾌락을 슈호미 이거시 뜻에 마즌 이리니 내 니는 더러온 오슬 버서 브리고 보뵈옛 오슬 어더 니브미 굿흐니라 믄득 이 몸이 덧덧디 아니호믈 념호야 일심으로 죽기를 기드리며 또 집안 사름과 병 디쇠여 보는 사름과 왕릭호야 믄는 사름을 유촉호야 니로딕 내호딕 오ᄂᆞ니는 오직 날 위호야 념불을 호고 다른 집안 여러 가짓 분별슬란 니르디 말라 호며 또 병 됴호며 오래 살 말을란 브딕 니르디 말라 이는 쇽졀업슨 앙해 미츨 말이라 또 집안 사름 드려 다시 니로딕 명이 죵홀 째예 눈믈 흘리며 슬피 우는 소릭호야 나의 졍념믈 일케 말고 다믄 날을 ᄀᆞᄅᆞ치딕 아미타불을 싱각호라 호고 일시예 고셩으로 념불을 호며 부딕 딕킈여 명죵케 호며 명죵호야 오래거사 곡을 호라 만일 이ᄀᆞ티 호면 사름마다 왕싱호미 반드시 의심 업스리라 이 말이사 덕실호며 죵요로오미 급졀흔 말이니 맛당히 신호야 힝흘찌니라 또 이 말을 긔록호야 밥 먹는 곳과 왕릭호야 주로 보는 곳예 브텨두고 시시예 보와 샹녜 ᄆᆞᄉᆞ매 싱각호야 명죵시예 당호야 닛디 말올찌니라 이 법은 승인 쇽인이 일싱 념불 아니호던 사름이라도 다 왕싱호미 결뎡호니라 또 의약을 구호야 쓰미 엇더호닛고 딕답호노니 이는 오직 님죵에 용심호기를 의논홀 ᄯᆞ름이라 의약은 오직 병을 곳티미 언뎡 엇디 능히 명을 길게 호리오 명이 만일 죵홀 째면 의약인들 엇디호리오 또 귀신께 비러 화복을 구호미 엇더호닛고 답호노니 인명 댱단은 초싱시에 임의 뎡호야 잇는디라 대명이 다호면 죠고맛 귀신이 엇디 길게 호리오 아무리 쳔만가지로 비러도 쇽졀 업스며 또 여러 명을 살해호는디라 무흔 죄업이 태즁호고 원슈를 결호는디라 도로혀 깃 목숨을 즈러 죽게 홀 ᄯᆞ름이니라 또 셰샹 사름이 평시예는 혹 념불호며 녜비호며 발원왕싱호다가 병환 님죵호야는 오직 죽기를 저퍼호ᄋᆞ로 우희 니른 말을란 싱각디 아니

ᄒᆞ고 바로 명종ᄒᆞ야 혼식이 명계에 도라간 연후에사 비로소 십성 념블이나 흔들 엇디ᄒᆞ리오 비컨대 도적 나간 후에사 믄을 다ᄃᆞᆫ들 엇디ᄒᆞ리오 셰샹에 죽ᄂᆞᆫ 이리 크고 크매 브듸 ᄌᆞ갸 편의을 ᄎᆞᆯᄊᆞ니라 명종시에 일념이 그릇 티면 억만겁을 슈고ᄒᆞ리니 그때에 어ᄂᆞ 사ᄅᆞᆷ이 듸들리오 부듸 부듸 싱각 홀ᄊᆞ니라

1) ㉰ 원래 제목이 없던 것을 역자가 보충해 기입하였다.

임종정념결

선도 화상善導和尙의 『임종정념결臨終正念訣』에 이르되, 지귀자知歸子가 정업 화상淨業和尙께 물어 가로되, 세상의 큰 것이 생사生死보다 더한 것이 없으니, 한 숨이 오지 못하여 이내 후생後生이 되는 것이니 한 생각이 만일 잘못되면 문득 윤회에 떨어질 것이니 소자小子가 자주 가르침을 입사와 염불하여 극락왕생을 하는 법은 비록 밝혔사오나 또한 병들어 죽을 때에 마음이 산란하지 않을까 두려우며, 또 집안사람이 나의 정념을 어지럽혀 염불을 잃지 않을까 생각되옵니다. 엎드려 바라노니 다시 돌아가는 법을 보이시어 생사의 침륜지고沉淪之苦[62]를 벗게 하소서.

화상이 대답하여 가로되, 기특하구나. 너의 물음이 중요하도다. 대개 사람이 죽을 때에 정토에 가고자 할 것 같으면 부디 먼저 앞길을 살피되 죽음을 두려워하지 말며 살기를 탐하지 말고 스스로 생각하되 이 몸이 괴로운 것은 모진 악업이 얽매인 탓이니 만일 이 더러운 몸을 버리고 정토에 왕생하여 부처를 뵈옵고 법을 듣고 고통스러움을 여의고 헤아릴 수 없이 많은 쾌락을 받는 것 이것이 뜻에 맞는 일이니, 냄새나는 더러운 옷을 벗어 버리고 보배로 된 옷을 얻어 입음과 같은지라. 문득 이 몸이 무상한 것을 염하여

---

62 침륜지고沉淪之苦 : 물속에 가라앉음. 혹은 재산이나 권세가 없어지고 보잘것없이 되는 고통. 여기서는 생사의 윤회 그 진흙 구덩이 속에 푹 빠져 고통받는 것을 의미한다.

일심으로 죽기만을 기다리며 또 집안사람과 병을 지켜보는 사람과 왕래하여 묻는 사람에게 부탁하여 이르되, 나한테 오는 이는 다만 나를 위하여 염불을 하고 다른 집안의 여러 가지 분별할 일일랑 이르지 말라 하며, 또 병이 나으며 오래 살라는 말은 부디 이르지 말라. 이는 속절없는 앙화殃禍가 미칠 말이다. 또 집안사람에게 다시 이르되 임종할 때에 눈물을 흘리며 슬피 우는 소리를 하여 나의 정념正念을 잃게 하지 말고, 다만 나에게 가르치되 아미타불을 생각하라 하고 일시에 큰소리로 염불을 하며 부디 명命이 다할 때까지 지켜보며 명이 다한 오랜 뒤에야 곡을 하라. 만일 이같이 하면 사람마다 왕생함이 반드시 의심이 없어지리라. 이 말이야말로 실제에 맞으며 긴요함이 급하고 절실한 말이니 마땅히 믿어 행해야 할 것이니라. 또 이 말을 기록하여 밥 먹는 곳과 왕래하여 자주 보는 곳에 붙여 두고 때때로 보아 항상 마음으로 생각하여 임종에 당하여 잊지 말아야 할 것이니라. 이 법은 중과 속인이 일생 동안 염불을 아니하던 사람이라도 모두 왕생하는 것이 분명하니라.

또 의약을 구하여 씀이 어떠합니까?

대답하노니, 이는 오직 임종 시에 마음 쓰는 것을 의논할 따름이다. 의약은 오직 병을 고칠지언정 어찌 능히 목숨을 길게 하겠는가. 만일 명이 다할 때라면 의약인들 어찌하겠는가.

또 귀신께 빌어 화를 물리치고 복을 구하는 것은 어떻습니까?

답하노니, 인명의 장단長短은 처음 날 때 이미 정해져 있는 것이다. 대명大命이 다하면 조그마한 귀신이 어찌 길게 하겠는가. 아무리 천만 가지로 빌어도 속절없으며 또 여러 명을 살해하는지라. 무한한 죄업이 심히 크며 원수를 맺는지라. 도리어 긴 목숨을 빨리 죽게 할 따름이니라.

또 세상 사람이 평상시에는 혹 염불하며 예배하며 왕생하기를 발원하다가 병환이 나거나 임종할 때에는 오직 죽기를 두려워하므로 위에서 이른 말은 생각지 않고 바로 목숨이 끊어져 혼식魂識이 명계冥界(저승)에 돌아간 연

후에서야 비로소 소리 내어 열 번 염불을 한들 어찌하리오. 비유컨대, 도적이 나간 후에야 문을 닫은들 무엇하리오. 세상에 죽는 일이 크고 크므로 부디 자기의 편의便宜를 찾아야 할 것이니라. 명종命終 시에 한 생각이 그릇되면 억만겁 동안 고통을 받을 것이니 그 때에 어느 사람이 대신하리오. 부디 부디 생각해야 할 것이니라.

부모효양문

장로산長蘆山 종색 선사宗賾禪師[63]가 효를 권하는 글 백이십 편을 지었다. 앞의 일백 편은 좋은 음식으로 효양孝養하는 것을 말하니 세간의 효도이고, 뒤의 이십 편은 부모에게 정토를 닦는 것을 권하니 출세간의 효도이다. 세간의 효는 일세一世에 그치는 것이나 출세간의 효는 때가 다함이 없고 능히 부모님을 정토에 나게 하니 막대한 공덕을 지닌 효이다. 부모님이 지금 계시지만 이로써 권면하지 않으면 훗날 다만 애달파하고 두터운 예로 한들 또한 무슨 이익이 있을까? 『관경觀經』[64]에서 전후에 걸쳐 두 번이나 부모님 효양하는 것으로 정업淨業을 삼은 것은 바로 이 뜻에서다.

또 말하기를, 부모님이 염불을 믿고 아는 것은 연꽃 씨앗을 심는 때요, 일심으로 염불하는 것은 연꽃이 물에서 피어오를 때요, 염불의 공이 이루어지는 것은 꽃이 피고 부처님을 뵙는 때라 하였다. 효자는 그 왕생할 때를 잘 살펴야 하리니, 부모님 평생에 쌓은 모든 선업을 모아 하나의 발원문(疏)을 만들어 때때로 읽어 환희심을 내게 하라. 또 부모님을 서쪽으로 앉거나 눕게 해서 정토를 잊지 않게 하라. 미타상을 세우고 향을 사르고 경쇠를 울리며 염불이 끊어지지 않게 하라. 임종할 때 다시 마음을 써 슬피 울어 정념을 잃지 않게 하라. 부모님이 정토에 나서 여러 쾌락을 받을 것이니 어찌 아름답지 않겠는가? 평생의 효양이 바로 이때에 달려 있다. 효자와 손자들에게 말을 하나니, 이 일을 잊지 말지니라.

父母孝養文[1)]
長蘆頤[2)]禪師。作勸孝文一百二十篇。前百篇。言孝養甘旨。爲世間之孝。

---

63 종색 선사宗賾禪師 : 북송 때의 승려. 장로長蘆 종복선원宗福禪院에 주석하던 응부 광조應夫廣照의 뒤를 이음.
64 『관경觀經』: 『십육관경十六觀經』,『관무량수경』을 말함.

後二十篇。勸父母。修淨土。爲出世之孝。世間之孝。一世而止。出世之
孝。無時而盡。能使父母。生淨土。莫大之孝也。父母現在。而不以此勸
勉。他日徒爾傷心。徒爲厚禮。亦何益哉。觀經前後兩說。孝養父母。爲淨
業。卽此意也。又曰。父母。信知念佛。蓮花種植時也。一心念佛。蓮花出
水時也。念佛功成。花開見佛時也。孝子晉其徃生時。至預以父母平生衆
善。聚爲一䟽。時時讀之。令生歡喜。又請父母坐臥向西。而不忘淨土。設
彌陁像。燃香鳴磬。念佛不絶。捨報之時。更須用意。無以哀哭。失其正
念。父母得生淨土。受諸快樂。豈不嘉哉。平生孝養。正在此時。寄語孝子
順孫。無忘此事。

1) ㉡ 갑본에는「父母孝養文」과 〈회심가고〉 두 편이 없다. 2) ㉡ '頤'는 '䣍'인 듯하다.

부모효양문[1]

댱노산 종직션시 효양믄을 일빅이십편을 작ᄒᆞ니 빅편은 효양감지을 니르
시니 세간지효되오 이십편은 부모의 념불을 권ᄒᆞ시니 츌셰간 효되라 셰간
효는 금싱ᄯᆞ롬이오 출세간효는 무량세에 능히 부모로 ᄒᆞ여곰 극낙졍토에
나게 ᄒᆞ니 이만 큰 효 업스니라 부모 현지시예 츠ᄉᆞ로 권티 아니ᄒᆞ고 ᄉᆞ후
에 ᄒᆞᆫ갓 셜워ᄒᆞ며 ᄒᆞᆫ갓 졔ᄉᆞ를 엄히 ᄒᆞᆫ들 므슴 니익이 이시리요 십뉵관경
견후냥셜에 효양 부모로 졍업을 삼ᄋᆞ시니 곳 이 ᄯᅳᆺ이니라 ᄯᅩ ᄀᆞ로ᄃᆡ 부모
념불ᄒᆞ실 줄노 신ᄒᆞ야 아로ᄆᆞᆫ 년화를 심그는 ᄯᅢ오 일심으로 념불홈은 년화
믈에서 날 ᄯᅢ오 념불공을 일우ᄆᆞᆫ 년화 피여 부텨를 보ᄉᆞ올 ᄯᅢ니라 이럴ᄲᅥ
효ᄌᆞ는 그 왕싱홀 ᄯᅢ를 슬퍼미라 부모의 평싱에 지은 밧 션근으로 ᄒᆞᆫ 소홀
딍 ᄀᆞ라 시시예 독송ᄒᆞ야 환희심을 내게 ᄒᆞ고 ᄯᅩ 쳥호ᄃᆡ 부모를 좌와에 셔
로 향ᄒᆞ야 졍토를 닛디 말게 ᄒᆞ며 미타샹팅이나 혹 위목을 셔편으로 모시
고 향 픠오고 경쇠 티며 념불을 그치디 아니ᄒᆞ야 몸을 ᄇᆞ릴 ᄯᅢ예 다시 ᄀᆞ장
용심ᄒᆞ야 이곡지셩으로 졍념을 일케 말띠니라 부뫼 졍토에 나셔 무량쾌락
을 슈케 홈이 엇디 지극지대ᄒᆞᆫ 효도 아니리오 평싱효양이 졍히 이째예 이

시니 효ᄌᆞ슌손쎄 말을 브티ᄂᆞ니 이 이를 닛디 말올찌니라

1) ㉮ 원래 제목이 없던 것을 역자가 보충해 기입하였다.

부모효양문

장로산 종색 선사가 효양문孝養文 일백이십 편을 지으니, 백 편은 효양감지孝養甘旨에 대해 이르시니 세간世間의 효도이고, 이십 편은 부모에게 염불을 권하시는 것이니 출세간出世間의 효도이다. 세간의 효는 금생뿐이고 출세간 효는 무량세無量世에 능히 부모로 하여금 극락정토에 태어나게 하니 이만큼 큰 효도가 없느니라. 부모가 살아 계실 때에 이것으로 권하지 아니하고 사후에 한갓 서러워하며 제사를 엄숙히 한들 무슨 이익이 있겠는가. 『십육관경十六觀經』 전후 양설에 부모 효양으로 정업淨業을 삼으시니 곧 이 뜻이니라.

또 가로되, 부모가 염불을 하실 줄로 믿어 아는 것은 연화를 심는 때이고 일심으로 염불함은 연화가 물에서 나오는 때이고, 염불의 공을 이룸은 연화가 피어 부처를 보는 때이니라. 그러므로 효자는 그 왕생할 때를 살피는 것이다. 부모의 평생에 지은 바 선근으로써 한 소疏를 만들어 때때로 독송하여 환희심을 내게 하고 또 청하되 부모에게 앉거나 누우매 서쪽으로 향하게 하여 정토를 잊지 말게 하며 미타불상과 그림이나 위패를 서편으로 모시고 향을 피우고 경쇠를 치며 염불을 그치지 않고 명을 마칠 때에 다시 아주 마음을 써서 슬픈 곡성으로 (부모의) 정념을 잃게 하지 말아야 할 것이니라. 부모가 정토에 나서 무량한 쾌락을 받게 함이 어찌 지극하고 지대한 효도가 아니겠는가. 평생의 효양이 정히 이때에 있으니 효자순손孝子順孫들에게 말을 하나니, 이 일을 잊지 말지니라.

회심가고

하늘과 땅 나뉜 후에 삼라만상 일어나니
유정무정有情無情[65] 생긴 모습 타고난 참모습 절묘하되
범부凡夫 다시 성인 됨은 오직 사람 최귀最貴하다.
요순우탕堯舜禹湯 문무주공文武周公[66] 삼강오륜 팔조목[67]을
태평성대 장식하니 비단 위에 꽃 같도다.
동서남북 가는 곳마다 형제같이 화합하니
천하태평 가감 없어 거의가 극락세계
어화 어화 황공惶恐하다[68] 우리 민심 황공하다.
태고천지 내려오고 요순의 일월日月 밝았으되[69]
야속하구나 말세의 풍속, 충효와 신행 다 버리고
애욕의 그물에 깊이 들어 형제 투쟁 끝없으니
가련하다 백발부모 의지할 곳 전혀 없어
문밖에서 바장이며[70] 흘리는 게 눈물이로구나.
골육상잔 저러하니 촌외인寸外人을 의논할까.[71]

---

65 유정무정有情無情 : 마음을 가진 살아 있는 중생과 마음을 가지지 않은 생명이 없는 중생.
66 요순우탕堯舜禹湯 문무주공文武周公 : 고대 중국의 이상적인 통치자들로서, 요임금·순임금·하나라의 우임금·은나라의 탕왕, 주나라의 문왕·무왕·주공 등을 말함.
67 삼강오륜 팔조목 : 삼강三綱과 오륜五倫을 합한 3가지 항목.
68 황공惶恐하다 : 위엄이나 지위 따위에 눌리어 두렵다.
69 태고천지 내려오고~일월日月 밝았으되 : 태곳적 천지天地가 지금까지 그대로 내려오고, 요순시대의 일월이 지금도 밝았으되.
70 바장이다 : ① 부질없이 짧은 거리를 오락가락 거닐다. ② 마음에 걸리는 것이 있어서 머뭇머뭇하다.
71 골육상잔 저러하니 촌외인寸外人을 의논할까 : 골육상잔骨肉相殘(형제간의 다툼)을 저렇게 하니 촌외인(10촌이 넘는 먼 친척 밖의 사람)이야 말할 것이 뭐 있으랴.

인심이 대변大變하니 천신이 발노發怒하여[72]
대호악귀大虎惡鬼 몰아내어 비명횡사 수없으며[73]
가뭄과 풍해 자주 들어 많은 인가가 기곤飢困[74]하니
김가 박가 사람마다 부모처자 나뉘어져
농상천변壟上川邊[75] 남의 땅에 여기저기 굶어 죽으니
참혹하다 주검이여, 조객弔客은 다만 까마귀뿐
우천재앙雨天災殃[76] 저러하니 불순인도不順人道[77] 살피소서.
천고청비天鼓聽卑[78] 자주 깨쳐 자기 촌심寸心을 바로 지녀
한편으로 염불하고 한편으로 충효하소.
하늘이 감응하면 요순堯舜 태평시절 아니 볼까.
불법은 어디 일정하며 요순은 어디 때 있을까.
염불하면 불법이요 충효하면 요순이니
충효 가져 몸 세우고 염불 가져 극락 가세.
아미타불 태자 때에 염불 법문 곧이듣고
발원하여 이르시되 내가 먼저 염불하여
극락국토로 가신 후에 남녀노소 귀천 없이
아미타불 외워 가면 악취惡趣[79] 중에 아니 가고

---

[72] 인심이 대변大變하니 천신이 발노發怒하여 : 사람의 마음이 크게 변하니 천신天神이 발노(성을 냄)하여.
[73] 대호악귀大虎惡鬼 몰아내어 비명횡사 수없으며 : 천신이 큰 호랑이와 악귀를 몰아서 인간 세계로 나가게 해 비명횡사하는 사람이 수없이 많으며.
[74] 기곤飢困 : 굶주리어 고달픔.
[75] 농상천변壟上川邊 : '농상'은 밭 근처, '천변'은 시냇가. 곧 밭 근처와 시냇가.
[76] 우천재앙雨天災殃 : 비가 많이 내려 뜻하지 않게 생긴 불행한 변고.
[77] 불순인도不順人道 : 순조롭지 않은 사바세계. 또는 '불순인不順人도'라고 볼 수도 있다.
[78] 천고청비天鼓聽卑 : 도리천 선법당에 있다는 큰 북인 천고天鼓를 낮은 자리에서 겸손하게 들음.
[79] 악취惡趣 : 악한 업인業因에 대한 과보로서 태어나는 곳. 육도六道 중에서 흔히 삼악도로 꼽히는 지옥계地獄界·아귀계餓鬼界·축생계畜生界가 이에 해당하며, 아수라계阿修

극락으로 바로 갈 줄 사십팔원四十八願[80] 세웠으니
세망世網[81]에 걸린 사람을 불국토로 인도하니
비감한 마음 일으키어 부처를 즐겨 염불하소.
현세 태평 후세 극락 만고복덕 구할진대[82]
금구소설金口所說 무상법無上法[83]을 지성으로 받드소서.
석가여래 출가 시에 유리전琉璃殿 위 칠보궁七寶宮에
황개청개黃蓋靑蓋[84] 받치시고 삼천궁녀 호위하니
천상과 인간 아무 데도 저런 복덕 없사오되[85]
헌 신같이 버리시고 만첩청산에 혼자 들어가
육년고행 염불하여 극락으로 돌아가니
세간영화 무상無常하고 불법진락佛法眞樂 없을진대[86]
높은 지위 버리시고 설산雪山 고행 저리 할까.
출격진인出格眞人[87] 되려 하면 염불 일성一聲 최귀最貴하니
설산대사雪山大師 행한 일 보고 출롱학出籠鶴이 어서 되소.[88]

羅界까지 포함시키기도 함.
80 사십팔원四十八願 : 아미타불이 성불하기 전 법장法藏 비구였을 때, 세자재왕불世自在王佛에게 서원했던 48가지의 본원本願.
81 세망世網 : 세상의 그물. 세상의 번거로운 근심을, 물고기나 새 따위가 그물에 걸림에 비유하여 이름.
82 현세 태평~만고복덕 구할진대 : 현세에는 태평세월, 후세에는 극락세계, 만고의 복덕을 구할진대.
83 금구소설金口所說 무상법無上法 : 부처님이 설법하신 으뜸가는 가르침.
84 황개청개黃蓋靑蓋 : 노란색 덮개와 푸른색 덮개. 즉 노란색과 푸른색 비단으로 양산처럼 만든 의장儀仗.
85 천상과 인간~복덕 없사오되 : 천상 세계와 인간 세계 그 어느 곳에서도 저와 같이 타고난 복과 덕이 없었는데.
86 세간영화 무상無常하고 불법진락佛法眞樂 없을진대 : 인간 세상의 영화로움은 덧없고 불법의 참다운 즐거움이 없으므로.
87 출격진인出格眞人 : 모든 격식과 구속에서 벗어나 도를 깨쳐 깊은 진리를 깨달은 사람.
88 설산대사雪山大師 행한~어서 되소 : 설산대사(석가모니불)가 행한 일을 보고, 새장 안에서 벗어난 학처럼 어서 깨달은 사람이 되시오.

세상 탐욕 못 버리면 삼악도三惡道에 떨어지고[89]
물외사物外事[90]를 따른다면 극락세계로 간다 하니
자주자주 염불하여 불국토로 어서 가세.
부모께 효심 전혀 없고 염불 한 번 아니하며
무상복덕無上福德 바라보며 장수코자 기다리니
둥둥 치면 다 굿인가 앉은뱅이가 어찌 갈까.
신심信心 없이 되어 나며 공덕 없이 얻는다면
신광 선사神光禪師가 팔을 베고[91] 선재동자가 불에 들까.[92]
염불 비방한 죄를 보소 우마사신牛馬蛇身 저 아닌가.[93]
선행 닦은 공덕을 보소 국왕 대신이 저 아닌가.
팔만대장경에 이른 말씀 백천 논소論疏[94] 새긴 말씀
금한 것이 탐욕이요 권한 것이 염불이니
이리 귀한 사람인데 저리 좋은 진묘법眞妙法[95]을

---

89 세상 탐욕~삼악도三惡道에 떨어지고 : 세상에 대한 탐욕을 못 버리면 죄악의 결과로 삼악도(지옥·아귀·축생)에 떨어지고.

90 물외사物外事 : 구체적인 현실 세계 밖의 일. 물욕物慾(재물을 탐내는 마음) 밖의 일.

91 신광 선사神光禪師가 팔을 베고 : 후에 선종의 제2조가 된 혜가慧可의 설중단비雪中斷臂의 고사로서, 낙양 사람 신광神光이 면벽수행 중인 달마達磨 선사께 법의 가르침을 청했지만 거절당하자, 자신의 팔을 잘라 믿음을 보이고 눈이 무릎에 쌓일 때까지 달마 앞에서 물러서지 않아 허락을 받았다는 고사. 돈독한 신심과 간절한 구법求法의 자세를 강조함.

92 선재동자가 불에 들까 : 선재동자善財童子는 『화엄경』의 「입법계품入法界品」에 나오는 불교신앙의 모범이 되는 구도자. 53명의 선지식善知識을 찾아 천하를 다니다가, 방편명方便命 바라문을 만났을 때 칼산에 올라가 불구덩이 속으로 뛰어들라는 명령을 받고 그 속으로 떨어지는 순간 선주삼매善住三昧를 얻었다는 구법행 중의 하나. 깨달음을 위한 구체적인 실천과 행동을 강조함.

93 염불 비방한~저 아닌가 : 소, 말, 뱀의 몸으로 태어난 저것이 염불을 비방한 죄의 과보果報가 아닌가.

94 논소論疏 : '논'은 논장論藏으로 성현聖賢이 불법의 뜻을 해석하고 논술한 것이고, '소'는 경론의 뜻을 분명히 하기 위해서 그 내용을 분석하고 해석한 것.

95 진묘법眞妙法 : 진귀하고도 절묘한 부처님의 가르침.

못 듣고는 말겠지만 듣고 차마 아니할까.
정토문淨土門[96]을 구경한 이가 신심으로 염불하면
극락 도사導師 아미타불이 금련金輦(금수레)으로 데리고 가
칠보연대七寶蓮臺[97] 옥호광玉毫光[98]에 무상無上 쾌락 받을 때에
만세 만세 지나가되 한나절 같다 이르시니
인간고초人間苦楚 하 서러우니[99] 저 진락眞樂[100]에 어서 가세.
꿈속 같은 인생살이 초로인생草露人生 굳게 여겨[101]
천세 밖에(넘게) 살겠다고 무한 탐심 일으키니
진심악상嗔心惡想[102] 낯에 올라 대면對面하기 놀랍구나.
나의 용심用心 모르거든 남을 보고 깨치소서.
무상살귀無常殺鬼[103] 날아들어 사대환신四大幻身[104] 꺾어 낼 제
힘을 가져 당해 내며 재물 가지고 뇌물을 쓸까.

---

96 정토문淨土門 : 불교 중에서 타력他力 신앙을 설하는 법문. 즉 극락왕생을 위한 가르침과 실천. 모든 중생을 구제하겠다는 아미타불의 본원本願을 믿고, 그 원력願力에 의지하여 서방의 극락정토에 태어나 깨달음을 얻고자 하는 신앙.
97 칠보연대七寶蓮臺 : 칠보로 된 연화대. 연화대는 불보살이 앉는 자리로서 연꽃 모양의 대좌를 가리킴.
98 옥호광玉毫光 : 부처의 두 눈썹 사이에 있는 흰 털에서 나오는 빛. 앞에 열거한 칠보연대 등과 함께 부처님이 계신 곳에 왕생하였음을 보여준다.
99 하 서러우니 : 원전에 "하 셜우니"는 '매우 고통스러우니' 정도의 뜻이지만, 운율을 고려하여 '하 서러우니'로 옮김.
100 진락眞樂 : 진정한 즐거움이 있는 극락세계.
101 꿈속 같은~굳게 여겨 : 풀잎에 맺힌 이슬과 같은 인생을 마치 없어지지 않고 변치 않는 굳은 것으로 생각하여.
102 진심악상嗔心惡想 : 성내는 마음과 악한 생각.
103 무상살귀無常殺鬼 : 한 찰나에 귀한 사람, 천한 사람, 늙은 사람, 젊은 사람을 가리지 않고 죽이는 귀신.
104 사대환신四大幻身 : 사대로 된 환신. 사대는 자연계를 구성하는 땅·물·불·바람 등 4종의 근본 요소. 즉 고체성인 지地, 액체성인 수水, 열성熱性인 화火, 운동성인 풍風이고, 환신은 허깨비같이 허망하고 덧없는 몸이라는 뜻으로, 사람의 몸을 비유적으로 이르는 말.

만당처자滿堂妻子[105] 어디에 쓰며 우양전지牛羊田地로 대신할까.[106]
도산검수刀山劍水[107] 제 지옥에서 온갖 고통 받을 때에
지장보살 큰 소원도 저를 어찌 구제할까.
불 속에 죽을 나비 스스로 드는데 어찌 할꼬.
질러 죽을[108] 술과 여색은 귀천 없이 다 즐기고
진락眞樂 받을 염불에는 승속僧俗 남녀 다 피하니
말세가 되니 그러한가, 지혜로운 이 아주 적어
역대 왕후 고금호걸 부귀공명 처자애妻子愛를[109]
왕법王法으로 베고 말려도 확고한 금지禁止가 어렵거늘
염불 듣고 뛰어나니 즉금성인卽今聖人이 이 아닌가.
아무 첨지僉知[110]라도 염불하면 사람마다 칭찬하고
어떤 사과라도 검다 하면 노소 없이 그르다 하니
천당 가며 지옥 갈 줄 살았을 때 알 것일세.
기한인飢寒人[111]에게 옷·밥 주고 빈병인貧病人[112]을 구제하며
아당시비阿黨是非[113] 전혀 말고 금수禽獸 보고 미워 말면
요순백성이 이 아니며 보현만행普賢萬行[114]이 또 있는가.
부모 앞에 나며 들며 합장하고 사뢰오되,

---

105 만당처자滿堂妻子 : 집안에 가득한 아내와 자식들.
106 우양전지牛羊田地로 대신할까 : 소와 양과 밭과 땅으로 저승길을 대신할까.
107 도산검수刀山劍水 : 산과 나무가 칼로 이루어진 지옥. 도산지옥과 검수지옥.
108 질러 죽을 : 요절할. 빨리 죽을.
109 역대 왕후~부귀공명 처자애妻子愛를 : 역대 왕후와 고금의 호걸들도 부귀공명과 처자에 대한 애착심을.
110 첨지僉知 : 조선 시대에 중추원에 속한 정삼품 무관의 벼슬을 이르는 말이었으나, 오늘날에는 나이 많은 남자를 이르는 말. 의미의 하강과 확대가 일어난 말.
111 기한인飢寒人 : 헐벗고 굶주린 사람.
112 빈병인貧病人 : 가난하고 병든 사람.
113 아당시비阿黨是非 : 간사하고 공정하지 못함과 옳으니 그르니 하는 말다툼.
114 보현만행普賢萬行 : 보현보살의 대자대비한 만 가지 공덕 행실.

인간 백발은 앞이 없고 서산낙일西山落日은 민망하니[115]
이십사시 밤낮 없이 아미타불을 외우소서.
간절히 듣는 그 효자와 믿고 듣는 저 부모는
비록 말세에 나왔으나 관음의 후신後身 아니신가.
금생에 여자로 태어난 이는 전생의 죄로 나왔으니
음해사심陰害邪心[116]을 다 버리고 자비선심慈悲善心으로 염불하면
마야부인 부러워하며 팔세용녀八歲龍女[117]가 이 아니냐.
빗바왕[118]과 위부인[119]을 유리태자 아사왕[120]이
죽이려고 가두거늘 위부인이 슬피 울고
부처님 전 간절한 기도 석가여래 이 아시고
영산靈山으로 데려다가 극락으로 보내시고
청제부인靑提夫人이 살생하고 무간지옥無間地獄에 갇혔거늘
출가한 효자 목련존자目連尊者 염불하여 건져 내고
손경덕孫敬德이 목 베일 때 염불하고 죽지 않았으니[121]

---

115 인간 백발~서산낙일西山落日은 민망하니 : 사람이 늙는 것은 앞뒤 순서가 없고, 서산에 해가 짐(사람이 늙어 죽음)은 답답하고 딱해 안타까우니.
116 음해사심陰害邪心 : 음흉한 방법으로 남에게 해를 가하는 사악한 마음.
117 팔세용녀八歲龍女 : 여덟 살 먹은 용왕의 딸. 『법화경』의 「제바달다품」에 사가라 용왕의 딸이 여덟 살이었을 때 불법을 듣고 나서 남자가 되고 보살행을 수행하여 남방무구세계에 가서 성불하였다고 함.
118 빗바왕 : 빈바라頻婆羅·빈바사라頻婆娑羅·병사瓶沙 왕 등으로 음역. 석가모니 재세 당시에 중인도 마갈타국의 왕. 15세에 즉위하여 16세에 불법에 귀의했으며, 왕자였던 아사세의 왕위 찬탈로 인해 유폐된 뒤 죽음을 맞았다고 함.
119 위부인 : 위제희韋提希. 고대 인도 마갈타국 '빈바사라왕'의 왕후이며 아사세왕의 모친으로, 태자 아사세왕에게 갇히어 옥에서 죽음.
120 유리태자 아사왕 : 태자였던 아사세가 새 교단을 조직하는 과정에서 데바달다의 꼬임에 빠져 왕위를 찬탈하여 부왕을 죽이고 어머니(위제희)를 가두는 역적죄를 저질렀으나, 후에 부처님께 귀의하여 교단의 외호자外護者가 되어 불경을 처음 결집하는 대사업을 완성함.
121 손경덕孫敬德이 목~죽지 않았으니 : 중국 제齊나라의 손경덕이라는 사람이 집안에 관세음보살상을 모시고 정성으로 섬겨 왔는데, 억울하게 강도 혐의로 사형에 처해지

오직 염불 어서 하고 일체 원수를 맺지 마소.
광대영통廣大靈通한 무량수불 자기 위에 깨끗이 밝혀
석가여래 아니 나고 보리달마 못 오신 때
아비 어미가 분명하고 차다 덥다 역력하되
재물 욕심 밤이 되어[122] 옷 안의 진주를 전혀 몰라
업은 아기 못 찾으며 가진 점심에도 배곯으니
반야혜검般若慧劍[123] 빼어내어 무명황초無明荒草[124]를 베어 내시고
아미타불 외우다가 자기 미타彌陀 친히 보면
한걸음도 옮기지 않고 극락국토에 이르나니
부는 바람 요풍堯風이요 밝은 광명 순일舜日이라.
연화대蓮花臺에 올라앉아 조주청다趙州淸茶[125] 부어 먹고
백우거白牛車[126]를 멍에 메워 녹양천변綠楊川邊 방초안芳草岸[127]에
등등임운騰騰任運[128] 임운등등 자재自在롭게 노닐면서

게 되었으나, 꿈에 한 노승이 가르쳐 준 『구생관세음경求生觀世音經』을 일심으로 천 번을 염송하여 사형 집행에서 목숨을 구할 수 있었다는 설화.
122 재물욕심 밤이 되어 : 재물에 대한 애착과 욕망으로 캄캄한 밤처럼 불교의 진리를 알지 못해.
123 반야혜검般若慧劍 : 지혜智慧의 검. 모든 법을 통달하여 옳고 그름을 분별하는 마음의 작용. 모든 번뇌를 끊어 없애고 깨달음을 얻는 데 가장 중요한 덕목으로, 예리함과 날카로움 때문에 반야검般若劍이라고 비유한다.
124 무명황초無明荒草 : '무명'은 인간의 근본적인 무지로서 가장 근본적인 번뇌. 참된 진리에 무지한 것을 거친 풀에 비유함.
125 조주청다趙州淸茶 : 조주 스님이 끓여 주는 맑은 차. 조주는 당나라 스님으로 임제종臨濟宗 남전 보원南泉普源의 법제자, 당나라 조주의 관음원에 있었으므로 '조주'라 칭함.
126 백우거白牛車 : 흰 소가 끄는 수레. 대승교大乘教를 비유하여 가리키는 말로도 해석됨. 『법화경』의 「비유품」에 나오는 세 가지 수레의 비유 중 하나. 백우거는 보살승菩薩乘으로서, 보살의 실천법. 즉 많은 사람을 구제하고 성불케 하는 데 주력하는 보살로서 불법을 수행하고 실천하는 입장.
127 방초안芳草岸 : 향기로운 풀 언덕.
128 등등임운騰騰任運 : '등등'은 활기차게 살아 움직이는 모습이고, '임운'은 이 살아 움

태평곡을 부르리라 나무아미타불
나라리 리라라 나무아미타불

회심가고[1]

텬디이의 분흔후에 삼나만샹 닐어나니
유졍무졍 삼긴얼골 텬진면목 졀묘ᄒᆞᄃᆡ
범부고텨 셩인되믄 오직사ᄅᆞᆷ 최귀ᄒᆞ다
요슌우탕 문무쥬공 삼강오샹 팔죠목을
틱평셰에 장엄ᄒᆞ니 금슈샹에 쳠화로다
동셔남북 간ᄃᆡ마다 형뎨ᄀᆞ티 화합ᄒᆞ니
텬하틱평 가감업서 안양국이 거의러니
어화 황공ᄒᆞ다 우리민심 황공ᄒᆞ다
태고텬디 ᄂᆞ려오고 요슌일월 블가시되
야쇽ᄒᆞ셔 말셰풍쇽 츙효신힝 다ᄇᆞ리고
애욕망에 깁히드러 형뎨투징 마댠ᄂᆞ니
가련ᄒᆞ다 빅발부모 의로홀ᄃᆡ 바히업서
문외예 바잔일며 흘니ᄂᆞ니 눈믈일다
골육샹잔 져리ᄒᆞ니 촌외인을 의논ᄒᆞᆯ가
인심이 대변ᄒᆞ니 텬신이 발노ᄒᆞ야
대호악귀 모라나야 비명악ᄉᆞ 수업ᄉᆞ며
한지풍상 ᄌᆞ조드러 쳔문만호 긔근ᄒᆞ니
김가박가 사ᄅᆞᆷ마다 부모쳐ᄌᆞ 분리ᄒᆞ야
농샹쳔변 늠의짜히 여긔뎌긔 긔ᄉᆞᄒᆞ니
참혹ᄒᆞ다 주검이여 다믄됴긱 가마괴라

. 직이는 모습을 무심하게 인연의 흐름에 맡겨버린다는 뜻.

불슌인도 슬피시소 우련지앙 더러ᄒ니
련고쳥비 ᄌ조빗뎌 ᄌ긔촌심 바로딘녀
일번으로 념불ᄒ고 일번으로 츙효ᄒ소
구련이 감응ᄒ면 요슌태평 아니볼가
불법어듸 일명ᄒ며 요슌어듸 시이실고
념블ᄒ면 불법이요 츙효ᄒ면 요슌이니
츙효가져 입신ᄒ고 념불가져 안양가새
아미타불 태ᄌ시예 념불법문 고디듯고
발원ᄒ야 닐ᄋ샤듸 내믄져 념불ᄒ야
안양국에 가온후에 귀쳔남녀 노쇼업시
나의명호 외오니면 악취즁에 아니가고
극낙으로 바로갈줄 ᄉ십팔원 셰위시니
셰망에 걸닌사름 불국으로 인도ᄒ니
비감심을 니르와다 즐겨브터 념불ᄒ소
금시태평 후시안양 만고복덕 구ᄒᆯ딘대
금구소셜 무샹법을 지셩으로 봉지ᄒ소
셔가여릭 츌가시에 뉴리뎐샹 칠보궁에
황개쳥개 밧치시고 삼쳔궁녀 시위ᄒ니
뎐샹인간 아모듸도 더런복덕 업ᄉ오듸
헌신ᄀᆺ티 ᄇ리시고 만쳡쳥산 혼자드러
늙년고힝 념불ᄒ야 극낙으로 도라가니
셰간영화 썻썻ᄒ고 불법진락 업슬딘대
만승왕위 ᄇ리시고 셜산고힝 더리홀가
츌격진인 도일딘대 념불일셩 최귀ᄒ니
셔산대ᄉ 힝ᄉ보와 츌농학이 어셔되소
셰간탐심 못ᄇ리면 삼악도에 쩌러디고

물외스를 좃스오면 안양세계 간다ᄒᆞ니
ᄌᆞ조ᄌᆞ조 념불ᄒᆞ야 불국으로 어셔가새
부모효심 바히업고 념불ᄒᆞᆫ번 아니ᄒᆞ며
무샹복덕 ᄇᆞ라보며 쟝슈코쟈 기드리니
동동ᄒᆞ면 다구신가 안즌방이 엇디갈고
신심업시 도야나며 공덕업시 득ᄒᆞᆯ딘대
신광션ᄉᆞ 풀버히며 션지동지 블에들가
념불비방 죄ᄅᆞᆯ보소 우마샤신 뎌안닌가
션힝닷근 덕을보소 국왕대신 뎌아닌가
팔만대장 니ᄅᆞᆫ말과 빅쳔논소 사긴말슴
금ᄒᆞ거시 탐욕이오 권ᄒᆞ거시 념불이니
이리귀ᄒᆞᆫ 사ᄅᆞᆷ인제 더리됴ᄒᆞᆫ 진묘법을
못듯고ᄂᆞᆫ 말녀니와 듯고참아 아니ᄒᆞᆯ가
뎡토문을 귀경ᄒᆞ니 신심으로 념불ᄒᆞ면
극낙도ᄉᆞ 아미타불 금년으로 드려가면
칠보년딕 옥호광에 무샹쇄락 슈ᄒᆞᆯ째예
만세만세 디나가되 반일ᄀᆞᆺ다 니ᄅᆞ시니
인간고초 하셜우니 뎌진락에 어셔가새
몽즁ᄀᆞᆺᄒᆞᆫ 사암사리 초로인싱 구디너겨
쳔셰밧게 사ᄅᆞ랴고 무ᄒᆞᆫ탐심 닐와드니
진심악샹 ᄂᆞᆺ치올라 되면ᄒᆞ기 놀납ᄉᆞ외
나의용심[2] 모로거든 눔을보와 씻티시소
무샹살귀 ᄂᆞ라드러 ᄉᆞ대환신 썻ᄶᅥ낼지
힘을가져 당젹ᄒᆞ며 지믈가져 인졍ᄒᆞᆯ가
만당쳐ᄌᆞ 어듸쁘며 우양젼지 디드릴가
도산검슈 졔디옥에 만반고통 슈ᄒᆞᆯ째예

디장보살 대원인들 더룰엇디 구뎨ᄒᆞ고
블속에 죽ᄂᆞ나비 졔들거든 엇디ᄒᆞ고
즐어죽ᄂᆞ 쥬싀에ᄂᆞ 귀쳔업시 다즐기고
진락슈홀 념불에ᄂᆞ 승쇽남녀 다피ᄒᆞ니
말셰되니 그러ᄒᆞᆫ가 지혜인이 아조져긔
녁되왕후 고금호걸 부귀공명 쳐ᄌᆞ의를
왕법으로 베말녀도 일뎡말기 어렵거늘
념불듯고 ᄲᅮ여나니 즉금셩인 이아닌가
아모쳠지 념불ᄒᆞ면 인인마다 칭찬ᄒᆞ고
아모ᄉᆞ과 검다ᄒᆞ면 노쇼업시 외다ᄒᆞ니
텬당가며 디옥갈줄 사라신ᄌᆡ 알리로쇠
긔한인을 의식주고 빈병인을 구뎨ᄒᆞ며
아당시비 바히말고 금슈보와 믜여말면
요슌민이 이아니며 보현만힝 쏘인ᄂᆞᆫ가
부모젼에 나사들며 합쟝ᄒᆞ고 숣ᄉᆞ오ᄃᆡ
인간빅발 압히업서 셔산낙일 민망ᄒᆞ니
십이시즁 쥬야업시 미타셩호 외오쇼셔
근쳥ᄒᆞᄂᆞᆫ 그효ᄌᆞ와 신쳥ᄒᆞᄂᆞᆫ 뎌부모ᄂᆞᆫ
비록말셰 나와시나 관음후신 아니신가
금싱녀신 득ᄒᆞᆫ사ᄅᆞᆷ 젼싱죄로 나와시니
음해샤심 다ᄇᆞ리고 ᄌᆞ비션심 념불ᄒᆞ면
마야부인 불어ᄒᆞ며[3] 팔셰용녀 이아닌가
빗바왕과 위부인을 뉴리태ᄌᆞ 아샤왕이
주기고쟈 가도와늘 위부인이 슬피울고
불젼에 근도ᄒᆞᆫ대 셔가여ᄅᆡ 아ᄅᆞ시고
녕산으로 ᄃᆞ려다가 극낙으로 보내시고

청뎨부인 살싱ᄒ고 무간옥에 갓텨거늘

츌가효ᄌ 목년존쟈 념불ᄒ야 건뎌내고

손경덕이 목버힐졔 념불ᄒ고 죽댜나니

오직념불 어셔ᄒ고 일쳬원슈 밋디마소

광대녕통 무량슈불 ᄌ긔샹에 명빅ᄒ야

셔가여ᄅᆡ 아니나고 보리달마 못와신ᄌᆡ

부아모아 쇼쇼ᄒ고 ᄎᆞ다딥다 녁녁호ᄃᆡ

이욕심이 밤이되야 의ᄂᆡ쥬를 바히몰나

어분아기 못어드며 가진겹심 빅골ᄒ니

반야혜검 쌰혀나야⁴⁾ 무명황초 버히시고

아미타불 외오다가 ᄌ긔미타 친히보면

일보도 옴디아녀 극낙국에 니뢰ᄂᆞ니

부ᄂᆞᆫ ᄇᆞ람 요풍이오 불근광명 슌일이라

년화ᄃᆡ에 올라안자 됴쥬쳥다 부어먹고

빅우거를 멍에메워 녹양쳔변 방초안에

등등임운 임운등등 ᄌ적히 노닐면셔

태평곡을 브르리라 나모아미타불

나라리 리라라 나무아미타불

---

1) ㉰『한불전』에는 '회심가곡'으로 되어 있으나 저본인 목판본에는 '회심가고'로 되어 있다. 2) ㉰ 해인사본에는 '욘심'으로 되어 있으나 동화사본에는 '용심'으로 되어 있다. 3) ㉰ 해인사본(일사문고본, 경북대본)은 '불어ᄒ너'로 되어 있으나 동화사본에는 '불어ᄒ며'로 되어 있다. 4) ㉰ 해인사본에는 '쎼혀나야'로 되어 있으나 동화사본에는 '쌰혀나야'로 되어 있다.

유마경

『유마경維摩經』에 다음과 같이 말하였다.

부처님이 바라나국에서 불법의 요지를 설하시어 중생을 제도하실 때, 국왕이 신하와 권속을 거느리고 부처님 계신 곳에 와서 여쭈었다.

"세존이시여, 이 나라 백성들은 어찌하여 병이 많고 일찍 죽으며 신심을 일으키지 않고 하나도 성불하는 이가 없는지요?"

세존께서 이르시되 "이 나라 중생들이 항상 전세에 담악초痰惡草(담배)를 먹고 인과를 믿지 않고 정업을 닦지 않아 이처럼 많은 병으로 일찍 죽게 되고, 모두 지옥에 들어가 무량한 고통을 받는다." 하였다.

왕이 말을 듣고 믿음으로 수지하고 받들어 행하여 나라에 명을 내리기를, "담악초를 먹지 말라. 이 풀에는 다섯 가지 이름이 있으니, 하나는 담악초, 둘은 불명초不明草, 셋은 음사초婬邪草, 넷은 악생초惡生草, 다섯은 다탐초多貪草라. 이 다섯 가지 이름의 풀을 먹으면 그 죄가 매우 크다." 하였다.

세존께서 왕에게 이르시기를 "담악초를 먹는 자는 비록 계율을 수지하고 수행하더라도 조금도 공덕이 없을 것이다. 담악초는 그 악취가 매우 독해 뱀을 태우는 기운과 다르지 않으니 죽어서 분사지옥焚蛇地獄[129]에 떨어질 것이다. 삼천겁 후에는 확탕지옥鑊湯地獄[130]에 들어가고 또 삼천겁이 지난 후에는 다시 아비지옥阿鼻地獄[131]에 들어가서, 세세생생에 부처님 명호를 듣지 못하고 영원토록 부처가 되지 못할 것이다." 하였다.

---

[129] 분사지옥焚蛇地獄 : 뱀을 태우는 것과 같은 냄새가 나는 지옥.
[130] 확탕지옥鑊湯地獄 : 끓는 솥에 삶기는 고통을 받는 지옥. 파계한 이, 중생을 죽여 고기를 먹은 이, 산과 들에 불을 질러 많은 생명체를 상하게 한 이, 중생을 태워 죽인 이는 이곳에서 고통을 받고 이 과보가 다하면 축생으로 태어나되 팔천만 세를 지나 겨우 사람의 몸을 받으나 병이 많고 수명이 짧다고 한다.
[131] 아비지옥阿鼻地獄 : 8개의 열지옥熱地獄 중에서 가장 밑에 있다는 대지옥.

維摩經[1]

維摩經云。佛在婆[2]羅奈國。說法要。度衆生。時國王。率百僚眷屬。來詣佛所。白佛言。世尊。此國人民。何故。多病夭死。不生信心。一無成佛。世尊答曰。此國衆生。常食前世痰惡草。不信因果。不修淨業。故如是多病夭死。皆入地獄。受無量苦。王聞語。信受奉行。令國中不食痰惡草。此草有五種名。一痰惡草。二不明草。三婬邪草。四惡生草。五多貪草。此五名草食。其罪甚重。世尊謂王曰。食此痰惡草者。雖持淨戒修行。小無功德。是故痰惡草。其嗅甚惡。不異於焚蛇之氣。死墮焚蛇地獄。歷三千劫後。入鑊湯地獄。又歷三千劫後。更入阿鼻地獄。世世生生。不聞佛名字。永不作佛。

1) ㉠ 갑본에는 '維摩經'이 '抄出維摩經禁南草說'로 되어 있다. 2) ㉠ 갑본에 '婆'는 '波'로 되어 있다.

유마경[1]

유마경의 운ᄒᆞ오ᄃᆡ 블체님이 발내국 가셔 셜법ᄒᆞ실 쌔에 그 나라 국왕니 권쇽과 신하을 둘리고 와셔 부체님긔 술오ᄃᆡ 이 국 ᄇᆡᆨ셩 남여 등니 엇지ᄒᆞ고로 병이 만하 즐러 죽슴ᄂᆞ닛고 부체님이 ᄃᆡ답ᄒᆞ야 니로ᄃᆡ 이 국의 엇지ᄒᆞ여 질약쵸 인ᄂᆞ 고로 글흔 사롬니 다 글을 즐겨 먹고 블법을낭 다 우수이 ᄉᆡᆼ각ᄒᆞ고 글러흔 고로 그 나라의 츙ᄌᆡ 심히 들고 글러흔 사롬이 즐러로 죽거셔 다 지옥의 들어 헤아림 업슨 고샹ᄒᆞ니 그을 보이 슬프다 국왕니 그 말솜을 듯고 놀내야 국즁 만민긔 녕을 늘리와 금지ᄒᆞ시되 질약초 먹글거시 안니라 엇지ᄒᆞ여 글려ᄒᆞ고 그 질약초 일홈니 다ᄉᆞᆺ 가지라 일의ᄂᆞ 질명초요 이예ᄂᆞ 블명초요 삼의ᄂᆞ 사음초요 ᄉᆞ의ᄂᆞ 악ᄉᆡᆼ초요 오의ᄂᆞ 다탐초라 이 오명초 먹ᄂᆞ 쟈면 죄깁고 즁흔 고로 약간 수ᄒᆡᆼ니 잇고 념블ᄒᆞ야도 공덕이 바히 업ᄂᆞ 고로 주글 싸에 십와의 별치나와 잡아다가 추렬 후의 분사지옥의 들러 삼천겁 수고ᄒᆞ고 확탕지옥의 삼천겁 들어 삼천겁을 수고ᄒᆞ고 다시 아

비지옥의 넘겨 들러 무량싱스고을 만만이 ᄒᆞ고 셰셰싱싱의 인간의 나지 못
ᄒᆞ니 블법 말도 듯지 못ᄒᆞᄂᆞ니라.

1) ㉮ 갑본에는 『유마경』 언해 부분이 없다.

유마경

『유마경』에 이르되, 부처님이 바라나국에 가시어 설법하실 때에 그 나라 국왕이 권속과 신하를 데리고 와서 부처님께 사뢰기를, "이 나라 백성 남녀들이 어떤 까닭으로 병이 많아 질러(일찍) 죽습니까?" 하니, 부처님이 대답하여 이르길, "이 나라에 어찌하여 질악초[132]가 있는 까닭으로 그런 사람이 모두 그것을 즐겨 먹고 부처님 말씀은 모두 우습게 생각하고, 그러한 까닭에 그 나라에 충재蟲災가 심하게 들고, 그러한 사람이 일찍 죽어서 모두 지옥에 들어가 헤아릴 수 없는 고생을 하니, 그것을 보니 슬프다." 하셨다. 국왕이 그 말씀을 듣고 놀라 그 나라의 만백성에게 명령을 내리어 금지하시길, "질악초는 먹을 것이 아니다. 어찌하여 그런가? 그 질악초의 이름은 다섯 가지라. 하나는 질명초[133]요, 둘은 불명초不明草요, 셋은 사음초邪婬草요, 넷은 악생초惡生草요, 다섯은 다탐초多貪草라. 이 다섯 가지 이름을 가진 풀을 먹는 자는 죄가 깊고 중하므로, 혹 수행이 있고 염불하여도 공덕이 전혀 없는 까닭으로 죽을 때에 시방에서 별차別差[134]가 나와서 잡아다가 추열推閱(심문)한 후에 분사지옥에 들어가 삼천겁을 고통을 받고, 확탕지옥에 삼천겁을 들어가 삼천겁을 고통을 받고, 다시 아비지옥阿鼻地獄에 넘기어 들어가 헤아릴 수 없는 생사의 고통을 수없이 많이 받고, 세세생생世世生生에 인간 세상에 나오지 못하니 부처님 말씀도 듣지 못하느니라.

---

132 질악초 : 언해문은 '질약초'이고 한문에는 '담악초痰惡草'로 되어 있다. 질약초는 문맥상 '나쁜 질병을 가져오는 풀'이라는 의미의 '질악초疾惡草'일 것이다.
133 질명초 : 한문에는 '痰惡草'로 되어 있으므로 '가래가 생기는 나쁜 풀'이니 '담배' 또는 '대마초'와 관련이 있어 보인다.
134 별차別差 : 염라대왕의 특별한 임무를 맡아 죄인을 잡아 오는 사람.

불설아미타경

이와 같이 나는 들었다.

어느 때 부처님께서 사위국舍衛國의 기수급고독원祇樹給孤獨園에서 훌륭한 비구 1,250인과 함께 계셨다. 이들은 모두 위대한 아라한으로 여러 사람들에게 알려진 이들이었다. 장로長老 사리불舍利弗, 마하목건련摩訶目乾連, 마하가섭摩訶迦葉, 마하가전연摩訶迦栴延, 마하구치라摩訶拘絺羅, 리바다離婆多, 주리반타가周梨槃陀迦, 난타難陀, 아난타阿難陀, 라후라羅睺羅, 교범바제憍梵波提, 빈두로파라타賓頭盧頗羅墮, 가류타이迦留陀夷, 마하겁빈나摩訶劫賓那, 박구라薄俱羅, 아누루타阿㝹樓馱와 같은 훌륭한 제자들과, 보살마하살菩薩摩訶薩인 문수사리文殊師利 법왕자法王子, 아일다阿逸多보살, 건타하제乾陀訶提보살, 상정진常精進보살 등과 같은 위대한 보살들, 그리고 석제환인釋提桓因 등 헤아릴 수 없이 많은 하늘의 대중들이 자리를 함께하였다.

그때 부처님께서 장로 사리불에게 말씀하셨다.

여기에서 서쪽으로 십만억 불국토를 지나면 한 세계가 있는데, 이름을 극락極樂이라 한다. 그 불국토에 부처님이 계시니 이름을 아미타阿彌陀라 하며 현재에도 설법하고 계신다. 사리불이여, 그 불국토를 무슨 까닭에 극락이라 이르는가? 그 나라의 중생들은 아무런 괴로움이 없고, 다만 여러 가지 즐거움만 누리므로 극락이라 이름한다.

사리불이여, 마땅히 알아야 할지니, 나는 이 오탁악세五濁惡世[135]에서

---

[135] 오탁악세五濁惡世 : 오탁(5가지 좋지 않은 일)이 일어나는 말세. '오탁'은 겁탁劫濁·견탁見濁·번뇌탁煩惱濁·중생탁衆生濁·명탁命濁을 가리킨다. '겁탁'은 기근 등 천재지변과 전쟁·질병 등이 많이 일어나며 시대적인 환경과 사회가 혼탁해지는 것. '견탁'은 그릇된 견해나 사상이 무성하여 세상이 혼란하고 흐려지는 것. '번뇌탁'은 탐·진·치 삼독三毒 등 여러 번뇌가 극성스럽게 일어나 중생을 흐리게 하고 악덕이 넘치게 되는 것. '중생탁'은 중생이 진리를 믿지 않고 덕을 닦지 않아서 마음과 몸이 혼탁한 것. '명탁'은 인간의 수명이 짧아지는 것.

어려운 일을 행하여 아뇩다라삼먁삼보리阿耨多羅三藐三菩提[136]를 얻어 모든 세상 사람들을 위해 이처럼 믿기 어려운 법을 설하느니라. 이는 참으로 어려운 일이로다!

부처님께서 이 경을 다 말씀하셨다. 사리불과 여러 비구들, 모든 세상의 천신과 인간, 아수라 등이 부처님 말씀을 듣고 기쁜 마음으로 믿어 마음에 새긴 채 예경하고 물러났다.

佛說訶[1]彌陁經[2]

如是我聞。一時佛。在舍衛國祇樹給孤獨園。與大比丘僧。千二百五十人俱。皆是大阿羅漢。衆所知誠。[3] 長老舍利佛。摩訶目揵連。摩訶迦旃延。摩訶俱絺羅。離婆多。周利槃陁伽。難陁。阿難陀羅睺羅。憍梵波提。賓頭盧。頗羅墮。迦樓陁夷。摩訶劫賓那。薄拘羅。阿㝹樓馱。如是等諸大弟子。并諸菩薩摩訶薩。文殊師利法王子。阿逸多菩薩。乾陁訶提菩薩。常精進菩薩。與如是等諸大菩薩及釋提桓因等無量諸天大衆俱。

爾時。佛告長老舍利佛。從是西方。過十萬億佛土。有世界。名曰極樂。其土有佛。號阿彌陁。今現在說法。舍利弗。彼土何故。名爲極樂。其國衆生。無有衆苦。但受諸樂。故名極樂。[4]

舍利弗。當知。我於五濁惡世。行此難事。得阿耨多羅三藐三菩提。爲一切世間。說此難信之法。是爲甚難。

佛說此經已。舍利弗。及諸比丘。一切世間。天人阿修羅等。聞佛所說。歡喜信受。作禮而去。

---

1) ㉠ '訶'는 '阿'의 오자이다. 2) ㉤ 갑본에는 이 대목(한문과 언해)이 없다. 3) ㉤ '誠'은 '識'의 오자이다. 4) ㉠ 이하는 언해본과 달리『아미타경』에서 생략된 부분이 있다.

---

136 아뇩다라삼먁삼보리阿耨多羅三藐三菩提 : 석가모니가 깨달은 지혜를 가리키는 말로, 석가모니가 깨달은 이치는 더없이 높고 평등한 진리라는 뜻. 무상정등정각無上正等正覺·무상정등보리無上正等菩提·무상정변지無上正遍智라고도 번역한다.

블셜아미타경언히

이 ᄀᆞᆺᄐᆞ믈 내 듯ᄌᆞ오니 일시예 브리 샤위국 지슈급고독원에 계샤 대비구승 년이빅오십인과 더브러 홈ᄭᅴ ᄒᆞ시니 다 이 대아라한이라 즁의 지식홀 배러라 쟝노샤리블과 마하목건연과 마하가셥과 마하가졍연과 마하구티라과 이바다과 듀리반타가와 난다와 아란타와 나후라와 교범바졔와 빈두로파라타와 가루다이와 마하겁빈나와 박구라와 아루누타와 이 ᄀᆞᆺᄐᆞᆫ 등이 뎨대졔ᄌᆞ와 아우려 여러 보살마하살 문슈ᄉᆞ리법왕ᄌᆞ와 아일다보살과 건타하졔보살과 샹졍딘보살과 이 ᄀᆞᆺᄐᆞᆫ 등이 뎨대보살과 밋 셕졔환인 등 무량졔쳔대듕으로 더브러 홈ᄭᅴ ᄒᆞ야뼈시니

굿때예 브리 쟝노샤리블ᄭᅴ 고ᄒᆞ샤듸 이 셔방으로붓터 십만억 블토을 지나 셰계 이시니 일홈이 글온 극낙이요 그 싸희 부톄 계시니 일홈이 아미태라 이졔 현직ᄒᆞ야 셜법ᄒᆞ시ᄂᆞ니라 샤리블아 져 ᄯᅡ흘 엇떤 져츠로 일홈을 극낙이라 ᄒᆞᄂᆞᆫ고 그 나라 즁ᄉᆡᆼ이 듕괴 업고 오딕 낙만 슈홀ᄉᆡ 그러므로 일홈을 극락이라 ᄒᆞᄂᆞ니라

ᄯᅩ 샤리블아 극낙국토에 틸듕난슌과 틸즁나망과 틸듕항쉬 다 이 ᄉᆞ보라 쥬잡위요홀ᄉᆡ 이런 면츠로 져 나라홀 일홈을 극낙이라 ᄒᆞᄂᆞ니라

ᄯᅩ 샤리블아 극낙국토에 틸보지 이시니 팔공덕쉬 그 가온대 ᄀᆞ득ᄒᆞ얏고 못밋틱 슌히 써 금새 ᄯᅡ히 ᄢᅵ렷고 ᄉᆞ변계되 금 은 뉴리 파려로 합ᄒᆞ야 일윗고 우흐로 누각이 니시되 ᄯᅩᄒᆞᆫ 금 은 뉴리 파려 쟈거 젹쥬 마로로써 뭠엿고 못 가온대 년해 브미 수리박뛰 ᄀᆞᆺᄐᆞ니라 쳥식은 쳥광ᄒᆞ고 황식은 황광ᄒᆞ고 젹식은 젹광ᄒᆞ고 빅식은 빅광ᄒᆞ야 미묘ᄒᆞ고 향결홀ᄉᆡ 샤리블아 극락국퇴 이 ᄀᆞᆺᄐᆞᆫ 공덕이 셩췌ᄒᆞ야 장엄ᄒᆞ야ᄂᆞ니라

ᄯᅩ 샤리블아 져 붓쳐나히 샹예 하ᄂᆞᆯ 풍뉴을 쟉ᄒᆞ며 황금으로 ᄯᅡ히 되여시며 쥬야늇시로 하ᄂᆞᆯ로 만다라 화을 셋커든 그 ᄯᅡ 즁ᄉᆡᆼ이 샹에 앗츰으로써 각각 의극으로써 한 묘화을 다마 타방 실만억 붓쳐ᄭᅴ 공양ᄒᆞ옵고 즉졔 식시로써 도라와 본국의 이ᄅᆞ러 밥 먹고 두로 ᄃᆞ니ᄂᆞ니 샤리블아 극낙국퇴

이 ᄀᆞ튼 공덕이 셩취ᄒᆞ야 장엄ᄒᆞ야ᄂᆞᆫ이라

다시 버겨 샤리블아 져 나라희 샹예 가지가지 긔묘ᄒᆞᆫ 여러 가지 새 이시니 빅학과 공쟉과 잉무와 샤리와 가릉과 빈가와 공명의 됴라 이러려 한 새 쥬야뉵시로 화ᄒᆞ고 아졍ᄒᆞᆫ 소리ᄅᆞᆯ 내되 그 소리 오근과 오력과 칠보리분과 팔셩도분과 이 ᄀᆞ튼 등이 법을 펴 이르거든 굿 ᄯᅡ 즁ᄉᆡᆼ이 이 소리ᄅᆞᆯ 드르매 다 븟쳐 념ᄒᆞ며 법 념ᄒᆞ며 승을 념ᄒᆞᄂᆞ니 샤리블아 네 이 새 실로 이 죄보의 난 배라 이르지 말라 소이 엇지요 져 브쳐나라흔 삼악되 업슬식이라 샤리블아 그 븟쳐나라희 오히려 악도의 일홈이 업고은 엇지 허믈며 실뵈 이실가 이 여러 한 새ᄂᆞᆫ 다 이 아미타블이 법의 소리ᄅᆞᆯ 펴 유젼코져 ᄒᆞ샤 변화의 작ᄒᆞᆫ 배시니라

샤리블아 져 븟쳐나라희 미풍이 브러 동ᄒᆞ면 졔보항슈와 밋 보라망이 미묘ᄒᆞᆫ 소리ᄅᆞᆯ 내나니 비컨대 빅쳔 가지 풍유ᄅᆞᆯ 동시예 홈ᄭᅴ 작홈이 ᄀᆞ튼지라 이 소리 듯ᄂᆞᆫ 쟈ᄂᆞᆫ ᄌᆞ연히 븟쳐ᄅᆞᆯ 염ᄒᆞ며 법 념ᄒᆞ며 승 념ᄒᆞᆯ ᄆᆞ음을 내ᄂᆞ니 샤리블아 그 븟쳐나라히 이 ᄀᆞ튼 공덕이 셩취ᄒᆞ야 장엄ᄒᆞ야ᄂᆞ니라 샤리블아 네 ᄡᅳ지 엇쩌ᄒᆞ요 븟쳐을 엇던 젼츠로 일홈을 아미타라 ᄒᆞᄂᆞᆫ고 샤리블아 져 부텨 광명이 므량ᄒᆞ샤 시방국을 빗최샤듸 ᄀᆞ릴 배 업ᄂᆞᆫ지라 이런 젼츠로 호ᄅᆞᆯ 아미타라 ᄒᆞ니라

ᄯᅩ 샤리블아 져 부쳐 슈명과 그 인민의 밋쳐 므량무변 아승지겁일ᄉᆡ 그러므로 일홈ᄅᆞᆯ 아미타라 ᄒᆞ시니라 샤리블아 아미타블리 븟쳐 되여 써 오미 이지 널 겁이시니라

ᄯᅩ 샤리블아 져 븟쳬 무량무변 셩문 졔진 이시니 다 아라한이라 이 산수에 능히 알 배 아니요 뎨 보살즁도 ᄯᅩ다시 이 ᄀᆞᆮᄐᆞ니라 샤리블아 져 븟쳐나라히 이 ᄀᆞ튼 공덕이 셩취ᄒᆞ야 장엄ᄒᆞ얏ᄂᆞ니라

ᄯᅩ 샤리블아 극낙국토에 듕ᄉᆡᆼ니 나ᄂᆞᆫ 쟈ᄂᆞᆫ 다 이 아비발티라【아비발티ᄂᆞᆫ 믈너나디 아일식라】 그 듕에 만히 일ᄉᆡᆼ보쳬 이시니 그 쉬 심히 하 이 산수에 능히 알매 아닐식 오직 가히 무량무변 아승지로써 이르니라 샤리블아 즁ᄉᆡᆼ이

듯는 쟈는 응당 이 원을 발ᄒᆞ야 져 나라히 나고져 원홀 ᄲᅵᆫ이라 소이 엇지요 이 ᄀᆞᆺ튼 여러 웃씀 어딘 사ᄅᆞᆷ으로 더브러 흠ᄭᅴ 일쳐의 모들ᄉᆡ니라 샤리블아 가히 쇼션근 복덕 닌연으로써 뎌 나라희 나지 못홀ᄶᅵ니라

샤리블아 만일 혹뉴 션남ᄌᆞ 션녀인니 아미타블 일흠을 듯줍고 명호을 집디 흔딕 만일 ᄒᆞᄅᆞ여나 만일 잇틀이여나 만일 사흘이어나 만일 나흘이여나 만일 닷새여나 만일 엿새여나 만일 일에를 흔ᄆᆞ음이요 어즐업지 아니면 그 사ᄅᆞᆷ이 명이 죵홀 째예 님ᄒᆞ야 아미타블리 여러 셩듕으로 더브러 그 앏픠 나타 이시리니 이 사ᄅᆞᆷ이 죽을 째예 ᄆᆞ음이 젼도티 아니ᄒᆞ야 즉제 아미타블 극낙국토의 왕싱ᄒᆞ릴싀 샤리블아 내 이 니로옴을 보고 그러므로 이 말을 이ᄅᆞ노라 만일 호유 듕싱이 이리 닐믈 듯는 쟬씬댄 응당히 원을 발ᄒᆞ야 져 나라희 나고져 홀ᄶᅵ니라

사리블아 내 이제 아미타블의 가히 ᄉᆞ의티 못홀 공덕의 니 잔탄홈 ᄀᆞᆺ트여 동방의 쏘흔 아족비블과 슈미샹블과 대슈미블과 슈미광블과 묘음블과 이 ᄀᆞᆺ튼 등이 흥하사수 졔블리 이셔 각각 그 나라희 광쟝셜샹을 내샤 삼쳔대쳔셰계을 두로 더퍼 셩실흔 말숨을 이ᄅᆞ샤듸 너의 등 즁싱이 맛당히 이 ᄉᆞ의치 못홀 공덕 칭찬흔 일톄졔블소호렴경을 신ᄒᆞ라 ᄒᆞ시ᄂᆞ니라

샤리블아 남방셰계예 일월등블과 명문광블과 대렴견블과 슈미등블과 무량졍진블과 이 ᄀᆞᆺ튼 등이 흥하사수 졔블이 니셔 각각 그 나라히 광쟝셜샹을 내여 삼쳔대쳔셰계을 두로 더퍼 셩실흔 말숨을 이ᄅᆞ샤듸 너의 즁싱이 맛당히 이 ᄉᆞ의치 못홀 공덕 팅찬흔 일톄졔블소호렴경을 신ᄒᆞ라 ᄒᆞ시ᄂᆞ니라

샤리블아 셔방셰계예 무량슈블과 무량샹블과 무량당블과 대광블과 대명블과 보샹블과 졍광블과 이 ᄀᆞᆺ튼 둘애 흥하사수 졔블이 니셔 각각 그 나라히 광쟝셜샹을 내샤 삼쳔대쳔셰계을 두로 더퍼 셩실흔 말숨을 일ᄅᆞ샤듸 너의 등 즁싱이 맛당히 가히 ᄉᆞ의티 못홀 공덕 칭찬흔 일톄졔블소호렴경을 신ᄒᆞ라 ᄒᆞ시ᄂᆞ니라

샤리블아 븍방셰계예 념견블과 최승음블과 난져블과 일싱블과 망명블과 이

ᄀᆞ튼 등이 흥하사수 졔블리 니셔 각각 그 나라히 광쟝셜샹을 내여 삼쳔대쳔셰계를 두로 덥퍼 셩실흔 말솜을 이르샤듸 너의 등 즁싱이 맛당히 이 스의티 못흔 공덕 칭찬흔 일톄졔블소호렴경을 신흐라 ᄒᆞ시느니라

샤리블아 하방셰계예 스ᄌᆞ블과 명문블과 명광블과 달마블과 법당블과 지법블과 이 ᄀᆞ튼 등이 흥하사수 데블이 니셔 각각 그 나라히 광쟝셜샹을 내샤 삼쳔대쳔셰계을 두로 덥퍼 셩실흔 말솜을 일으샤듸 너의 등 즁싱이 맛당히 니 가히 스의치 못흔 공덕 칭찬흔 일톄졔블소호렴경을 신흐라 ᄒᆞ시느니라

샤리블아 샹방셰계예 범음블과 슉왕블과 향샹블과 향광블과 대렴견블과 잡ᄉᆡᆨ보화엄신블과 사라슈왕블과 보화덕블과 견일톄의블과 여슈미산블과 이 ᄀᆞ튼 등이 흥하사수 데블이 니셔 각각 그 나라히 광쟝셜샹을 내샤 삼쳔대쳔셰계을 두로 덥퍼 셩실흔 말솜을 일호샤듸 너의 등 즁싱이 맛당히 이 가히 스의치 못흔 공덕 칭찬흔 일쳬졔블소호렴경을 신흐라 ᄒᆞ시느니라

샤리블아 네 ᄯᅳᆮ듸 엇더흐요 엇던 견ᄎᆞ로 일홈을 일톄졔블소호렴경이라 ᄒᆞ는고 샤리블아 만일 호유 션남ᄌᆞ 션녀인이 니 경을 듯고 바다 진니는 쟈와 밋 계블의 일홈을 듯는 쟬찐댄 이 여러 션남ᄌᆞ 션녀인이 다 일쳬졔블의 호렴ᄒᆞ는 배 되여 다 안옥다라삼약삼보리예 물너나지 아니홀일싀 이런 견ᄎᆞ로 샤리블아 너의 등이 다 맛당히 내 말과 밋 졔블의 일은 바를 신흐야 바들진니라

샤리블아 만일 혹유 사름이 임의 원을 발ᄒᆞ거나 이제 원을 발ᄒᆞ거나 당ᄂᆡ예 원을 발ᄒᆞ야 아미타블국의 나고져 홀진대 이 여러 사룸들은 다 안녹다라삼약삼보리예 믈너나지 아니ᄒᆞ아 져 나라히 만일 임의 나거나 만일 이제 나거나 만일 당ᄂᆡ예 나리니 이런 견ᄎᆞ로 샤리블아 여러 션남ᄌᆞ 션녀인이 만일 신이 닛는 쟬찐댄 응당히 원을 발ᄒᆞ야 뎌 나라히 나고져 홀지니라

샤리블아 내 이제 졔블의 가히 스의치 못홀 공덕 칭찬홈 ᄀᆞ트여 져 졔블 등도 쏘흔 나의 스의치 못홀 공덕를 칭찬ᄒᆞ샤 이 말솜을 작ᄒᆞ샤듸 셕가모니

블리 능히 심히 어렵고 희유ᄒᆞᆫ 일을 위ᄒᆞ샤 능히 사바국토 오탁악셰 겁탁 견탁 번오탁 즁ᄉᆡᆼ탁 명탁 등의 안옥다라샴약삼보리을 득ᄒᆞ야 졔즁ᄉᆡᆼ을 위ᄒᆞ야 이 일쳬 셰간의 신키 어려온 법을 일은다 ᄒᆞ시ᄂᆞᆫ이라

샤리블아 맛당히 알나 내 오탁악셰예 이 어려온 일을 힝ᄒᆞ야 안옥다라삼약삼보리를 득ᄒᆞ야 일쳬 셰간을 위ᄒᆞ야 이 신키 어려온 법 일오미 이 심히 어려오미 되ᄂᆞ니라

블리 이 경을 일으시매 샤리블과 밋 여러 비구와 일쳬 셰간 쳔인 아슈라 등이 븟쳐 일으ᄂᆞᆫ 바를 듯즙고 환희신슈ᄒᆞ야 녜을 작ᄒᆞ고 가니라

불설아미타경언해 阿彌陀經諺解

이와 같음을 내가 들었으니, 어느 때 부처님이 사위국의 기수급고독원에 계시어 대비구승 1,250인과 더불어 함께하시었으니 이들은 모두 대아라한이라, 중이 알아야 할 바이더라. 장로 사리불과 마하목건련과 마하가섭과 마하가전연과 마하구치라와 이바다와 주리반타가와 난타와 아난타와 라후라와 교범바제와 빈두로파라타와 가류타이와 마하겁빈나와 박구라와 아누루타와 이 같은 모든 대제자大弟子들과 아울러 여러 보살마하살인 문수사리법왕자와 아일다보살과 건타하제보살과 상정진보살과 이 같은 여러 대보살들과 그리고 석제환인 등과 한량없는 모든 천인天人 대중들과 더불어 함께 계시었다.

그때 부처님께서 장로 사리불께 고하시길, "이 서쪽으로부터 십만억 불국토를 지나 세계가 있으니, 이름은 가로되 극락이라고 말하고, 그 땅에 부처가 계시니 이름이 아미타라. 지금도 나타나 계시어 설법하고 계시느니라. 사리불아, 저 땅을 어떤 까닭으로 극락이라고 이름하는가? 그 나라 중생은 여러 가지 괴로움이 없고 오직 즐거움만 받으므로 그러므로 이름을 극락極樂이라 하는 것이다.

또 사리불아, 극락국토에는 일곱 겹으로 된 난순欄楯(난간)과 일곱 겹의

나망羅網(구슬로 장식된 그물)과 일곱 겹의 행수行樹(가로수)가 있는데, 모두 이것이 네 가지 보배(금·은·청옥·수정)라, (이것들이) 둘러싸고 있으므로, 이런 까닭으로 저 나라를 극락이라고 하느니라. 또 사리불아, 극락국토에는 칠보로 된 연못이 있으니, 여덟 가지 공덕수[137]가 그 가운데 가득 차 있고, 연못 밑에는 순전히 금모래가 땅에 깔려 있고, 사방의 계단은 금·은·유리琉璃·파리頗梨로 합하여 이루었고, 위로는 누각이 있으되 또한 금·은·유리·파리·자거·붉은 구슬(赤珠)·마노馬瑙로써 꾸며졌고, 연못 가운데는 연꽃이 크기가 수레바퀴 같은지라. 청색은 푸른빛이 나고, 황색은 누른빛이 나고, 적색은 붉은빛이 나고, 백색은 흰빛이 나서 미묘하고 향기가 깨끗하므로 사리불아, 극락국토는 이와 같은 공덕이 성취하여 화려하게 꾸미어졌느니라.

또 사리불아, 저 부처님 나라에는 항상 하늘의 악기를 연주하며 땅은 황금으로 되어 있으며, 주야육시(하루 종일) 하늘로부터 만다라화曼陀羅華 꽃을 뿌리는데, 그 땅의 중생은 항상 아침으로부터 각각 의극衣裓(꽃바구니)에 많은 묘한 꽃들을 담아 다른 세상의 십만억 부처님께 공양하고 즉시 끼니때에 돌아와 본국에 이르러 밥 먹고 두루 다니나니, 사리불아 극락국토는 이 같은 공덕이 이루어져 화려하게 꾸미어졌느니라.

다시 그 다음으로 사리불아, 저 나라에는 항상 갖가지 기묘한 여러 가지 새가 있으니, 백학白鶴과 공작과 앵무와 사리조舍利鳥와 가릉迦陵과 빈가頻伽와 공명共命과 같은 새이다. 이와 같은 여러 새가 하루 종일 온화하고 우아한 소리를 내되 그 소리가 오근五根(신심·정진·바른 생각·선정·지혜)과 오력五力(믿는 힘·정진하는 힘·생각하는 힘·선정의 힘·지혜의 힘)과 칠보리분七

---

137 여덟 가지 공덕수 : 문헌에 따라 내용이 다른데, 『구사론』의 경우에는 달고 차고 부드럽고 가볍고 깨끗하고 냄새 없고 마실 때 목이 상하지 않고 마신 후 배탈 나는 일이 없는 것을 말한다.

菩提分과 팔성도분八聖道分[138]과 같은 법을 펴 말하는데, 그 땅의 중생들이 이 소리를 들으매 모두 부처를 염하며 법문을 염하며 승僧을 염하나니, 사리불아 너는 이 새들이 실로 죄보罪報에서 태어난 것이라고 말하지 말라. 까닭이 어째서냐 하면, 저 부처님 나라에는 삼악도三惡道가 없기 때문이니라. 사리불아, 저 부처님 나라에는 오히려 악도惡道라는 이름이 없거늘 하물며 실제가 있겠는가? 이 여러 가지 많은 새는 다 아미타불께서 법의 소리를 펴 널리 전하고자 하시어 변화시킨 것이시니라. 사리불아, 저 부처님 나라에 미풍이 불어 움직이면 모든 보배 가로수와 보배 나망羅網(그물)이 미묘한 소리를 내나니, 비유하건대 백천 가지 악기를 동시에 함께 연주함과 같은지라, 이 소리를 듣는 자는 자연히 부처를 염하며 법문을 염하며 스님을 염할 마음을 내나니, 사리불아 그 부처 나라는 이 같은 공덕이 이루어져 화려하게 꾸미어졌느니라.

사리불아, 네 뜻에는 어떠하냐? 부처님을 어떤 까닭으로 이름을 아미타라고 하겠느냐? 사리불아, 저 부처님의 광명이 무량하시어 시방세계를 비추시되 걸릴 바가 없는지라. 이런 까닭으로 이름을 '아미타'라 하시니라. 또 사리불아, 저 부처님의 수명과 그 인민人民에 이르기까지 (수명이) 헤아릴 수 없고 가없는 아승기겁阿僧祇劫이므로 그러므로 이름을 '아미타불'이라고 하신 것이다. 사리불아, 아미타불이 부처가 되어서 온 것이 이제 열 겁이시니라.

또 사리불아, 저 부처님께서는 헤아릴 수 없고 끝없는 성문聲聞 제자들이 있으니 모두 아라한이라. 이것은 산수로 셈하여 능히 알 바가 아니요, 모든 보살 대중도 또다시 이와 같이 많으니라. 사리불아, 저 부처님 나라는 이와 같은 공덕이 이루어져 화려하게 꾸미어졌느니라.

---

138 칠보리분七菩提分은 수행할 때 선악을 가리는 7가지 지혜를 뜻하고, 팔성도분八聖道分은 '팔정도八正道'라고도 한다. ① 정견正見, ② 정사유正思惟, ③ 정어正語, ④ 정업正業, ⑤ 정명正命, ⑥ 정정진正精進, ⑦ 정념正念, ⑧ 정정正定이 이에 속한다.

또 사리불아, 극락국토에 중생으로 태어나는 자는 모두 이것이 아비발치阿鞞跋致라.【아비발치는 물러나지 아니한다는 것이다.】 그 중에 일생보처一生補處[139]가 많이 있으니, 그 수가 심히 많아 산수로 능히 알 수 있는 바가 아니므로, 오직 가히 헤아릴 수 없고 끝없는 '아승기阿僧祇'로써 이르는 것이다. 사리불아, 중생으로서 (이 말을) 듣는 자는 응당 이 서원을 발하여 저 나라에 태어나기를 발원해야 할 것이니라. 까닭이 어째서냐 하면, 이 같은 으뜸가는 여러 어진 사람들과 더불어 함께 한 곳에 모일 것이기 때문이니라.

사리불아, 가히 작은 선근善根과 복덕의 인연을 가지고는 저 나라에 태어나지 못할지니라. 사리불아, 만일 혹시 선남자나 선여인이 아미타불의 이름을 듣고 명호名號를 지니되, 만일 하루나 만일 이틀이나 만일 사흘이나 만일 나흘이나 만일 닷새나 만일 엿새나 만일 이레를 한마음이요 어지럽지 아니하면, 그 사람은 목숨이 끝날 때를 임하여 아미타불이 여러 성중聖衆과 더불어 그 앞에 나타나 있을 것이니, 그 사람이 죽을 때에 마음이 전도顚倒되지 아니하고 즉시 아미타불의 극락국토에 왕생할 것이니, 사리불아, 나는 이와 같은 이로움을 보고 그러므로 이러한 말을 이르는 것이다. 만일 혹시 어떤 중생이 이렇게 말하는 것을 듣는 자가 있다면 응당히 서원誓願을 발하여 저 나라에 태어나고 싶다고 해야 할 것이니라.

사리불아, 내가 이제 아미타불의 불가사의한 공덕의 이로움을 찬탄한 것과 같이 동방에 또한 아촉비불阿閦鞞佛과 수미상불須彌相佛과 대수미불大須彌佛과 수미광불須彌光佛과 묘음불妙音佛 등의 항하사같이 수많은 부처님이 계시어 각각 그 나라에서 광장설상廣長舌相[140]을 내시어 삼천대천세계를 두루 덮어 참되고 진실한 말씀을 이르시되, '너희 중생들은 마땅히 이 불가사

---

139 일생보처一生補處 : 미혹에 묶여 있는 것은 이번 생이 마지막으로 이번 일생만 지나면 다음 생에는 깨달음을 얻어 부처가 될 지위에 오르는 경지.
140 광장설상廣長舌相 : '넓고 긴 부처님의 혀 모양'이라는 뜻으로, 모든 것을 깨달으셔서 말이 막힘이 없이 길고 줄기차게 말씀을 잘하는 것을 뜻함.

의한 공덕을 칭찬한 일체제불소호념경一切諸佛所護念經[141]을 믿으라.'고 하시느니라.

사리불아, 남방세계에서도 일월등불日月燈佛과 명문광불名聞光佛과 대염견불大焰肩佛과 수미등불須彌燈佛과 무량정진불無量精進佛 등과 같은 항하사같이 수많은 부처님이 계시어 각각 그 나라에서 광장설상을 내시어 삼천대천세계를 두루 덮어 참되고 진실한 말씀을 이르시되, '너희 중생들은 마땅히 이 불가사의한 공덕을 칭찬한 모든 부처님께서 호념護念하시는 이 경經을 믿으라.'고 하시느니라.

사리불아, 서방세계에서도 무량수불無量壽佛과 무량상불無量相佛과 무량당불無量幢佛과 대광불大光佛과 대명불大明佛과 보상불寶相佛과 정광불淨光佛 등과 같은 항하사같이 수많은 여러 부처님이 계시어 각각 그 나라에서 광장설상을 내시어 삼천대천세계를 두루 덮어 참되고 진실한 말씀을 이르시되, '너희 중생들은 마땅히 가히 불가사의한 공덕을 칭찬한 모든 부처님께서 호념護念하시는 이 경經을 믿으라.'고 하시느니라.

사리불아, 북방세계에서도 염견불焰肩佛과 최승음불最勝音佛과 난저불難沮佛과 일생불日生佛과 망명불網明佛 등과 같은 항하사같이 수많은 부처님이 계시어 각각 그 나라에서 광장설상을 내어 삼천대천세계를 두루 덮어 참되고 진실한 말씀을 이르시되, '너희 중생들은 마땅히 이 불가사의한 공덕을 칭찬한 모든 부처님께서 호념하시는 이 경을 믿으라.'고 하시느니라."

"사리불아, 하방세계下方世界에서도 사자불師子佛과 명문불名聞佛과 명광불名光佛과 달마불達摩佛과 법당불法幢佛과 지법불持法佛 등의 항하사같이 수많은 부처님이 계시어 각각 그 나라에서 광장설상을 내시어 삼천대천세계를 두루 덮어 참되고 진실한 말씀을 이르시되, '너희 중생들은 마땅히 이

---

141 일체제불소호념경一切諸佛所護念經 : '일체제불소호념경'은 경전의 이름이 아니라, '모든 부처님께서 호념護念(항상 마음에 두고 지님)하시는 이 경經'이라는 뜻으로서, 『아미타경』의 중요한 가치를 일컬어 표현한 것이다.

불가사의한 공덕을 칭찬한 모든 부처님께서 호념하시는 이 경을 믿으라.'고 하시느니라.

사리불아, 상방세계上方世界에서도 범음불梵音佛과 숙왕불宿王佛과 향상불香上佛과 향광불香光佛과 대염견불大焰肩佛과 잡색보화엄신불雜色寶華嚴身佛과 사라수왕불娑羅樹王佛과 보화덕불寶華德佛과 견일체의불見一切義佛과 여수미산불如須彌山佛 등의 항하사같이 수많은 부처님이 계시어 각각 그 나라에서 광장설상을 내시어 삼천대천세계를 두루 덮어 참되고 진실한 말씀을 이르시되, '너희 중생들은 마땅히 이 불가사의한 공덕을 칭찬한 모든 부처님께서 호념하시는 이 경을 믿으라.'고 하시느니라."

"사리불아, 네 생각에는 어떠하냐? 어떤 까닭으로 (이 경의) 이름을 '일체제불소호념경一切諸佛所護念經(모든 부처님이 호념하시는 경)'이라고 이름하겠느냐? 사리불아, 만일 어떤 선남자나 선여인이 이 경을 듣고 받아 지니는 자와 모든 부처님의 이름을 듣는 자라면, 이 여러 선남자와 선여인이 모두 일체 여러 부처님이 호념하는 바가 되어 모두 아뇩다라삼먁삼보리阿耨多羅三藐三菩提에서 물러나지 아니할 것이다. 이런 까닭으로 사리불아, 너희들은 모두 마땅히 나의 말과 또한 모든 부처가 이른 바(말씀)를 믿어 받을지니라."

"사리불아, 만일 혹 어떤 사람이 이미 발원하였거나 지금 발원하거나 앞으로 발원하여 아미타불의 국토에 태어나고자 한다면, 이 여러 사람들은 모두 아뇩다라삼먁삼보리에서 물러나지 아니하여, 이미 저 나라에 태어났거나, 지금 태어나거나, 앞으로 태어날 것이니라. 이런 까닭으로 사리불아, 여러 선남자·선여인이 만일 믿음이 있는 자라면, 응당히 발원하여 저 나라에 태어나고자 해야 할 것이니라."

"사리불아, 내가 지금 모든 부처님의 불가사의한 공덕을 칭찬한 것같이, 저 모든 부처님들도 또한 나의 불가사의한 공덕을 칭찬하시어 이 말씀을 하시되, '석가모니 부처가 능히 매우 어렵고 희유稀有한 일을 위하시어, 사바국토娑婆國土의 오탁악세五濁惡世인 겁탁劫濁·견탁見濁·번뇌탁煩惱濁·중생탁衆生濁·명탁命濁 가운데에서 아뇩다라삼먁삼보리를 얻으시어 모든 중생들을 위하여 이 일체 세상에서 믿기 어려운 법을 말씀하신다.'고 하시느니라."

"사리불아, 마땅히 알라. 내가 오탁악세에서 이 어려운 일을 행하여 아뇩다라삼먁삼보리를 얻어 모든 세상을 위하여 이 믿기 어려운 법을 설하는 것, 이것이 심히 어려운 일이 되느니라."

부처님께서 이 경전을 말씀하시매, 사리불과 또한 여러 비구와 모든 세간의 천인天人과 아수라阿修羅 등이 부처가 이르는 바를 듣고 환희하며 믿고 받아서 예배를 드리고 떠나가니라.

무량수불설왕생정토주 無量壽佛說往生淨土呪

나무아미다바야 다타가다야 다지야다 아미니 도바비 아미니다 실담바비 아미니다 비가난졔 아미니다 바가난다 가미니 가가나 지다가예 사바하

므량슈블셜왕싱졍토쥬

나무아미다바야 다타가다야 다지야다 아미니 도바비 아미니다 실담바비 아미니다 비가난졔 아미니다 바가난다 가미니 가가나 지다가예 스바하

현씨 발원문

경상좌도[142] 밀양에 사는 현씨는 불명佛名이 본원本願이다. 재가 시절에 마침 가사 입은 화주승化主僧[143]이 시주를 청하자 홀연 신심을 일으켜 시주를 하였다. 그날 밤 삼경에 혼자 일어나 염불을 외며 정업으로 삼았다. 추위와 더위가 바뀌고 밤낮의 길이가 길고 짧아지는 것도 모두 알지 못하고 일념으로 항상 염불하였다. 남들도 함께 염불하며 모두 칭찬하였다. 집에는 머물지 않고 산에 들어가 초당에 거처하며 향을 사르고 연비燃臂[144]를 하면서 더욱 염불에 힘썼다.

임종할 때 서쪽을 향해 좌탈坐脫하며 자손들을 모아 놓고 유언을 남기기를 "내 말을 끝까지 들으라. 내 명이 오늘에 있으니, 내 장사를 치를 때에는 다비법으로 화장하도록 하라. 또한 너희들도 법을 행하라. 팔만대장경과 부처님과 조사들의 말씀에 무수한 방편이 있다. 그러므로 상근기와 중근기는 계법戒法과 상법像法[145]이 견고하고 높으니, 곧 하근기를 위해 말세에 이와 같이 여러 방편을 열어 놓았다. 너희들이 괴로움에서 벗어나려면 곧 서방의 중도제일 특별한 극락정토문이 있으니 왕생을 구하거든 염불 발원하라. 매일 새벽에 서쪽을 향하여 삼배예불하고, 다음으로 열 번

---

142 경상좌도慶尙左道 : 조선 중종中宗 때 경상도를 좌·우로 나누어 그 왼쪽 지역에 속하는 여러 군을 통칭한 행정구역. 현재 경상남북도의 동쪽에 위치한 지역임. 울산蔚山·예천醴泉·의성義城·밀양密陽·칠곡漆谷·창녕昌寧 등 37군郡.

143 화주승化主僧 : 인가에 다니면서 사람들로 하여금 법연法緣을 맺게 하고, 시주를 받아 절의 양식을 대는 승려를 가리킨다.

144 연비燃臂 : 불가에 출가하여 득도 의식 때 행하는 신체의 일부를 태우는 의식. 팔에 초의 심지를 올려놓고 태워 불법을 수호하고 깨달음을 얻기 위해 육신의 고통까지도 감내한다는 의미를 담고 있다.

145 상법像法 : 붓다가 입멸한 후 불법의 성쇠를 정법正法·상법像法·말법末法의 세 시기로 구분한다. 불법이 바르게 행해져 가르침과 수행자와 깨달음을 이루는 자가 있는 시기를 '정법', 가르침과 수행자는 있어도 깨달음을 이루는 자가 없는 시기를 '상법', 불법이 쇠퇴하여 오직 가르침만 있는 시기를 '말법'이라 함.

소리 내어 염불하거나 백 번, 혹은 천 번 소리 내어 염송하는 자는 극악한 죄를 지었어도 모두 사라지고 임종할 때 저 부처님의 힘으로 바로 왕생할 수 있다. 극락국토에는 황금 칠보 땅에 구품의 연화대가 있어 무량한 쾌락을 받고 모두 불도를 이룬다." 하였다.

이와 같이 특별히 당부하자 막내아들 각성覺聖이 모친이 말씀하신 끝에 유언을 믿음으로 봉행하고자 하였다. 고로 재물을 희사하여 보권문을 새로 판에 새겨 펴내 모든 남녀노소에게 나무아미타불을 염불하도록 권하였다. 이를 위해 가야산 해인사 대장경각에 안치해 둔다.

본원 보살의 마음 노니는 곳

살아 있는 나무인데 꽃이 피지 않기도 하고
죽은 고목인데 꽃이 피기도 하네.
만물이 때에 맞춰 이루고 사라지는 중에
그 가운데 생멸 없는 땅이 있어라.
선남자 선여인들이여.
서방 극락에 왕생하길 발원합니다.

玄氏發願文[1]

慶尙左道密陽居姓玄氏。佛名本願。在家適有袈裟化主僧。請其許施主。忽發信心。爲施主。其日三更夜自起。口誦念佛爲淨業。寒暑之往來。晝夜長短摠不知。一念恒在念佛。他人同因咸稱焉。在家不居。入山居草堂。燒香燃臂。尤勤念佛矣。命終時。向西坐脫曰。會子孫遺囑。[2] 吾言盡聽。吾命今日。在於我之莊。[3] 僧法燒身。亦有汝等。行法云。八萬諸經。佛祖師言說。無數方便也。是故上中根。戒像法堅高。則下根末世諸門開閉如是。故汝等欲脫苦。則西方中道第一別極樂淨土門。求生念佛發願。每

日早朝。向西禮佛三拜。次十聲念佛。或有百聲。或有千聲。念誦者。極惡
重罪。皆是消滅。命終時。彼佛力故。今得往生。極樂國土。有黃金七寶地
中。亦有九品蓮臺。無量快樂修。[4] 皆成佛道。如是別戒。末子覺聖。爲母
主言說之下。信修奉行遺言之。故捨財新刻板普勸文發用。一切老少男女
等。勸念南無阿彌陁佛。以爲此。伽倻山海印寺。因置於大莊經閣耳。
本願心行遊。
爲生木不花發 有死古木花發
萬物時成之中 於中不生有地
善男子善女人 西生極樂發願

1) ㉤ 갑본에는 「현씨발원문」이 없다. 2) ㉠ '會子孫遺囑'이라는 구는 '자손들을 모아 유언을 남겼다'는 의미로 '向西坐脫曰' 앞으로 가는 것이 문맥상 자연스러우므로 문맥에 따라 번역한다. 3) ㉠ 언해 부분과 비교해 보면 '莊'은 '葬'의 오자인 듯하다. 문면 그대로는 '내 장사에서~'로 해석하는 것도 가능하다. 4) ㉠ '修'는 '受'인 듯하다.

션씨발원문[1]

경샹좌도 밀양 사던 형은 현씨요 블명은 본원이요 유가의 이실 째에 마춤 가새 화듀듕이 시듀을 쳥ᄒᆞ거을 마춤 신심을 발ᄒᆞ야 시듀을 위ᄒᆞ이 그날 밤듕 삼경의 스스로 염블이 절로 나와 경업을 삼으되 치위와 더위예 가며 오기와 낫과 밤이 길며 쟐으기로 아지 못ᄒᆞ고 눈을 금지 아이ᄒᆞ고 고성으로 염블호되 일일일야의 삼만성씩 ᄒᆞ되 춘 삼연을 염블ᄒᆞ며서 브체을 보고져 원호되 브체님 자최을 보지 못ᄒᆞᄂᆞᆫ 고로 죽기을 써 삼십일을 음식을 근치이 ᄌᆞ손이 모다 의논호되 부모님 인ᄌᆞ은 죽기을 졍ᄒᆞ이 우리 등이 니러ᄒᆞᆫ 슬품 이리 니 엇지 ᄯᅩ 이스리요

신미연 서듧 니십ᄉᆞ일에 염블독송을 위ᄒᆞ디이 삼경의 꿈인덧 아인덧 그러ᄒᆞᆫ 듕의 셔방으로 이러나되 오식 굴움이 한가로이 늘라 갓가이 와 풍유소리 한가로이 나거을 현씨 듯고 볼 째예 굴운 ᄀᆞᆺᄐᆞᆫ 집 가온대 둥 서히 안자 일로되 네 춘 삼연을 염블독송ᄒᆞ며 브톄 보아지라 발원이 ᄀᆞᆫ결ᄒᆞᆫ 고로 셔

방의 사는 아미타블이 나타 법을 일으로라 북방의 도승이 니스이 스승을 졍
ᄒ고 참회ᄒ고 유가의 잇지 말며 츌가ᄒ야 산의 들러 염블ᄒ면 경되 되ᄂ
이라 너의 ᄌ손 견답지믈이 태산 ᄀᆺ틱야도 다 허망이라 ᄯ호 블도을 일으
로라 팔만졔경의 블조ᄉ의 일으신 말숨이 방볜문이 수업ᄂ 고로 식의 맛게
로 일으로라 샹근과 듕근에ᄂ 참션과 화도와 샹법으로 득도을 만이 ᄒ여써
이와 하근 말셰예ᄂ 팔만법문이 모도 다 닷게ᄂ 고로 이 ᄀᆺ툰 고로 너희 등
이 이 괴로온 셰계을 여희고져 ᄒᄂ 사름인즉 셔방으로 듕도졔일 벨극낙셰
계 이시니 그 국을 나지라 구ᄒ면 염블ᄒᄂ 쟈 날로써 일즉 아ᄎ믜 ᄯᅩ 셔
ᄒ로 상ᄒ야 례블 삼비 위ᄒ고 다시 열쎤 염블ᄒ거나 혹 빅쎤이나 혹 쳔쎤
이나 염ᄒ야 외오며 도라가지라 발원ᄒᄂ 쟈 죄악이 극키 딥고 듕ᄒ야도
기시 소멸ᄒ고 명죵시예 져 브톄님 원역으로 인인개개니 모도 다 극낙으로
도라가리라 그 짜희 보빅 이스되 황금과 칠보로 싸히 되엿고 그 듕의 ᄯᅩ 이
시되 구품년화딕 다 도라가셔 고악은 영히 업고 즐거온 낙은 셰알남니 업
ᄂ 고로 모도 다 블도만 닐왓ᄂ이라 ᄯᅩ호 일리시딕 잇튼날로쎠 달은 ᄆ을
사름이 만이 와 무로딕 간밤의 엇지 이 ᄆ슬이 브리 붓던고 ᄒ거을 현씨 딕
답ᄒ딕 나ᄂ 아지 못ᄒ로라 그러호 고로 브톄님 닐으신 말솜을 신ᄒ야 드
은 고로 계유연 삼월 십오일에 츌가시예 ᄌ존과 셰간을 헌신ᄀᆺ치 브리시고
만쳡산 빅운 듕의 한가로니 염블호딕 니십칠연을 동고 박긊 나지 아이ᄒ며
나모닙이 찌ᄂ 쌔면 삼ᄉ월로 싱각ᄒ고 단풍이 들거든 구시외므로 싱각ᄒ
고 둥둥이 우ᄂ 새소릭로 한가지 버들 사마 롤며셔 새베 어슬무로 례비 오
십비식 위ᄒ며 일염으로 염블ᄒ더이 달은 사름이 괴나타 ᄒ고 흔가지로 염
블 다 ᄒ더라 산의 들어 집을 짓고 향도 슬며 연비도 슬며 더옥 더옥 염블
ᄒ더이 명동시예 ᄌ손을 뫼화 일ᄋ샤딕 내 말을 신ᄒ야 들을라 내의 명이
오ᄂ날의 이스매 일으로라 내 쟝ᄉ난 숭법으로 화장ᄒ고 니후예 지믈을 내
여 보건믄을 발용ᄒ야 일쳬 노소남예 등을 남무아미타블 권염 극낙셰계로
인도ᄒ여라 나ᄂ 인직 아미타블 심으로 ᄆ음이 즐거이 도라가로라 이 ᄀᆺ

튼 고로 말ᄌ아들 각형이 브모님 일으신 말슴을 신ᄒ야 밧드러 힝ᄒᄂ는 고로 보권문 신긱판ᄒ야 개야산 히인ᄉ의 팔만대장경 셔각의 두어 후인으로 견ᄒ옴니다

1) ㉧ '玄氏發願文'에 대한 당시의 일반적인 한자음은 '현씨발원문'이다. 18세기 경상도 지역은 '현玄〉션'으로 구개음으로 발음하는 현상이 있었고, 그 발음을 그대로 제목에 반영한 것이다. 본문에는 '玄氏'를 '현씨'로 표기한 곳도 있는데 그것은 일반 한자음을 반영한 것으로 보인다.

현씨발원문

경상좌도 밀양에 살던 성은 현씨玄氏요, 불명佛名은 본원本願이요, 속가에 있을 때에 마침 가사를 입은 화주승이 시주를 청하거늘 마침 신심을 내어 시주를 하니, 그날 밤중 삼경에 스스로 염불이 저절로 나와 정업淨業[146]을 삼되, 추위와 더위가 가고 오는 것과 낮과 밤이 길고 짧은 것도 알지 못하고, 눈을 감지 않고 높은 소리로 염불하되, 하루 낮 하룻밤에 3만 소리씩 염불하되 만 3년을 염불하면서 부처님을 보고자 원하되 부처님 자취를 보지 못하는 고로, 죽기를 각오하고 삼십 일을 음식을 끊으니, 자손들이 모여 의논하기를, 부모님이 이제는 죽기를 정하니 우리들이 이러한 슬픈 일이 이 어찌 또 있겠는가?

신미년 섣달 이십사일에 염불 독송을 하더니 삼경에 꿈인 듯 아닌 듯 그러한 중에 서방으로부터 오색구름이 일어나되 한가로이 날아 가까이 오니 풍악 소리가 한가로이 나거늘 현씨가 듣고 볼 때에 구름 같은 집 가운데에 중 셋이 앉아 말하기를 "네가 만 3년을 염불 독송하며 부처님을 보고 싶다고 한 발원이 간절한 고로 서방정토에 사는 아미타불이 나타나 법을 이르노라.

북방의 도승이 있으니 스승으로 정하고 참회하고 유가留家에 있지 말고

---

146 정업淨業 : 정토왕생淨土往生의 정업正業. 곧 염불念佛. 언해문의 '경업'은 '淨業'에 대한 당시 한자음인 '졍업'을 '경업〉정업'으로 변화한 것이라고 오해하여 과잉 교정한 한자음. '淨業'의 한자음 '졍업'은 15세기부터 써 오던 전통 한자음임.

출가하여 산에 들어가 염불하면 정도正道가 되느니라. 너의 자손의 전답과 재물이 태산 같아도 모두 허망하다. 또한 (내가) 불도를 이르노라. 8만 모든 경전에 부처님과 조사들이 이르신 말씀이 방편문이 수없이 많은 고로 각자에게 맞게 이르노라. 상근上根과 중근中根에는 참선과 화두와 상법像法으로 득도를 많이 하였거니와, 하근下根 말세에는 8만 법문이 모두 다 닫힌다. 이와 같으므로 너희들이 이 괴로운 세계를 여의고자 하는 사람인즉 서방의 중도제일 특별한 극락세계가 있으니 그 국國에 태어나고 싶다고 구하며 염불하는 자는 날마다 일찍 아침에 또 서쪽으로 향하여 예불을 삼배하고 다시 열 번 염불을 하거나 혹 백 번이나 천 번이나 염불하여 외우며, 돌아가고 싶다고 발원하는 자는 죄악이 극히 깊고 무거워도 모두 소멸하고, 임종 시에 저 부처님의 원력으로 사람들 개개인이 모두 극락으로 돌아가리라. 그 땅에는 보배가 있으되 황금과 칠보로 되어 있고, 그 중에 또 있으되 구품 연화대九品蓮花臺에 모두 돌아가서 괴로움과 궂은일은 영원히 없어지고 즐거운 낙樂은 헤아림이 없으므로 모두 다 불도만 이루었느니라."

또한 이르시되, 이튿날로부터 다른 마을 사람들이 많이 와서 묻기를, 간밤에 어찌 이 마을에 불이 붙었는가 하거늘 현씨가 대답하되, 나는 알지 못하겠노라. 그러한 고로 부처님께서 이르신 말씀을 믿어 들은 까닭으로 계유년 삼월 십오일 출가 시에 자손과 세간을 헌신짝같이 버리시고 만첩청산 흰구름 속에서 한가로이 염불하되 27년을 동구 밖으로 나오지 아니하며 나뭇잎이 피어나는 때면 3·4월로 생각하고, 단풍이 들면 9·10월로 생각하고, 등등이 우는 새소리로 함께 벗을 삼아 놀면서 새벽 어스름으로부터 예배를 50배씩 드리며 일념으로 염불하더니, 다른 사람들이 괴이하다 하고 모두 함께 염불하더라.

산에 들어가 집을 짓고 향도 사르며 연비燃臂도 사르며 더욱더 염불하더니, 임종 시에 자손들을 모아 놓고 이르시길, "내 말을 믿어 들으라. 나의 목숨이 오늘에 있으매 말하노라. 내 장사는 스님 법도로 화장하고 이후에는 재물을 내어 보권문普勸文을 발행하여 일체의 남녀노소들에게 나무아미타불 염불을 권하여 극락세계로 인도하여라. 나는 이제 아미타불의 원력으로 마음 즐거이 돌아가노라."

이상과 같으므로 막내아들 각성覺聖이가 부모님이 이르신 말씀을 믿고 받들어 행하는 고로, 보권문을 새로 판각하여 가야산 해인사의 팔만대장경 서각書閣에 두어 후세 사람으로 하여금 보게 하옵니다.

현씨 행적

경상좌도 밀양에 사는 현씨는 불명佛名이 본원本願이다. 기사년 납월에 마침 가사 입은 화주승化主僧이 보시하기를 청하자 홀연 신심을 일으켜 시주하였다. 그날 밤 삼경에 스스로 입에서 염불이 나와 업으로 삼았다. 추위와 더위가 가고 오고 낮밤의 길이가 짧아지고 길어지거나 모두 알지 못하고 고성으로 염불하되 하루 낮밤에 3만 번씩 소리를 내었다. 만 36개월인 신미년 12월 24일 삼경에 염불 독송하는데, 서방에서 오색 상서 구름이 살포시 내려 가까이 오자 음악 소리가 한가로이 들려오는데, 묘각妙閣 중에 세 송이 꽃이 있고 그 위에 세 부처님이 앉아 계셨다.

현씨가 부처님을 뵈옵자 부처님께서 이르시기를 "네가 염불한 지 3년을 채우고 부처님 뵙기를 간절히 발원하니 나타나서 너를 위하여 참회하고 설법하노라. 스승을 정하여 참회하고 출가 입산하라. 너의 자손과 전답 재물이 태산 같으나 모두 다 허망하니라." 하였다. 현씨가 그 말씀을 듣고 잊지 않고 믿음으로 받아 받들어 행하면서 계를 닦은 지 27년이었다. 이와 같이 하는 중에 25년 동안 부처를 뵙고 법을 들으며 밤낮으로 서쪽을 향하여 예불하기를 50배씩 하였고 일념으로 항상 염불하였다. 남들도 염불을 함께 하면서 모두 다 칭찬하였다. 하루는 출가하고 입산하여 초당에 거처하며 향을 사르고 연비하며 더욱 염불에 부지런히 하면서 부처님 힘으로 극락국토에 왕생하기를 기원하였다.

임종할 때 자손을 모아 놓고 유언하며 말하였다. "내 명이 오늘에 달려 있으니 너희들은 내 말을 끝까지 듣도록 하라. 내 장례를 치른 후 보권경普勸經을 펴내어 일체 만민을 극락국토로 인도하라. 나는 이제 부처님 힘으로 마음 기쁘게 돌아가노니, 현전하신 아미타불께서 말씀하시기를 '너희들 대중은 잘 들으라. 여러 경전의 부처님과 조사들이 무수한 방편문을 설하였도다. 그런 고로 상근기와 중근기는 계법과 상법이 견고하고 높기에 하근기를 위해 여러 방편문을 열어 놓나니, 말세에 괴로움을 벗어나고자 하는 사람을 위하여 설법하노라. 이에 정토문을 마침 일으켜 행하노니 염불로 왕생하고자 하는 사람은 사람마다 모두 극락세계에 왕생할 수 있다.' 하였다."

그런 고로 막내아들 각성覺聖에게 특별히 당부하여 말하였다. "너는 이미 입산하여 불도를 행하니 재물을 내어 판각하여 보권문을 발행하여 모든 남녀노소 사람에게 아미타불을 염하도록 권하여라. 매일 이른 아침에 서방을 향해 예배를 삼배씩 드리고 40번 소리 내어 염불하는 사람은 우리 국토 연꽃 중에 모두 왕생할 수 있을 것이다." 하였다.

그런 고로 각성은 어머니 현씨의 말씀을 믿음으로 수지하고 받들어 행하며 보권문을 새로 새겨 합천 해인사의 장경각에 안치하였다.

玄氏行跡[1]

慶尙左道密陽居。姓玄氏。佛名本願。己巳臘月日。適有袈裟化主僧。請其許施。忽發信心。爲施主。其日三更夜。自己口誦念佛爲業。寒暑之徃來。晝夜之長短。揔不知。高聲念佛。一日一夜。爲三萬聲。滿三十六月。辛未十二月二十四日三更。以爲念佛讀誦。自西方至五色瑞雲。閑飛近來。樂聲閑出。妙閣中在三花。上有三佛像坐。玄氏見佛。佛云。汝滿念佛三年。發願見佛悲切。故現前爲汝悔說。爲師懺悔。出家入山。汝之子孫。田土財物。如泰山。皆是虛罔。玄氏聽其言而不忘故。信受奉行。修戒二十七年。如斯之內。二十五巡。見佛聞法。一[2]夜向西禮佛五十拜。一念恒在念佛。他人同因咸稱焉。一日出家。入山居草堂。燒香燃臂。尤勤念佛。誓以佛力。徃生極樂國土矣。命終時。會子孫遺囑言曰。吾命在於今日。汝等盡聽吾言。我之葬後。普勸經發用。一切萬人。引道極樂國土。我今佛力。心樂還去。現前阿彌陁佛云。汝等大衆信聽。諸經佛祖師言。說無數方便門也。是故上中根。戒像法堅高。下根諸門開閉故。末世欲脫苦

惱者爲說。是起適行淨土門。求生念佛者。人人皆得徃生極樂世界。是故
別戒末子覺聖曰。汝旣入山爲佛道。捨財刻板。普勸文發用。一切老少男
女等。勸念阿彌陁佛。每日早朝。向西方禮佛三拜。次四十聲念佛爲者。我
國土蓮花中。皆得徃生。是故覺聖。爲母主玄氏言說。信受奉行。普勸文
新刻于陜川海印寺。因置於莊經閣。

---

1) ㉯ 이「玄氏行跡」(한문과 언문)은 저본에 없는 내용이다. 편자가 국립도서관 소장
본(저본과 같음)에서 보입한 것이다. ㉱ 앞의「玄氏發願文」과 중복되는 내용이 많다.
2) ㉱ '一'은 'ㅂ'인 듯하다.

션씨힝젹

경상좌도 밀량의셔 사는 셩은 션씨요 블명은 본원인니 긔ᄉ연 납월일의 맛춤 가사 화슈즁[1]이 이셔 새쥬을 쳥ᄒ건늘 믄득 신심을 내여 새쥬을 ᄒ엿던니 그날 밤 삼경의 스ᄉ로 닙부로 염블리 나와 경업을 삼으되[2] 치오며 더외 가며 오며 낫과 밤니 질며 잘으기을 다 아지 못하고 고셩으로 염블ᄒ야 일일일야의 삼만셩식 ᄒ더니 삼십육딜리 ᄎ매 신묘연 샛딜 이십ᄉ일[3] 삼경의 염블노뻐 독숑ᄒᄂᆞᆫ씨라 셔방으로 오ᄉᆡ 샹운니 한가로이 늘라 갓가이 오며 풍유 솔이 한가로니 나ᄂᆞᆫ씨라 묘각즁의 세 가지 꼿치 잇고 우희 삼블리 이셔 안잣건늘 션씨 부쳬긔 뵈온대

부쳬임니 닐로시되 네 염블ᄒ기을 삼연을 치우고 발원ᄒ야 부쳬 보기을 근졀리 ᄒᄂᆞᆫ고로 낫타나셔 너을 위ᄒ야 참회ᄒ고 셜법ᄒ노라 스승을 졍ᄒ고 참회ᄒ고 츌가ᄒ고 님삼홀나 너의 ᄌᆞ손과 젼토와 직믈리 태산 ᄀᆞᆺ하여도 모도 다 허망인니라 션씨도 말슴을 듯고 잇지 안니ᄒᄂᆞᆫ 고로 삼개힝을 밧드러 경계을 싹근 자 슴믈일곱히라 이ᄀᆞᆺ치 염블ᄒᄂᆞᆫ ᄉᆞ이예 슴믈다ᄉᆞᆺ순을 부쳬임을 낫토와 보고 법문을 듯고 일염의 ᄒᆞᆼ샹 염블의 잇ᄂᆞᆫ지라 달은 사ᄅᆞᆷ들리 ᄒᆞᆫ가지로 염블ᄒᆞ며 괴니ᄒᆞ다 잇ᄀᆞᆺ더라 일일의 츌가ᄒ고 산의 들러 집을 짓고 염블ᄒ며 샹을 쓸고 죠셕과 쥬야의 예블 오십번식 ᄒ고 연배ᄒ야

더옥 염블ᄒ며 블역으로ᄡᅥ 극낙국토의 왕ᄉᆡᆼ홈을 밍셰ᄒ더니 임죵홀 ᄯᅢ예 ᄌᆞ손을 뫼와 안치고 유언ᄒ여 일로ᄃᆡ 내의 목숨니 오늘날의 잇ᄂᆞᆫ지라 너의 등니 다 내의 말을 들으라 나을 쟝ᄉᆞᄒᆞᆫ 후의 보권경을 발용ᄒ여 일쳬만인을 극낙국토로 인도ᄒ여스라 내 이지 부쳬임 심으로 모으매 즐거니 돌라가노라

션젼 아미타블리 일로시되 졔경의 블조시 일너시되 방변이 슈업ᄂᆞ니라 이런고로 샹근과 즁근의ᄂᆞᆫ 계법과 샹법과 득도ᄒ고 하근 말셰예ᄂᆞᆫ 고로온 셰계 ᄲᅢᆺ고져 ᄒᆞᄂᆞᆫ 사름을 위ᄒᆞ야 설법ᄒ노라 구싱 염블ᄒᄂᆞᆫ 쟈ᄂᆞᆫ 사름마당 다 셔방극낙셰계예 돌라가 나올리라 ᄒᆞ여시매 말ᄌᆞ아들 각셩드려 일로ᄃᆡ 네 긔이산의 들려 블도을 위ᄒ니 지믈을 내야 판을 ᄭᅡᆨ겨 보권문을 발용ᄒ야 일쳬노소남여 등을 아미타블 염ᄒ기을 권ᄒ야 날마당 조셕으로 셔방으로 향ᄒ여 예비 삼빅식 ᄒ고 마ᄎᆞᆫ 변식 염블ᄒᄂᆞᆫ 자면 내의 국토연화 즁의 다 돌라가 나리라 ᄒ니 이러므로 각셩이 모친 션씨의 말슴을 위ᄒᆞ야 보권믄판을 새로 색겨 합쳔 희닌ᄉᆞ의 대쟝경각의 유치ᄒ엿ᄉᆞᆸ니다 션씨ᄂᆞᆫ 칠십삼의 왕ᄉᆡᆼ 극낙ᄒ니라

---

1) ㉯ 언해문에는 '화슈즁'으로 되어 있으나 한문의 '化主僧'에 근거하여 '화주승'으로 옮겼다. '化主僧'의 당대 한자음은 '화쥬승'이며, '僧'은 일반적으로 '즁'이라고 부른다. 따라서 '화슈즁'은 '化主(화쥬)+즁'의 합성으로 된 '화쥬즁'의 오기로 볼 수 있다. 2) ㉯ 해인사본(일사문고본)에는 '업을 삼으되'이며 그에 대한 한문도 '爲業'이라 되어 있다. 그러나 『한불전』에는 '경업을 삼으되'로 제시되어 있다. 어디에 근거하였는지는 밝히지 않았으나, 해인사본을 저본으로 하여 제작한 선운사본禪雲寺本에 '경업을'로 수정되어 있는 것으로 볼 때 선운사본을 근거로 수정·기록했을 가능성이 크다. 3) ㉯ 언해문에는 '신묘연 샛딜 이십수일'로 되어 있다. 그러나 이에 대한 한문은 '辛未十二月二十四日'로 되어 있고, 36달(3년) 전이므로 '긔ᄉᆞ연 납월일'이다. 또한 유사한 내용을 기록한 「현씨발원문」에도 '신미연'으로 되어 있으므로 언해문의 '신묘연'은 '신미년辛未年'의 잘못이라 하겠다.

현씨의 행적行跡[147]

경상좌도 밀양에서 사는 성은 현씨玄氏요 불명은 본원本願이라는 사람이 기사년 납월臘月(12월)에 마침 가사 입은 화주승이 시주를 청하거늘 문득 신심을 내어 시주를 하였더니, 그날 밤 삼경에 스스로 입으로부터 염불이 나와 정업으로 삼되 추위와 더위가 가고 오는 것과 낮과 밤이 길고 짧음을 모두 알지 못하고 높은 소리로 염불하여 하루 낮 하룻밤에 3만 소리씩 염불하였다. 36달이 차 신미년 섣달 이십사일 삼경에 염불로써 독송을 할 때에, 서방으로부터 오색 상서로운 구름이 한가로이 날아 가까이 오면서 한가로이 풍악소리가 나는지라. 묘각妙閣 가운데에 세 가지 꽃이 있고, 그 위에 세 부처님이 앉아 계시거늘, 현씨가 부처님께 뵈오니 부처님이 이르시길, "네가 염불하기를 3년을 채우고 발원하여 부처 보기를 간절히 원하는 고로 나타나서 너를 위하여 참회하고 설법하노라. 스승을 정하고 참회하고 출가해 입산하라. 너의 자손과 논밭과 재물이 태산 같아도 모두 다 허망한 것이다."

현씨도 그 말씀을 듣고 잊지 않은 까닭에 삼개행三個行(믿고 행하고 계를 지킴)을 받들어 경계를 닦은 것이 스물일곱 해였다. 이와 같이 염불하는 사이에 스물다섯 차례를 부처님을 나타나게 하여 보고 법문을 듣고 일념으로 항상 염불을 하는지라. 다른 사람들이 한가지로 염불하며 괴이하다 일컫더라. 어느 날 집에서 나와 산에 들어가 집을 짓고 염불하며 향을 사르고 조석朝夕과 주야로 부처님께 예배드리기를 50번씩 하고 연비燃臂를 하여 더욱 염불하며 불력佛力으로써 극락국토에 왕생하기를 맹세(서원)하였다.

임종할 때에 자손을 모아 앉히고 유언하여 이르기를, "나의 목숨이 오늘에 있는지라, 너희들은 모두 내 말을 들어라. 나를 장사지낸 후에 보권경普勸經을 발행하여 일체 만민을 극락국토로 인도하려무나. 내가 이제 부처님의 힘으로 마음에 즐거이 돌아가노라."

---

147 행적行跡 : 한문에는 '行跡'으로 되어 있으나, '行績, 行蹟'도 통용된다.

눈앞에 나타난 아미타불이 말씀하시기를, "모든 경전의 부처님과 조사들이 일렀으되 방편이 수없이 많으니라. 그런고로 상근上根과 중근中根에는 계법戒法과 상법像法으로 득도하고, 하근下根·말세末世에는 괴로운 세계를 벗어나고자 하는 사람을 위하여 설법하노라. 구생염불求生念佛[148]하는 자는 사람마다 모두 서방 극락세계에 돌아가 태어나리라." 하였으매, 막내아들 각성覺聖에게 이르길, "네가 가야산에 들러 불도를 위하여 재물을 내어 판板을 새겨 보권문普勸文을 발행하여 일체 남녀노소들에게 염하기를 권하여 날마다 조석朝夕으로 서방을 향하여 예배를 삼배씩 드리고 마흔 번씩 염불하는 사람이면 나의 국토 연화蓮花 중에 돌아가 태어나리라." 하였다. 그러므로 각성이 모친 현씨의 말씀을 받들어 보권문 판을 새로 새기어 합천 해인사의 대장경각大藏經閣에 유치留置하였다.

현씨는 (나이) 칠십삼 세에 왕생극락하였다.

---

148 구생염불求生念佛 : 부처님 세상에서 태어나기를 구하면서 염불함.

아미타불 인행因行[149]

과거 아주 오랜 겁 중에 나라 이름은 묘희국妙喜國이요 왕의 이름을 교시가憍尸迦라 하는 이가 있었다. 할아버지는 청태국왕淸泰國王이며 아버지는 월상전륜왕月上轉輪王이며 어머니는 수승묘안殊勝妙顔으로, 세 아들을 낳았는데 첫째는 월명月明, 둘째는 교시가憍尸迦, 셋째는 제중帝衆이었다. 이때 부처님이 세상에 나오셨으니 세자재왕世自在王이시다. 교시가가 나라를 버리고 출가하니 바로 법장法藏 비구이시다. 법장 비구는 부처님 전에 처음에 사십팔 대원을 세우고 서방 극락세계의 대자대비 아미타불 전에 가셔서 성불한 이래로 지금까지 십겁 동안 중생을 접인接引하신다. 이 세계에는 각별한 인연이 있어, 일체 만민과 사생 육취四生六趣[150] 중생이 모두 아미타불 명호를 듣거나 혹은 부르거나 하면 모두 극락세계 구품 연대에 왕생할 수 있다.

아미타불은 사십팔원이 있어 그 서원으로 중생을 제도하신다.

阿彌陀佛因行[1]

過去久遠劫中。國名妙喜。王名憍尸迦。祖淸泰國王。父月上轉輪王。母殊勝妙顔氏。生三子。長曰月明。次曰憍尸迦。三曰帝衆。時有一佛。號世自在。憍尸迦棄國出家。名法藏比丘。於佛前。初發四十八願。徃於西方

---

149 인행因行 : 부처를 이루기 위해 수행하는 자리(因位)에서 닦는 수행.
150 사생 육취四生六趣 : '사생四生'은 모든 생명체를 출생 방식에 따라 4가지로 분류한 것으로 ① 인간이나 짐승 등 모태에서 태어난 태생胎生, ② 새와 같이 알에서 태어난 난생卵生, ③ 벌레나 곤충 같이 습한 곳에서 생겨난 습생濕生, ④ 천계나 지옥의 중생과 같이 무엇에도 의지하지 않고 과거의 업력業力에 의해 나타난 화생化生이 있다. '육취六趣'는 깨달음을 얻지 못한 중생이 윤회전생輪廻轉生하게 되는 6가지 세계. 지옥도地獄道, 아귀도餓鬼道, 축생도畜生道, 아수라도阿修羅道, 인간도人間道, 천상도天上道의 6갈래로서, 이를 육도六道 또는 육취라고 한다.

極樂世界大慈大悲阿彌陀佛前。身成佛以來。於今十劫。接引眾生。此世界各別有緣。一切萬民。四生六趣眾生等。皆是阿彌陀佛名號。或聞或稱者。皆得徃生極樂世界。九品蓮臺。
阿彌陀佛四十八願故。願願度衆生。

---

1) ㉮ 이 대목은 간기 뒤에 있었으나 편자가 이곳에 옮겨 놓았다.

아미타블인행

과거겁 즁의 흔 국 일홈은 묘희요 왕명은 교시개요 죠은 쳥태국왕이요 부는 월샹젼윤왕니요 모은 슈승묘안씨니 삼즈을 나흐되 즁즈 교시개라 교시개 치국하다가 국을 불리고 출가ᄒ야 즁니 되야 일홈니 법쟝비구라 쳐엄 공부홀 따예 ᄉ십팔원을 세오고 극낙으로 가셔 대즈대비 아미타블리 되다 셩블ᄒ얀 지 열 겁니시니라 즁싱을 졔도ᄒ야 이 셰계예 각별흔 인연니 이셔 일쳬 만민 ᄉ싱육취 즁싱 등이 다 아미타블 명호을 혹 듯고 혹 잇ᄌᄂ 사롬은 다 극낙셰계 구품연딕예 왕싱ᄒᄂ니라 아미타블리 마흔여둘 원인고로 원마쟝 즁싱 졔도ᄒᄂ라

아미타불 인행因行

 과거 (오랜) 겁劫 중에 한 나라의 이름이 묘희요 왕명은 교시가요 그 할아버지는 청태국왕이요 아버지는 월상전륜왕이요 어머니는 수승묘안씨이니, 세 아들을 낳되 가운데 아들이 교시가이다. 교시가가 나라를 다스리다가 나라를 버리고 출가하여 중이 되니 그 이름은 법장 비구라. 처음 공부할 때에 사십팔원을 세우고 극락으로 가서 대자대비 아미타불이 되었다. 성불한 지 (이제로부터) 열 겁이시니라. 중생을 제도하여 이 세상에 각별한 인연이 있어 일체 만민 사생 육취 중생들이 모두 아미타불의 명호를 혹 듣고 혹 일컫는 사람은 모두 극락세계 구품 연화대에 왕생하느니라. 아미타불은 마흔여덟 가지 원願이므로 소원마다 중생을 제도하느니라.

왕랑반혼전

　왕랑王郎의 성은 왕王이요 이름은 사궤思机로 길주吉州 사람이다. 그의 나이 57세 때, 곧 아내 송씨가 먼저 죽은 지 11년 되던 해 한밤중에 누군가가 창을 두드리며 말하였다. "서방님, 주무시나요, 안 주무시나요?" 왕랑이 잠에서 깨어 "누구요?" 하고 물었다. "서방님의 죽은 아내입니다. 잠깐 긴요한 뜻을 전하여 알리고자 왔습니다."

王郎返魂傳[1]

此王郎者。姓王。名思机。吉州人也。年五十七。其妻宋氏先亡後。十一年中夜三更。扣窓云。郎。宿耶不宿耶。郎云。阿誰也。郎君故妻宋氏也。乍傳要意以告之來也。

---
[1] ㉑ 『한불전』에는 이 『왕랑반혼전』이 누락되어 있다. 앞선 시기의 보우普雨가 찬찬撰한 『권념요록勸念要錄』(『한불전』 제7책 610~611면)에 수록되어 있기 때문에 중복을 피해 제외한 것으로 보인다. 그러나 그곳에는 언해문은 없고 한문에 현토만 되어 있다.

　이 왕랑은 성은 왕이오 일훔은 ᄉᆞ궤니 길쥬 사ᄅᆞᆷ이라 나히 쉰닐굽애 겨집 송씨 몬져 주근 열흔 힛만애 밤듕 삼경 ᄣᅢ애 창을 텨 닐오ᄃᆡ 랑랑아[1] 자ᄂᆞᆫ야 아니 자ᄂᆞᆫ야 ᄒᆞ야ᄂᆞᆯ 랑이 닐으ᄃᆡ 누고오 ᄒᆞᆫ대 랑군의 고쳐 송씨러니 종요로온 ᄠᅳ들 잠깐 뎐ᄒᆞ야 니ᄅᆞ라 왯노라

---
[1] ㉑ 한문의 '郞宿耶'와 구례 화엄사판 『권념요록勸念要錄』(1637)의 '랑아'를 함께 고려할 때 언해의 '랑랑아'는 '랑아'의 오기로 보인다.

　이 왕랑은 성은 왕이고, 이름은 사궤이니 길주 사람이다. 나이 쉰일곱에 아내 송씨가 먼저 죽은 지 열한 해 만에 밤중 삼경 때에 창을 두드리며 이르되, "낭아, 자느냐, 안 자느냐?" 하거늘, 왕랑이 이르되, "누구요?" 하니, "낭군의 고처故妻(죽은 아내) 송씨인데, 종요로운 뜻을 잠깐 전하여 일러주러 왔

노라." 하였다.

왕랑이 놀라 괴이하게 여기며 물었다. "무슨 긴요한 일이오?" 송씨는 답하였다. "제가 죽은 지 11년이 되는데 아직 죄에 대한 심문을 마치지 않고 서방님 오기를 기다려 판결한다고 합니다.

郎驚惟云호딕.[1] 何要事也。宋氏曰。我亡後十一年。問其罪而未畢。待君已決。

---
1) ㉔ 예외적으로 이곳에만 토가 붙어 있다.

랑이 롤나 괴이히 너겨 닐오딕 므슨 죵요로은 일고 송씨 굴오딕 내 주근 후 열훈 히로딕 그 죄를 무러 뭇디 아니ᄒᆞ고 그딕를 기드려사 결단ᄒᆞ리라

왕랑이 놀라 괴이하게 여겨 이르되, "무슨 종요로운 일인가?" 송씨가 가로되, "내 죽은 지 열한 해로되, 아직 죄 묻기를 마치지 않고 그대를 기다린 뒤에야 결단하겠다고 합니다.

전날에 염라왕이 신하들과 상의한 지 오래입니다. 내일 아침에 당신을 잡을 저승사자 다섯 명이 올 것입니다. 서방님은 마땅히 집에 아미타 부처님 탱화를 서쪽 벽에 높이 걸어놓으시고, 동쪽에 앉아 서쪽을 향하여 아미타불을 염불하십시오."

前日閻王相論久矣。來朝。捉君差使五鬼來。君宜家中。彌陁幀高掛西壁。君東坐向西念彌陁佛。

아릐 염왕이 서로 의논호미 오란디라 오는 아츰애 그듸 자볼 ᄎᆞᄉᆞ 다ᄉᆞᆺ 귀신이 오ᄂᆞ니 그듸 집 가온듸 미타탱을 셔벽에 노피 걸고 그듸 동으로 안ᄭᅩ 셔를 향ᄒᆞ야 아미불¹⁾을 념ᄒᆞ라

1) ㉮ 한문의 '念彌陁佛', 그리고 『권념요록』 화엄사판(1637)과 대원암판(1748)의 언해문 '아미타불'을 고려하여 '아미타불'로 옮긴다.

전날에 염왕이 서로 의논한 지 오래된지라. 오는 아침에 그대를 잡아갈 차사差使¹⁵¹로 다섯 귀신이 올 것이니, 그대는 집 가운데 미타탱彌陁幀(아미타불 탱화)을 서쪽 벽 높이 걸고, 그대는 동쪽에 앉고 서쪽을 향하여 아미타불을 염하라."

왕랑이 말하였다. "명관冥官¹⁵²이 왜 나를 잡으러 온단 말이오?" 송씨가 대답하였다. "저희 집 북쪽 이웃에 사는 안安 노숙老宿¹⁵³이 매일 이른 새벽에 서쪽을 향해 쉰 번 절하고 매월 보름날마다 아미타불 염불을 만 번 하는 걸 일로 삼았는데,

郎云。冥官捉吾何事。宋氏云。宅北隣居安老宿。每日早晨向西五十拜。每月望日。念彌佛萬篇爲業。

랑이 닐오듸 명관이 날 잡기ᄂᆞᆫ 므스 일고 송씨 닐오듸 우리집 북녁 이웃의 사는 안노슉이 ᄆᆡ일 이른 새배 셔를 향ᄒᆞ야 쉰번 절ᄒᆞ고 ᄆᆡ월 보로매 미타

---

151 차사差使 : 임금이 중요한 임무를 위하여 파견하던 임시 벼슬아치. 여기서는 저승사자.
152 명관冥官 : 지옥에서 중생의 죄를 재판하는 관리.
153 노숙老宿 : 연로하고 덕망 있는 사람. 불가에서는 중년 노인으로 덕행이 있는 사람을 말한다.

불 념ᄒᆞ기를 일만 편으로 업을 ᄒᆞ거늘

　왕랑이 이르되, "명관이 날 잡아감은 무엇 때문인가?" 하니, 송씨 이르되, "우리 집 북녘 이웃에 사는 안 노숙이 매일 이른 새벽에 서쪽을 향하여 쉰 번 절하고, 매월 보름에 아미타불을 일만 번 염하기를 업으로 삼았거늘,

서방님과 제가 늘 비방하였지요. 이 때문에 제가 먼저 잡혀 들어가 심문을 받았고 서방님 심문을 기다리는 것입니다. 우리는 반드시 지옥에 떨어져 영원히 빠져나오지 못할 것입니다." 말을 마치고 송씨는 바로 돌아갔다.

君與我每常誹謗。以此捉囚先問。待君問了。我等必然墮於地獄。永無出期。言訖。宋氏即還。

그ᄃᆡ와 나와로 ᄆᆡ샹애 비방ᄒᆞ더니 일로 자바 가도와 몬져 묻고 그ᄃᆡ를 기드려사 묻기를 ᄆᆞᄎᆞ리니 우리들히 필연히 디옥애 ᄲᅥ러디면 기리 날 긔약이 업스리로다 말 ᄆᆞᄎᆞ매 송씨 즉제 도라니거늘

　그대와 내가 매양 비방하였는데, 이것으로 잡아 가두어 먼저 묻고 그대를 기다려 죄 묻기를 마칠 것이라 하니 우리들은 필연코 지옥에 떨어질 것이고, 영원토록 나올 기약이 없으리로다." 하며, 말을 마치고 송씨가 즉시 돌아가거늘

　이에 왕랑은 다음날 아침 아내가 알려 준 대로 하면서 지성으로 염불

하였다. 그때 갑자기 저승사자 다섯이 마당으로 와서 한참을 돌아보고 꼼꼼히 살피고는 먼저 아미타불 탱화에 예배한 뒤 왕랑에게 절하였다. 왕랑은 크게 놀라 자리에서 내려와 절을 하였다.

於是郎。明朝如其所告。至誠念佛。時忽然五鬼來立庭中。良久回看。審諦觀察。先禮彌陁幀。次拜王郎。郎大驚。下坐答拜。

이에 랑이 붉는 아츰애 그 말다이 ᄒ야 지셩 념불ᄒ더니 굿긔 믄득 오귀시 뜰 가온듸 와 셔셔 오래 도라보아 슬퍼 ᄌ셔히 관찰ᄒ다가 몬져 미타팅을 녜ᄒ고 버거 왕랑을 졀ᄒ야ᄂᆞᆯ 랑이 크게 놀나 좌의 ᄂᆞ려 답ᄒ야 졀ᄒ대

이에 왕랑이 다음날 아침에 그 말대로 하여 지성으로 염불하였다. 그때 문득 다섯 귀사鬼使(저승사자)가 뜰 가운데 와 서서 오래 돌아보고 살펴 자세히 관찰하다가 먼저 미타탱에 예를 올리고 다음으로 왕랑에게 절하거늘, 왕랑이 크게 놀라 자리에서 내려와 답해 절하니,

저승사자가 말하기를 "우리는 명조冥曹(저승)에서 명을 받들어 그대를 잡으러 왔는데, 그대가 도량을 청정하게 하고 단정히 앉아 부지런히 아미타불을 염불하니, 우리가 비록 공경하기 그지없으나 염라대왕의 명을 피하기 어렵습니다. 비록 칙령대로 하지는 않겠으나 잡아가지 않을 수 없으니 엎드려 청하건대 갈 채비를 하소서."

鬼使云。吾等冥曺承命。捉君而來。今君淸淨道塲。端坐勤念彌陁。吾等雖敬無已。難避閻王之命。雖不如勑。非不捉去。伏請行李。

귀시 닐오ᄃᆡ 우리들ᄒᆞᆫ 명조의 명을 바닷ᄂᆞᆫ디라 그ᄃᆡ을 자바라 왓다니 이
제 그ᄃᆡ 도량을 조히 ᄒᆞ고 단정히 안자 브즈런이 미타을 념ᄒᆞ니 우리들히
비록 공경을 마디 아니ᄒᆞ나 염왕의 명을 피홈 어렵거니와 비록 틱령다이 아
니나 아니 자바가디 몯ᄒᆞᆯ디니 굿브러[1] 쳥ᄒᆞ노니 힝니ᄒᆞ쇼셔

1) 옌 한문의 '伏請'과 『권념요록』 구례 화엄사판의 언해문 '굿브러'를 함께 고려할
때 '굿브러'가 옳으므로 '구부려(엎드려)'로 옮긴다.

    귀사가 이르기를, "우리들은 명조로부터 명을 받았는지라. 그대를 잡으러 왔는데, 지금 그대가 도량을 좋게 하고 단정히 앉아 부지런히 미타불을 염하니, 우리들이 비록 공경해 마지않으나 염왕의 명을 피하기는 어렵거니와 비록 칙령대로는 아니하겠으나, 잡아가지 않을 수는 없으니 구부려 청하노니 행리行李[154]하소서."

    세 번째 사자가 말하기를 "염라왕이 명을 내리되, 저 왕랑을 꽁꽁 묶어 잡아 오라고 하셨는데, 왕의 명령대로 하지 않으면 왕이 우리에게 성을 낼 것이다."라고 하였다.

    第三鬼曰。閻王下令。彼王郞嚴縛將來。不如勅。則王之所嗔。吾等可被也。

    뎨 삼귀 ᄀᆞᆯ오ᄃᆡ 염왕이 랑을 ᄂᆞ리오샤ᄃᆡ 뎌 왕랑을 엄히 미여ᄀᆞ져 으라 ᄒᆞ시니 틱녕다이 아니면 왕의 진심을 우리 등이 가히 니브티로다.

---

154 행리行李 : 길을 나섬. 行李ᄂᆞᆫ 길 녈씨라〈1467 목우자수심결36ㄴ〉

염불보권문 • 181

세 번째 귀鬼가 가로되, "염왕이 명령을 내리시되, 저 왕랑을 엄히 매어가지고 오라고 하셨으니, 칙령대로 하지 않으면 왕의 진심嗔心(성내는 마음)을 우리들이 가히 입을 것이로다."

다른 귀신이 말하되, "우리들이 많은 칙령을 수행했지만 선업을 닦지 않아 아직도 귀신의 업보를 벗어나지 못했으니, 차라리 죽을죄를 받을지언정 감히 염불하는 이를 명령대로 묶어가지는 못하겠다."라고 하였다.

餘鬼曰。若我等被多勅。不修善道故。今受鬼報未脫。寧受死罪。不敢以念佛者從令縛之。

나믄 귀시 글오듸 우리들히 한 틱령을 니블찌언뎡 션도를 닷디 몯홀시 그런고로 이제 귀보를 몯 버스니 츠히 주글 죄를 슈홀디언뎡 감히 념불ᄒᆞᄂᆞᆫ 사ᄅᆞᆷ을 녕을 조차 믿디 몯홀디니리(라)

나머지 귀사가 가로되, "우리들이 많은 칙령을 받았지만 선도善道를 닦지 못한 고로 지금까지 귀보鬼報[155]를 못 벗어났으니, 차라리 죽을죄를 받을지언정 감히 염불하는 사람을 칙령을 좇아 매지는 못하겠도다."

첫 번째 귀신이 왕랑에게 말하기를 "비록 지은 죄가 산처럼 커서 반드시 지옥에 들어갈 것이나, 우리들이 본 바대로 염라왕에게 잘 말하면 반드시 인도人道로 돌아올 것이니 그대는 너무 슬퍼하지 마십시오. 그대가

---

155 귀보鬼報 : 귀적鬼籍에 매인 죄.

만약 극락에 태어나거든 우리 저승사자를 잊지 마소서."라고 하며

第一鬼。告王郎曰。雖有犯罪如山。必入地獄。吾等所見。善奏閻王。必還人道。君不敢悲憫。君若生極樂。不忘吾等鬼使。

예일 귀시 왕랑드려 닐러 글오듸 비록 죄 범호미 산 곧흐야 반드시 디옥애 들로미 이시나 우리들히 본 바로 염왕의 이대 술오면 반드시 인도애 도로 오리니 그듸 감히 슬허 마르쇼셔 그듸 만일 극락의 나든 우리 등 귀스를 닛디 마르쇼셔

첫 번째 귀사가 왕랑더러 일러 가로되, "비록 죄 범한 것이 산과 같아서 반드시 지옥에 들어갈 것이나, 우리들이 본 바로써 염라왕께 잘 사뢰면 반드시 인도人道(인간세계)에 돌아오리니, 그대는 감히 슬퍼 마소서. 그대 만일 극락에 나거든 우리들 귀사를 잊지 마소서."

무릎을 꿇고 게송을 보였다.

우리들이 지옥 사자 된 지
올해로 이미 백천겁
염불하던 사람 중에
악도에 떨어진 이 못 보았네.

因跪示偈曰。
我作冥間使。今已百千刼。不見念佛人。墮於惡道中。

인ᄒᆞ여 ᄭᅮ러셔 게을 뵈여 ᄀᆞᆯ오ᄃᆡ
내 명간애 ᄉᆞ쟈 되연디 이제 빅쳔겁이로ᄃᆡ 부텨 념ᄒᆞᄂᆞᆫ 사ᄅᆞᆷ이 악도 듕 ᄠᅥ러디믈 보디 몯게라

> 인하여 꿇어앉아서 게偈(게송)를 보여 가로되,
> 내가 명간冥間[156]에 사자 된 지
> 이제 (이미)[157] 백천겁이로되,
> 부처 염하는 사람이
> 악도 중에 떨어짐을 보지 못하였도다.

라 했다.

"그대 만약 연화국蓮花國[158]에 나거들랑 우리들을 귀신 업보에서 벗어나도록 염불해 주십시오."

君若生蓮花國。念吾輩脫鬼報。

그ᄃᆡ ᄒᆞ다가 년화국의 나든 우리 믈 념ᄒᆞ야 귀보을 벗게 ᄒᆞ쇼셔

"그대 만약 연화국에 나거든 우리 무리를 염念하여 귀보鬼報를 벗어나게 하소서."

---

156 명간冥間 : 저승. 황천黃泉. 또는 명부冥府, 염라부閻羅府.
157 한문의 '今已百千刼'과, 『권념요록』 화엄사판과 대원암판의 언해문에 '이제 이믜 빅쳔겁이로ᄃᆡ'를 모두 참고하여 '이미'를 넣어 풀이한다.
158 연화국蓮花國 : '극락'을 달리 이르는 말.

사자들은 말을 마친 후 명조冥曹에 도착하였다. 염라왕이 성을 내어 칙사勅使에게 말하기를 "급히 잡아서 묶어 오라고 했는데 어찌 이리 늦었는가?" 하였다. 저승사자가 본 대로 다 말하자 염라왕이 자리에서 일어나 말하기를 "잘하였도다. 왕랑이여. 어서 계단을 올라오시라." 하였다.

已然後。到冥曹。閻王怒勅使曰。急捉縛來。如何遲晚也。鬼使具陳所見。王起座立云。善哉王郞也。速階上。

그리 흔 후에 명조에 가니 염왕이 틱스드러 로ᄒ야 굴오ᄃᆡ 셜리 자바 미여 오라 ᄒ니 엇뎨 느지 오뇨 귀시 보던 바ᄅᆞᆯ 굴초 펴니 왕이 좌의 니러 셰서 닐오ᄃᆡ 됴ᄒᆞᆯ셔 왕랑이여 셜니 섬에 오ᄅᆞ쇼셔

그렇게 한 후에 명조冥曹에 가니 염왕이 칙사勅使더러 노하여 가로되, "빨리 잡아매어 오라 했는데 어찌 늦게 왔느냐?" 하였다. 귀사가 본 바를 갖추어 펴니, 왕이 자리에서 일어서서 이르되, "좋구나, 왕랑이여, 빨리 섬돌에 오르소서."라 하였다.

시왕十王[159]들이 모두 절하면서 말하기를 "그대 부부는 일찍이 안 노숙이 염불하는 일을 비방하였기 때문에 먼저 송씨를 가두고, 왕랑의 죄를 물어 악도惡道에 떨어뜨리려고 이번에 극악한 저승사자를 차출하여 보냈던 것이오. 그런데 저승사자가 본 것을 들어 보니, 그대가 마음을 고쳐 참회하고 부지런히 염불을 닦았다고 하니 그대에게 무슨 죄가 있겠는가?"

---

159 시왕十王 : 저승에서 죽은 사람을 재판하는 열 경의 대왕. 진광왕, 초강대왕, 송제대왕, 오관대왕, 염라대왕, 변성대왕, 태산대왕, 평등왕, 도시대왕, 오도 전륜대왕이다.

라고 하였다.

十王齊拜曰。夫妻常曾誹謗安老宿念佛事。先囚宋氏。當問王郞墮於惡道。今差極惡鬼使。鬼使所見聞之。君改心懺悔。勤修念佛。有何罪乎。

열왕이 모다 절ᄒᆞ야 굴오ᄃᆡ 부쳬 ᄆᆡ샹애 일즉 안노슉의 렴불ᄒᆞᄂᆞᆫ 일을 비방ᄒᆞ더니 송씨을 몬져 가도고 왕랑ᄃᆞ려 맛당히 물워 악도애 ᄲᅥ러디리라 ᄒᆞ아 이제 지극히 모진 귀치를 브렷더니 귀ᄉᆞ의 본 바를 드로니 그ᄃᆡ ᄆᆞᄋᆞᆷ를 고쳐 참회ᄒᆞ고 브즈러니 렴불ᄒᆞ니 엇던 죄 이시리오

열 명의 왕들이 모두 절하여 가로되, "부처夫妻(부부)가 일찍이 안 노숙의 염불하는 일을 매양 비방하기에 송씨를 먼저 가두고 왕랑에게 마땅히 물어 악도惡道에 떨어뜨리리라 하고, 지금 지극히 모진 귀신 차사를 부렸는데, 귀사가 본 바를 들어 보니, 그대가 마음을 고쳐 참회하고 부지런히 염불하니 어떤 죄가 있으리오." 하였다.

왕이 이에 게송을 지었다.

서방교주 아미타불은
이 사바세계와 각별한 인연 있으시네.
만약 일념으로 저 부처님을 염하지 않으면
저승의 사나운 사자를 막기 어려우리.

王因偈曰。
西方主彌陁佛。此娑婆別有緣。若不一念彼佛。冥曺猛使難降。

왕이 인ᄒᆞ야 게로 닐오듸
셔방쥬 미타불은 이 사바의 각별ᄒᆞᆫ 인연이 이시니 ᄒᆞ다가 ᄒᆞᆫᄀᆞᆯᄀᆞ티 져 부텨를 아니 렴ᄒᆞ면 명조의 용밍ᄒᆞᆫ ᄉᆞ쟈ᄋᆞᆯ 항복ᄒᆞ기 어려우니라

왕이 인하여 게偈로써 이르되,

서방주 아미타불은
이 사바세계에 각별한 인연이 있으니,
만약에 한결같이 저 부처를 아니 염하면
명조의 용맹한 사자를 항복시키기 어려우니라.

하였다.

염라왕은 부부를 인간 세상에 도로 보내며 말하였다. "남은 목숨 30년에 60년을 더하여 부지런히 닦고 정진하여 아미타불을 염불하면 속히 저 극락에 왕생하리니, 우리 시왕들도 함께 서방에 이르게 하시오. 이를 위해 보내노라."

夫妻還返人間。遺命三十年。年加六十歲。勤修精進。念彌陁佛。速徃彼刹。吾等十王。並到西方。爲送。

부쳐을 인간이 도로 ᄒᆞ야 기틴 명이 셜흔히어을 년을 여슌히ᄋᆞᆯ 더ᄒᆞ야 브즈런이 닷가 졍진ᄒᆞ야 아미볼을 렴ᄒᆞ야 ᄲᅡᆯ리 뎌 셰계예 가시리니 우리 등 시왕도 다 셔방어 니릐게 ᄒᆞ쇼셔 위ᄒᆞ야 보내ᄂᆡ다

부부를 인간세계에 돌려보내며, "남은 목숨이 서른 해이거늘 예순 해를 더하여 부지런히 닦아 정진하여 아미타불을 염하여야 빨리 저 세계에 가시리니 우리들 시왕도 모두 서방에 이르게 하소서. 위하여 보내나이다."

왕이 명부의 최 판관에게 명을 내리기를 "왕랑이 도량을 만들어 놓고 간절히 염불하니 그동안 범했던 무간지옥에 들 죄의 업보가 오늘 이미 다 사라져 버렸다. 오직 염불공덕으로 부부를 함께 인간세계에 돌려보내 함께 늙도록 살아 염불하게 하리라. 송씨는 목숨 마친 지 오래되어 피골이 흩어져 버렸으니 혼을 어느 곳에 붙여 줄꼬?"라고 하였다.

王命曹府崔判官曰。王郎造排道場。懇切念佛。先犯無間罪報。今已散盡。唯念佛功德。夫妻同返人間。偕老同住念佛。宋氏命終年久。皮骨散失。屬魂何處。

왕이 조부 최판관을 명ᄒᆞ이 골오ᄃᆡ 왕랑이 도량을 버리고 ᄀᆞ절히 념불ᄒᆞ니 몬져 범ᄒᆞᆫ 무간죄뵈 이제 이미 흐터 업고 오직 념불공덕으로 부텨를 ᄒᆞᆫ가지로 인간의 도라보내여 흔ᄭᅴ 늘거 ᄒᆞᆫᄃᆡ 머므러 부쳐을 렴케 ᄒᆞ리니 송씨 명 ᄆᆞᄎᆞᆫ ᄒᆡ 오래니 가족 ᄲᅧ 흐터 업스니 혼을 어느 고대 브틸고

왕이 조부曹府의 최 판관에게 명하여 가로되, "왕랑이 도량을 벌이고 간절히 염불하니 먼저 범한 무간 죄보無間罪報가 이제 이미 흩어져 없어지고, 오직 염불한 공덕으로 부부를 함께 인간세계에 돌려보내어 함께 늙어 한곳에 머물러 부처를 염하게 할 것이라. 송씨가 목숨 마친 해가 오래되어 가죽과 뼈가 흩어져 없으니 혼을 어느 곳에 붙일까?" 하였다.

최 판관이 왕명을 듣고 염라왕의 교지를 가지고 왕랑 부부에게 절하며 말하기를 "월씨국 옹주가 나이 21세인데 수명이 이미 다했기 때문에 혼이 방금 이곳으로 와서 야마천夜魔天[160]에 태어났습니다. 그 몸은 그대로 남겨져 있으니 송씨의 혼을 공주의 몸을 빌려 환생하게 함이 마땅할 것입니다." 하였다.

判官聽王命。以閻王旨。回拜王郞夫妻。奏王。月氏國翁主。時命二十一歲。命限已盡故。魂今生於夜魔。其體專在。宋氏之魂。托於公主形還生。可耳。

판관이 왕의 명을 드리 염왕의 뜨드로 왕랑씌 절ᄒᆞ고 부와 쳐을 왕씌 술오ᄃᆡ 월지국[1] 옹쥬 이제 명이 스믈ᄒᆞ사리라[2] 명ᄒᆞᆫ이 임의 다한 고로 혼이 이제 야마련의 난지라 그 몸이 오오라 이시니 송씨의 혼을 옹쥬 얼굴의 의탁ᄒᆞ야 도로 나게 호미 어루 맛당ᄒᆞ니이다 ᄒᆞ야ᄂᆞᆯ

1) ㉠ 언해문에는 '월지국'으로 되어 있으나, 한문에는 '月氏國'으로 되어 있다. 2) ㉠ 한문의 '翁主時命二十一歲'와 『권념요록』 화엄사판과 대원암판 언해문의 '옹쥬 이제 명이 스믈ᄒᆞ사리라'를 고려하여 '스물한 살이라'로 옮긴다.

판관이 왕명을 들어 염라왕의 뜻으로 왕랑께 절하고, 남편과 아내를 왕께 사뢰기를, "월씨국月氏國 옹주가 이제 명이 스물한 살이라. 명한命限(목숨의 한도)이 이미 다한 고로 혼이 이제 야마천夜摩天에 태어난지라. 그 몸은 (아직) 온전히 있으니 송씨의 혼을 옹주의 형체에 의탁하여 도로 태어나게

---

160 야마천夜摩天 : 욕계欲界 육천六天의 제3천으로 이곳에 있는 신神들은 늘 즐거움을 누린다고 한다. 수야마천須夜摩天·염마천焰摩天·염천焰天이라고도 한다. 처음 난 때가 인간의 7세 아이와 같고 얼굴이 원만하여 의복은 저절로 마련되고 수명은 2천 세이다. 그 하늘의 1주야는 인간의 2백 년과 같고, 인간의 세월로 그 하늘의 2천 세를 환산하면 14억 4백만 년이다.

함이 가히 마땅합니다." 하거늘

　염라왕이 기뻐하며 말하되, "왕랑 부부가 이 원을 잊지 아니하면 속히 서방에 왕생할 것이니 그대는 곧 자세히 들으라. 그대 집 북쪽에 사는 안 노숙을 감히 비방하지 말지어다. 그는 육신을 받은 이래로 항상 서방을 받들어 이 공덕으로 모든 부처님과 천신들이 항상 보호하고 지키느니라.

> 閻王歡喜曰。郎君夫妻。不忘此願。速生西方。君則諦聽。君宅北居安老宿。不敢誹謗。受此身以來。常尊西方。曰[1]此功故。諸佛諸天常護持也。
> 1) ㉠ '曰'은 '由'의 오자이다. 『권념요록』의 화엄사판에는 '由'로 되어 있다.

　염왕이 깃거 글오디 랑군 부쳐 이 원을 아니 니즈면 셔방의 섈리 나시리니 그디 주셔히 드르라 그듸 집 북의 사는 안로슉을 감히 비방 말디어다 이 몸 슈ᄒᆞ야 오미 샹애 셔방을 존히 ᄒᆞ니[1] 이 공덕을 브틀시 그러모로 제불 제텬이 미샹애 호디홀디니라
1) ㉠ 한문의 '受此身以來常尊西方'과 『권념요록』의 화엄사판과 대원암판의 언해문 "이 몸 슈ᄒᆞ야 오매 미샹애 셔방을 존히 ᄒᆞ니"를 함께 고려할 때 해인사판의 오각이 분명해 보인다.

　염왕이 기꺼워하여 가로되, "낭군의 부부가 이 원을 잊지 않으면 서방에 빨리 나시리니, 그대는 자세히 들으라. 그대 집 북쪽에 사는 안 노숙을 감히 비방하지 말지어다. 이 몸을 받아 온 이래로 매양 서방西方을 존중히 여겼으니, 이 공덕에 의거하므로, 그러므로 항상 제불諸佛과 제천諸天이 보호하고 지켜 주는 것이니라."

그대는 항상 공양하기를 부모님같이 하라. 그대에게 청하노니 우리들의 음신音信[161]을 안 노숙에게 전달하라."라고 하자 왕랑이 응낙하였다.

君則常供養如父母。請君。吾等音信。傳達安老宿。王郞應諾。

그듸는 샹례 공양호믈 부모곧티 ᄒᆞ샤 그듸끠 청ᄒᆞ노니 우리들 음신을 안 노슉끠 젼ᄒᆞ야 아뢰쇼셔 ᄒᆞ야ᄂᆞᆯ 왕랑이 듸답ᄒᆞ야 허락ᄒᆞᆫ대

"그대는 항상 (안 노숙) 공양하기를 부모같이 하시고, 그대께 청하노니 우리들 음신을 안 노숙께 전하여 아뢰어 주소서." 하거늘 왕랑이 대답하여 허락(응낙)하였다.

염왕이 노숙에게 절하며 말하기를 "옥체는 어떠십니까? 날로 새롭고 견고하시어 3년이 지난 후 3월 초하루에 서방 교주께서 자금연화좌대를 가지고 그대를 맞이하여 서방상품西方上品[162]에 왕생케 하리라." 하였다. 염라왕의 말이 끝나자마자 왕랑은 다시 본가에 환생하였다.

閻王向老宿拜曰。道體如何。日新堅固。隔三年。三月初一日。西方敎主。持紫金蓮花座。迎君西方上品徃生。言訖。還生本家。

염왕이 노슉을 향ᄒᆞ야 졀ᄒᆞ고 글오듸 도톄 엇더ᄒᆞ고 날로 새로 견고히 ᄒᆞ

---

161 음신音信 : 먼 곳에서 전하는 소식이나 편지.
162 서방상품西方上品 : 서방정토에 왕생하는 9종의 품류品類 중 가장 좋은 곳. 상품上品에 상생上生·중생中生·하생下生의 3품, 중품中品에 상생·중생·하생의 3품, 하품下品에 상생·중생·하생의 3품이 있다.

시니 세히 스이 잇다가 삼월초ᄒᆞ룬날이면 셔방 교쥐 ᄌᆞ금련쏟좌을 가지고 그듸을 마자 셔방샹품애 가 나게 ᄒᆞ리라 ᄒᆞ고 말 ᄆᆞᆺ매 도로 본가애 오니

염왕이 안 노숙을 향하여 절하고 가로되, "도체道體[163]는 어떠한가? 날로 새롭게 견고히 하시니 세 해 동안 있다가 삼월 초하룻날이면 서방 교주敎主가 자금련紫金蓮 꽃자리를 가지고 그대를 맞이하여 서방상품西方上品에 가서 태어나게 하리라." 하고 말을 마치매 도로 본가에 오니,

집안사람들이 장례를 치르려고 할 적에 환생하여 게송을 읊었다.

집에 가득한 처자와 재물 보배가
고통받을 때 당해서는 이 몸 대신하지 못하네.
일념으로 아미타불 염하면 죄보 사라지리니
환생하여 목숨 늘여 다시 진리 닦으리라.

家人欲葬時。還生。偈曰。
滿堂妻子與財㻌。受苦當時不代身。一念彌陁消罪報。還生延命更修眞。

집사ᄅᆞᆷ미 영장ᄒᆞ고져 ᄒᆞᆯ 째애 도로 나 게로 닐오듸 지븨 ᄀᆞ득ᄒᆞ얏ᄂᆞᆫ 쳐ᄌᆞ와 지믈 보븨왜 슈고 당ᄒᆞᆫ 시졀애ᄂᆞᆫ 이 모믈 ᄀᆞ디 몯홀로다 일렴 미타사 죄보ᄋᆞᆯ ᄉᆞᆫ니 도로 나와 명을 므너 다시 진을 닷글로다

---

163 도체道體 : 도道를 닦는 몸이라는 뜻으로, 한문 투의 편지 따위에 쓰여 상대방을 높여 이르는 말. 여기서는 '안 노숙'을 가리킨다.

집안사람들이 영장永葬(장례)하고자 할 때에 도로 태어나 게偈로써 이르되,

집에 가득히 있는 처자와 재물 보배가
고통 받는 시절에는 이 몸을 대신하지 못하리로다.
일념으로 미타불 해야 죄보를 사르나니,
다시 태어나 명을 늘려 다시 진리를 닦으리로다.

하였다.

송씨가 공주 몸에 의탁하여 환생하니 왕과 부인이 기뻐할 때, 살아난 공주가 지난 일을 다 말하였다. 왕이 감탄하고 왕랑을 불러 말하되, "내 일찍이 이 같은 일을 보지 못했으니 이른바 꿈속의 상서祥瑞로다."라고 하였다.

宋氏托公主身。還生。王與夫人歡喜時。公主生身具陳上事。王嘆之。詔王郞曰。朕曾不見此事。所謂夢中之瑞。

송씨 옹쥬의 모미 의탁ᄒᆞ야 도로 나니 왕와 부인이 깃거ᄒᆞᆯ 졔 옹쥬 싱신이 우희 이ᄅᆞᆯ ᄀᆞ초 펴니 왕이 슬허ᄒᆞ고 왕랑을 쇼셔ᄒᆞ야[1] ᄀᆞᆯ오ᄃᆡ 나ᄂᆞᆫ 잠깐도 이런 이ᄅᆞᆯ 보디 믇ᄒᆞ야시니 닐온 ᄭᅮᆷ 듕의 샹셰로다

---
1) ㉠ 한문의 '詔王郞曰'과 『권념요록』 화엄사판과 대원암판의 언해문 '됴셔ᄒᆞ야'를 함께 고려할 때 해인사판의 오각이 분명하다.

송씨가 옹주의 몸에 의탁하여 도로 (살아)나니 왕과 부인이 기뻐할 제,

옹주 생신生身(의탁해 태어난 육신)이 위(과거)의 일을 갖추어 펴니, 왕이 슬퍼하고 왕랑에게 조서詔書[164]를 내려 가로되, "나는 조금도 이런 일을 보지 못하였으니 이른바 꿈 중의 상서祥瑞로다."

왕랑이 곧 아뢰기를 "송씨가 11년 동안 다른 친함[165]을 생각하지 않고 오직 앞의 약속을 지켜 거듭 친함을 만났습니다." 하고 기뻐 물러갔다. 그 후 나이 백사십칠 세를 더 산 뒤에 함께 극락에 왕생하였다.

王郎即奏言。宋氏十一年間。不思餘親。唯守前信。乃遇重親。歡喜而退。延壽一百四十七歲後。同生極樂也。

왕랑이 즉저 슬와 닐오ᄃᆡ 송씨 열흔 히 ᄉᆞ이예 다른 찬을 ᄉᆞ랑 아니ᄒᆞ고 오직 아릭 신을 가져셔 이애 다시 친호ᄆᆞᆯ 맏날와 ᄒᆞ고 깃거 믈러가 목숨 일빅 마흔닐굽 히을 므는 후애 ᄒᆞᆫ디 극락국의 나다

왕랑이 즉시 사뢰어 이르되, "송씨가 열한 해 동안에 다른 친함을 사랑하지 아니하고, 오직 예전의 신의를 가지고 이에 다시 친함을 만났도다." 하고 기뻐 물러가, 목숨을 일백마흔일곱 해까지 늘린 후에 함께 극락국에 태어났다.

---

164 조서詔書 : 임금의 명령을 일반에게 알릴 목적으로 적은 문서.
165 친함(親) : 사랑. '친親'은 대개 어버이의 의미로 사용되지만 여기서는 부부관계를 표현하는 말로 사용되었다.

시주질과 간기

종사질宗師秩 − 조원照愿, 낭규郎奎, 성우性雨, 유선維善, 두정斗定
지전持殿[166] − 운계雲戒, 찬혜贊惠
전어질前御秩 − 초인楚仁, 보신補信, 조신照信, 보행寶行, 화신和信, 이윤爾允, 성총性摠
각수질刻手秩 − 관영管榮, 영원永元, 전철顓哲
연판鍊板[167] − 만초萬初, 충윤摠允, 충성摠性, 선일善一
시유나時維那[168] − 숙총肅聰
주지住持 − 맹진孟震
삼강三綱[169] − 탁찬琢賛, 윤성允性, 의관義官
승통僧統[170] − 법별法別
기실記室[171] − 권영權榮, 대숙大淑, 봉현奉玄

건륭乾隆 41년(1776) 병신丙申 3월 일 경상도 합천 해인사 개간[172]

---

166 지전持殿 : 불전이나 법당을 맡아서 예불을 지휘하는 이.
167 연판鍊板 : 판목을 말려서 변형되지 않게 처리하는 이.
168 유나維那 : 사찰의 일들을 지도하고 단속하는 이.
169 삼강三綱 : 사찰에서 대중을 통솔하여 규칙을 유지하는 세 직책, 즉 상좌, 사주寺主, 도유나都維那.
170 승통僧統 : 승군僧軍을 통솔하는 이.
171 기실記室 : 기록을 담당하는 이.
172 저본(건륭 41년 경상도 합천 해인사 개간본. 정신문화연구원 도서관 소장)과 국립도서관 소장본은 같은 내용인데, 다만 시주질이 약간 다르다.
 국립도서관 소장본에는 다음 내용이 첨가되어 있다.
 "종사질宗師秩 − 섭행攝行
 전어질前御秩 − 섭언攝言, 지상智祥, 지헌智軒, 낭순朗旬, 탄연坦演, 근학謹學, 현윤玹閏, 전익典益, 총윤摠允
 각수질刻手秩 − 시환是還, 익순益順, 의관儀官, 여행呂行, 준화俊和, 극념克念, 색화色和"
 갑본(건륭 30년 구월산 흥률사 개간본. 국립도서관 소장)의 간기는 다음과 같다.
 "奉爲。主上殿下壽萬歲。國界恒安於萬歲。王妃殿下壽齊年。法輪常轉於無窮。世子邸下

壽千秋。雨順風調於太平。伏爲。普勸念佛功德主寬休。與結緣等。願以此先亡父母九族亡魂。多生師長。累世宗親。兼及法界亡魂。咸脫苦趣。同生極樂。亦願十方世界人與含靈。咸脫娑婆之苦處。同歸西方之樂邦。見佛聞法。同成正覺.(주상전하의 만수와, 나라가 만세토록 항상 평안함과, 왕비전하의 해와 같은 수명과, 법륜이 무궁토록 항상 굴러감과, 세자저하의 수명이 천년임과, 비바람이 태평세에 순조롭기를 삼가 기원합니다. 보권염불 공덕주인 관휴寬休와 인연 맺은 사람들이 이 공덕으로 선망부모, 구족망혼, 다생사장, 누세의 종친과 법계의 망혼이 모두 다 고취에서 벗어나 극락에 함께 왕생하기를 위하며, 또한 시방세계 사람들과 중생이 모두 사바의 고통처에서 벗어나 함께 서방의 안락한 곳에 돌아가 부처님 뵙고 법문을 들어 함께 바른 깨달음을 이루기를 엎드려 기원합니다.)
　　증정대덕證正大德 - 태붕泰鵬, 재은載訔, 임성任性, 진현進賢
　　시주施主 - 청안淸眼, 궁추肯秋, 금육錦六, 한철漢哲, 한준漢俊, 국정國淨, 쾌영快永, 국청國淸, 청즙淸楫, 금련錦蓮
　　불량재佛養財 - 종위宗位, 고익장高益章, 오잉읍산吳仍邑山, 최씨 월서崔氏月瑞, 장씨 오승張氏五承, 딸(女) 문아덕文娥德·자란自蘭·취란翠蘭, 조씨 금례曺氏錦禮, 김씨 중승金氏重承
　　유나청維那廳 - 취성就成, 월단月端, 이순재李順才, 이태현李泰玄, 조중성趙重成, 비구 성종比丘性宗, 내왕궤성來往軌性, 구핵具覈, 충량忠亮
　　보용청補用廳 - 관현寬玄, 택린擇璘, 행률幸律
　　월정삼강月精三綱 - 후엄厚嚴, 궤민軌敏, 연근演根
　　흥률삼강興律三綱 - 관부寬仅, 채유彩裕, 민진敏眞
　　간공刊工 - 교철交哲, 처사 경범處士敬梵
　　세웅世雄 근서謹書
　　건륭乾隆 30년 3월 일 구월산九月山 흥률사興律寺 개간開刊"

염불보권문 보유편
念佛普勸文 補遺篇[*]

---

* ㉮ 제목은 편자가 보입한 것이다. 이 아래의 여러 글은 저본에는 없고 갑본에만 있는 것으로 편자가 권말에 수록한 것이다.

제자 종본이 사명 땅의 진씨로 태어나 감응을 받다

부모님이 (종본을) 아끼고 보살피사 스승을 청하여 가르쳤다. 학교에 들어가 글을 익힘에 부친은 가르치고 스승은 엄하여 자못 『시경』과 『예기』에 통달하였다. 나이 열다섯에 마침 족형族兄[1]인 후목朽木 처사가 병으로 세상을 떠나 주검이 빈집에 누워 있었다. 내가 문 앞을 지나다가 죽은 형을 보고는 사대四大가 놀라 두렵고, 근심하고 의심하여 스스로 탄식하여 말하기를, "세상이 견고하지 않고 목숨은 바람 앞의 촛불 같도다. 무상無常이 문득 이르매 피하기 어려우며 도망하기 어렵도다." 하고 드디어 출가하여 불도를 배워 윤회를 벗어나고자 하였으나 수행하는 길을 알지 못하여 마음으로 머뭇거렸다. 이 지역(本境) 다정茶亭이란 곳에 이르러 부처님께 예배하다가 우연히 스님 한 분이 단정히 앉아 있는 것을 보고는 곧 묻기를 "어떤 대덕大德이십니까?" 하자, 스님 답하기를, "나는 떠돌이(遊方) 선화자禪和子[2]로다." 하였다. 나는 이 말씀을 듣고 기쁨을 누르지 못한 채 드디어 즉시 맞이하기를 청하여 집으로 돌아와 향을 갖추고 공양하였다. 식사를 다 마치자 선사에게 절하고 물었다. "제자는 생사에서 달아나고자 하되 어떤 법으로 닦아야 할지 모르겠습니다." 선사는 나에게 묻기를 "이름이 무엇이고 나이는 몇인고?" 하였다. 종본은 "성은 진陳이요 이름은 정수靜修이고 나이는 열다섯입니다." 하였다. 선사가 찬탄하여 말하였다. "나이 아직 어린데도 발심하는 바가 높으니 세상에 드문 일이로다. 진 선남자야. 한마음으로 고요히 하여 내 말하는 것을 들으라. 오직 지름길로 닦아야 할 수행이 있으니 다만 아미타불을 염하는 것이다." 종본이

---

[1] 족형族兄 : 성과 본이 같은 일가 가운데 유복친 안에 들지 않는, 같은 항렬의 형뻘이 되는 남자.
[2] 선화자禪和子 : 화和는 화상和尙의 준말. 자子는 남자의 미칭. 선승에 대한 친애의 호칭. 대체로는 스승 항렬이 되는 승려가 수행자를 부르는 말.

물었다. "아미타불을 염하면 어떻게 생사를 벗어날 수 있습니까?" 선사는 대답하였다. "부처님 말씀을 믿고 의지하라. 괴로움을 벗어나는 좋은 방편으로 염불만 한 것이 없도다. 만약 염불하지 않으면 생사를 벗어나기 어렵다." 묻기를 "염불법문은 어디에 나오는지요?" 하니, 대답하기를 "염불법문은 하나의 경전과 하나의 가르침에 실려 있는 것이 아니다. 대개 대천 항하사 수만큼의 경전에 염불법문을 갖추지 않은 것은 하나도 없다. 만약 이 법에 의거하여 닦으면 반드시 정토에 왕생할 것이다." 하였다. 묻기를 "염불에 얼마만큼의 공덕이 있기에 정토에 왕생할 수 있습니까?" 하니, 답하기를 "만약 사람이 사천하四天下의 칠보로 부처님과 보살 연각 성문들께 공양하면 그 복이 매우 많으나, 사람들에게 염불 한 소리를 권하는 것만 못하니 그 복이 저보다 뛰어나도다." 하였다. 묻기를 "부처님 명호를 한번 소리 내어 부르는 것이 어떻게 능히 뛰어난지요?" 하니, 답하기를 "『불국왕생론』에 말하였다. '예를 들어 어떤 사람이 처음에 땅에 태어나 능히 하루 천 리를 걸어서 천년이 다 되도록 가득 담은 칠보로 부처님께 받들어 공양하더라도 어떤 사람이 후세 악세에 아미타불 한 소리를 부르는 것만 못하다.' 하였으니 그 복이 저보다 뛰어나도다. 스스로 염불함도 오히려 이와 같은데 하물며 다른 사람들에게 권함에 있어서랴!" 하였다. 묻기를 "부처님 덕이 비록 이러하나 범부의 죄업이 많은데 어떻게 한세상 염불하여 문득 정토에 왕생할 수 있겠습니까?" 하니, 답하기를 "『십육관경』에 이르시기를 '지극한 마음으로 나무아미타불을 한번 소리 내어 염하면 팔십억겁의 생사의 중죄를 소멸한다. 어떤 사람이 평생 동안 오역五逆과 십악업十惡業[3]을 지었을지라도 임종 시에 아미타불을 열 번 염

---

3 십악업十惡業 : 몸(身)·입(口)·뜻(意)의 삼업三業으로 짓는 10가지 죄악. ① 생물을 살상하는 살생殺生. ② 타인의 소유물을 훔치는 투도偸盜. ③ 간음으로 남녀의 도덕을 문란하게 하는 사음邪婬. ④ 사실이 아닌 것을 말하는 망어妄語. ⑤ 실없고 잡된 말을 하는 기어綺語. ⑥ 말로써 욕하거나 멸시하는 악구惡口. ⑦ 이간질하는 양설兩舌. ⑧ 욕심에

하면 오히려 왕생할 수 있거늘 하물며 한평생 재계하고 염불한 사람이랴?" 하였다. 묻기를 "세간 사람들이 흔히 말하기를 '집안일에 얽히고 세상일에 묶여 있으니 늙음을 기다린 후에야 염불하겠다.' 하니 이 같은 말에 대해 풀이하여 주십시오." 하니, 답하기를 "괴로워라 괴로워. 이 얼마나 어리석고 잘못된 말인가. 마땅히 생각해 보라. 인생이 세상에 있는 날이 능히 얼마나 되는가. 전광석화처럼 눈을 감는 사이 문득 지나가 버리나니, 아직 늙지 않고 병들기 전에 몸과 마음을 떨쳐 세상일을 버려라. 하루 광경光景을 얻으면 하루 동안 부처님 명호를 염하고, 한때의 공부를 얻으면 한때의 정업을 닦아라. 남이 임종할 때를 말미암아 호상이든 아니든 나의 노잣돈(盤纏)4을 미리 갖추어야 나의 앞길이 편안하고 당당할 것이다. 만약 이와 같지 아니하면 후회해도 따르기 어려우니 생각하고 생각하라. 또 아미타불은 염하기 매우 쉽고 정토는 왕생하기 매우 쉽다는 점을 기뻐할진대, 그렇지만 세상 사람들은 집안을 운영하고 판단하는 일을 피하기 어려우니, 또한 모름지기 아침저녁으로 분향하고 염불해야 한다. 하물며 이 염불법문은 사람들이 모두 통하여 행할 수 있음은 마치 천년 동안 어두운 방에 등불 하나 비추면 곧 밝아지는 것과 같다. 그러므로 비록 마소 잡던 이들도 잡던 칼을 놓아 버리고 또한 닦을 수 있으니 닦는 일이 어렵지 않기 때문이다. 또한 염불은 일체의 세상일을 방해하지 않나니, 관직에 있는 자에겐 맡은 직분을 방해하지 않고, 선비에게도 수양하고 독서함을 방해하지 않으며, 장사꾼에게도 장사하는 일을 방해하지 않으며, 농부에게도 밭 갈고 씨 뿌리는 일을 방해하지 않으며, 부인에게도 길쌈하

서 벗어나지 못하는 탐욕貪欲. ⑨ 노여움으로 증오나 혐오에 빠지는 진에瞋恚. ⑩ 그릇된 견해에 빠지는 사견邪見 또는 우치愚癡. 살생·투도·사음은 신업身業이요, 망어·기어·악구·양설은 구업口業, 탐욕·진에·사견은 의업意業이다.

4 노잣돈(盤纏) : 먼 길을 다닐 때 드는 돈. 노자路資. 여기서는 노자로 쓸 공덕. 즉 염불을 가리킨다.

는 일(女工)을 방해하지 않으며, 관청(公門)에서 윗사람을 섬기는 데 방해하지 않으며, 승려에게 참선을 방해하지 않으니, 무릇 일체의 하는 일에 모두 방해되지 않는다. 혹은 새벽이나 저물 때 예배하고 염불하며, 혹 바쁜 때에도 틈을 내어 매일같이 혹 백 번 천 번 소리 내어 염하며 혹 삼백 번 오백 번 소리 내어 염하며 혹 열 번 소리 내어 염하되, 반드시 회향(回向)[5]하여 서방에 왕생하기를 발원하라. 진실로 이와 같이 하면 반드시 왕생할 것이다. 진 선남자야, 네가 만약 재계(齋戒)를 정일(精一)하고 엄정하게 하여 한 마음으로 염불하고도 정토에 나지 못하면, 내가 마땅히 발설지옥에 떨어질 것이다." 하였다. 나는 선사를 보고 발원을 깊고 무겁게 하리라 하였다.

弟子宗本生于四明陳氏承感

雙親撫恤。請師訓誨。入學攻書。父教師嚴。頗通詩禮。年十五。時有族兄朽木處士。因恙棄世。屍臥空堂。余經堂門而過。乃見亡兄。四大驚怖。憂疑自歎曰。世相非堅。命如風燭。無常忽到。難躱難逃。遂欲出家學道。超脫輪廻。不識修行路頭。心中猶豫。到於本境茶亭禮佛。偶見一僧。危然端坐。余乃叩問。是何大德。僧曰吾是遊方禪和子也。余見此說。不勝喜悅。遂即迎請。歸家具辦香齋供養。飯食已訖。拜問禪師。弟子欲逃生死。不知依何法修。禪師問我。是何姓名。是何年紀。宗本答曰。姓陳。名靜修。年十五歲也。禪師讚歎曰。年已幼而發心高。世之希有。陳善男子。一心寂靜。聽吾所說。唯有徑路修行。但念阿彌陀佛。宗本曰。念阿彌陀佛。焉得便超生死乎。禪師曰。信憑佛說。脫苦良方。無如念佛。若不念佛。生死難逃。問曰。念佛法門。有何所出。答曰。念佛法門。非止一經一敎之中所載。盖大千恒沙經卷之內。無一不具念佛法門也。若依此法而修。決之

---

[5] 회향(回向)(廻向) : 자기가 닦은 선근 공덕을 다른 중생이나 자기 자신에게 돌림. 일반적으로 중생회향, 보리회향, 실제회향의 세 가지로 나뉜다.

徃生淨土。問念佛有幾許功德。可以徃生淨土。答若人以四天下七寶。供養佛及菩薩緣覺聲聞等。其福甚多。不如勸人念佛一聲。其福勝彼。問一聲佛名。云何能勝。答佛國徃生論云。比如有人。初生墮地。即能一日行千里。足一千年滿中七寶。奉施於佛。不如有人。於後惡世。能稱一聲阿彌陁佛。其福勝彼。自念尚以如此。何況勸人。問佛德雖然如是。凡夫罪業所多。云何一世念佛。便得徃生淨土。答十六觀經云。至心念南無阿彌陁佛一聲。滅八十億劫生死重罪。有人平生。造五逆十惡。臨終十念阿彌陁佛。尚得徃生。況一世齋戒念佛乎。問曰。世間之人。多說家緣縈絆。世務縈身。且待老來。然後念佛。此等之言。唯願釋之。答曰。苦哉苦哉。何等愚謬之言也。當思。人生在世。能有幾時。石火電光。眨眼便過。趂此未老無病之前。抖擻身心。撥棄塵事。得一日光景。念一日佛名。得一時工夫。修一時淨業。由他臨命終時。好死惡死。只要我之盤纏預辦了也。我之前程穩穩當當了也。若不如此。後悔難追。思之思之。且喜彌陁甚易念。淨土甚易生。世人雖然難免營辦家緣。亦須早晚焚香念佛。況此念佛法門。人皆可以通行。比如千年暗室。一燈照之則爲明矣。故雖殺牛屠馬之人。放下屠刀。亦可以修。所以修者不難。亦不妨一切俗事。在官者。不放職業。在士者不放修讀。在商賈。不放販賣。在農夫不放耕種。在婦人。不放女工。在公門不放事上。在僧徒。不放叅禪。凡一切所爲。皆不相放。或在晨昏禮念。或在忙裡偸閑。每日或念千聲百聲。或念三五百聲。或念十聲。唯要回向發願。願徃西方。誠能如是。決之徃生矣。陳善男子。你若齋戒精嚴。一心念佛。不生淨土者。某甲當墮拔舌地獄。我見禪師。發誓深重云云。

뎨즈 종본이 ᄉ명쟈 딘시예 나 승감홈이라

두 어버히 어엿비 녀기샤 스성을 쳥ᄒᆞ야 ᄀᆞᄅᆞ치시니 흑의 드러 글을 니기매 아비 ᄀᆞᄅᆞ치고 스셩이 엄ᄒᆞ더라 ᄌᆞ못 시와 녜을 통ᄒᆞ더니 나히 열다ᄉᆞ

신 제 권당형 후목쳐시 이셔 병을 인ᄒ야 셰샹을 ᄇ려 주검이 뷘집의 누엇거늘 내 당문을 디나가다가 이예 죽은 형을 보고 ᄉ대 놀나 저허 근심ᄒ고 의심ᄒ야 스스로 탄ᄒ야 ᄀ로ᄃ 셰샹이 굿디 아니ᄒ야 목숨이 바람엣 촛불 ᄀᆺᄒ다라 무샹이 문득 니르매 피키 어려오며 도망키 어렵도다 ᄒ고 드듸여 집의 나 도을 빅화 뉸회여 ᄡᅱ여 벗고져 호ᄃ 닥가 갈 길흘 아디 못ᄒ야 ᄆᆞ음의 의심ᄒ더니 본경 다뎡이란 고ᄃ 니르러 부텨님ᄭ 녜ᄒ다가 우연히 ᄒ 즁이 단졍히 ᄭᅮ러안자시믈 보고 내 이예 무르되 이 엇던 대덕이닛고 ᄒ대 즁이 ᄀ로ᄃ 나ᄂ 이 유방ᄒᄂ 션화ᄌ로라 ᄒ야ᄂᆯ 깃보믈 이긔디 못ᄒ야 드듸여 즉지 마자 쳥ᄒ야 집의 도라가 ᄀ초 향ᄌ 공양을 밋ᄀ라 이 밧기을 ᄒ마 ᄆᆞᄎ매 션ᄉᄭ 졀ᄒ고 무르되 뎨지 싱ᄉ에 도망코져 호ᄃ 엇더ᄒ 법을 븟터 닷글 둘 아디 못ᄒ노이다 션ᄉ 날ᄃ려 무로ᄃ 셩명이 무어시며 나히 몃치뇨 ᄒ야ᄂᆯ 종본이 ᄃ답ᄒ야 ᄀ로ᄃ 뎨지 셩은 딘가요 일홈은 졍슈요 나흔 열다ᄉ시로쇠다 션ᄉ 찬탄ᄒ야 ᄀ로ᄃ 나히 임의 어리시되 ᄆᆞ음 발홈이 놉흐니 셰샹의 드므리 잇도다 딘 션남ᄌ아 ᄒᄆᆞ음으로 고요히 ᄒ야 내 니르ᄂ 바를 드르라 오직 즐엄길노 닥가 힝홀 ᄃ 이시니 담은 아미타불을 념ᄒ라 종본이 ᄀ로ᄃ 아미타불을 념ᄒ면 엇디 시러곰 싱ᄉ에 문득 ᄡᅱ릿고 션ᄉ ᄀ로ᄃ 부텨님 말ᄉᆷ을 신ᄒ야 브트라 괴로옴을 벗ᄂ 됴흔 법이 념불만 ᄀᆺᄒ미 업스니 만일 념불을 아니ᄒ면 싱ᄉ애 도망키 어려올디니라 무러 ᄀ로ᄃ 념불법문이 어듸셔 난 배 잇ᄂ잇고 ᄃ답ᄒ야 ᄀ로ᄃ 념불법문이 오직 ᄒ 경과 ᄒ 교 듕애 실닌 배 아니라 대개 대쳔흥사 ᄀᆺᄒ 경권 안히 ᄒ나토 념불법문 ᄀᆺ디 아니미 업스니 만일 이 법을 부터 닷그면 결뎡히 졍토애 왕ᄉᆼᄒ리라 무로ᄃ 념불이 얼마나ᄒ 공덕이 잇관ᄃ 가히 ᄡ 졍토애 왕ᄉᆼᄒ릿고 답ᄒ되 만일 사ᄅᆷ이 ᄉ텬하앳 칠보로써 부텨님과 밋 보살과 연각과 셩문들ᄭ 공양ᄒ면 그 복이 심히 만ᄒ나 사람을 권ᄒ야 념불 ᄒ 소릐홈만 ᄀᆺ디 못ᄒ니 그 복이 뎌의셔 승ᄒ니라 무로ᄃ 부텨님 일홈을 ᄒ 소릐호미 엇디 능히 승ᄒ릿고 답호ᄃ 불국왕ᄉᆼ논에 니르샤ᄃ 비컨대 뎌 혹유 사름이 첨의 짜히 나디매 곳 능히 흐로 쳘니식 힝흐야 일쳔히 추도록 가온대 ᄀ득흔 칠보로 밧드러 부텨님긔 보시홀디라도 혹유 사름이 후 사오나온 셰샹에 능히 흔 소리 아미타불을 일쿠름만 ᄀ디 못ᄒ니 그 복이 더의셔 승타 흐시니 제 념홈도 오히려 써 이 ᄀ거든 엇디 ᄒ믈며 ᄂᆞᆷ을 권ᄒ미 ᄯ녀 무로ᄃᆡ 부텨님 덕이 비록 그러히 이 ᄀ흐나 범부의 죄업이 만커니 엇디 일시에 념불ᄒ기로 문득 시러곰 졍토애 왕싱ᄒ릿고 답호ᄃᆡ 십뉵관경애 니르샤ᄃᆡ 지심으로 나모아미타불 흔 소리을 념ᄒ면 팔십억겁 싱ᄉ 듕죄을 멸흔다 ᄒ시니 혹유 사름이 오역시악을 지어실디라도 님죵애 열번만 아미타불을 념ᄒ면 오히려 왕싱호믈 득ᄒ고는 ᄒ믈며 일싱을 직계ᄒ고 념불호미 ᄯ녀 무러 ᄀ로ᄃᆡ 셰간엣 사름이 해 니르ᄃᆡ 집안일이 얽믹이며 셰샹일이 몸애 얽믹여시니 아직 늙그믈 기ᄃᆞ린 연후에 념불ᄒ리라 ᄒᆞᄂᆞ니 이들엣 말을 오직 원ᄒ옵ᄂᆞ니 푸러 주옵쇼셔 ᄃᆡ답ᄒ야 ᄀ로ᄃᆡ 괴롭고 괴로온디라 엇더흔들엣 미혹흔 그른 말을 ᄒᆞᄂᆞ뇨 맛당이 싱각ᄒ라 인싱이 셰샹애 이시이 능히 몃 ᄶᅢ나 ᄒ뇨 돌엣불과 번갯빗치 눈굼젹이매 문득 디나ᄂᆞ니 이 늙디 아니코 병업슨 젼을 조차 몸과 ᄆᆞ음을 썰텨 셰샹일을 ᄡᅳ러ᄇᆞ리고 ᄒᆞ로 광졍을 어더 ᄒᆞ로 부텨님 일홈을 념ᄒ고 ᄒᆞ쌔 공부을 어더 ᄒᆞ쌔 졍업을 닥고 ᄂᆞᆷ의 명이 므ᄎᆞᆯ ᄶᅢ예 님ᄒᆞ야 됴히 죽으며 구지 죽으믈 말믜야 오직 나ᄋᆡ 서려 얽믹요믈 미리 판단ᄒ며 나ᄋᆡ 압길이 편안ᄒ고 번듯ᄒᆞᆯ믈 구ᄒ라 만일 이ᄀ티 아니면 후에 누잇쳐도 ᄯᅳ로기 어려올찌니 싱각ᄒ고 싱각ᄒ라 ᄯᅩ 미타은 심히 념ᄒ기 쉽고 졍토에 심히 나기 쉬오믈 깃거ᄒᆞ노니 셰샹사름이 비록 집안일을 영판호믈 면키 어려오나 ᄯᅩ흔 모로매 일즉 향을 ᄉᆞ로고 부텨님을 념홀디니라 ᄒ믈며 이 념블법문은 사름마다 가히 써 통히 힝홀디니 비컨대 쳔 히나 어두엇던 집이 흔 등이 비최면 붉가디미 ᄀᆞᄐᆞ디라 그러므로 비록 쇼을 죽이며 믈을 잡는 사름이라도 다히든 칼을 노하 ᄇᆞ리고 ᄯᅩ흔 가히 써 닷글디니 이러므로써 닥기 어렵디 아니미니라 ᄯᅩ흔 온갓 쇽ᄉᆞ호미 방해티 아니ᄒ니 벼슬에 잇ᄂᆞᆫ 쟈애 직업ᄒ미 방해롭디 아니ᄒ

고 션비예 잇ᄂᆞ 쟈애 닷가 글 니르미 방해롭디 아니ᄒᆞ고 샹고애 이시매 안자셔 풀며 ᄃᆞ니며 풀기 방해롭디 아니ᄒᆞ고 농부애 이시매 밧갈며 씨 시무미 방해롭디 아니ᄒᆞ고 부인애 이시매 녀인애 노롯ᄒᆞ미 방해롭디 아니ᄒᆞ고 공문애 이시매 우흘 셤기미 방해롭디 아니ᄒᆞ고 즁에 무리애 이시매 션참ᄒᆞ미 방해롭디 아니호미니 무릐 온갓 ᄒᆞᄂᆞ 배 다 서로 방해롭디 아니ᄒᆞ미니라 혹 새배 나조애 이셔 녜ᄒᆞ고 념불ᄒᆞ며 혹 빗얏분 가온대 이셔도 틈을 어더 날마다 혹 쳔 소리 빅 소리을 념ᄒᆞ며 혹 삼빅 소리 오빅 소리을 념ᄒᆞ며 혹 열 소리을 념호디 오직 모로매 회향ᄒᆞ야 원을 발ᄒᆞ야 셔방애 가 나믈 원홀디니라 진실노 능히 이ᄀᆞ티 ᄒᆞ면 결명히 왕ᄉᆡᆼᄒᆞ리니 딘 션남ᄌᆞ아 네 만일 지계ᄒᆞ기을 졍미로이 싁싁이 ᄒᆞ야 ᄒᆞᆫᄆᆞ음오로 부텨님을 념ᄒᆞ고 졍토애 나디 못홀딘대 내 반ᄃᆞ시 혀 쌔야 밧 가ᄂᆞ 디옥애 써러드리라 ᄒᆞ시거ᄂᆞᆯ 내 션ᄉᆞ을 보고 밍셰 발ᄒᆞ믈 깁고 듕히 호리 ᄒᆞ니라

제자 종본이 사명 땅 진씨로 태어나 승감承感함이라

두 어버이가 (종본이를) 가엾이 여기시어 스승을 청하여 가르치시니, 학당에 들어가 글을 익힘에 아버지가 가르치고 스승이 엄한지라, 자못 『시경』과 『예기』를 통하였다. 나이 열다섯인 때에 권당眷黨(친척)의 형 후목朽木 처사가 있어 병으로 인하여 세상을 버려 주검이 빈집에 누워 있거늘 내가 당문堂門(집의 문)을 지나가다가 이내 죽은 형을 보고 사대四大가 놀라 저어하여 근심하고 의심하여 스스로 한탄하여 말하기를, "세상이 굳지 아니하여 목숨이 바람 앞의 촛불과 같은지라. 무상無常이 문득 이르매 피하기 어려우며 도망하기 어렵도다." 하고 드디어 집에서 나와 도를 배워 윤회에서 뛰어 벗어나고자 하되, 닦아 갈 길을 알지 못하고 마음으로 의심하였다. 본경本境(이 지역) 다정茶亭이란 곳에 이르러 부처님께 예배드리다가 우연히 한 중이 단정히 꿇어앉아 있는 것을 보고 내가 이내 묻기를, "이 어떤 대덕大德입니까?" 하니, 중이 말하기를 "나는 유방遊方하는 선화자禪和子로다." 하거늘,

기쁨을 이기지 못하여 드디어 즉시 맞아 청하여 집에 돌아가 갖추어 향재香齋 공양을 만들어 대접하였다. 대접을 마치매 선사께 절하고 여쭙기를, "제자가 생사에서 도망하고자 하되, 어떠한 법에 의지하여 닦아야 할지를 알지 못하겠습니다."

선사가 나더러 묻기를, "성명이 무엇이며 나이는 몇이냐?" 하거늘, 종본이 대답하여 가로되, "제자의 성은 진가요, 이름은 정수靜修요, 나이는 열다섯이로소이다." 하였다. 선사가 찬탄하여 가로되 "나이가 아직 어리되, 마음으로 발원함이 높으니 세상에 드문 일이도다. 진 선남자야, 한마음으로 고요히 하여 내가 이르는 바를 들어라. 오직 지름길로 닦아 행할 것이 있으니, 다만 아미타불을 염하라." 하였다.

종본이 가로되, "아마타불을 염하면 어떻게 능히 생사에서 문득 뛰어넘을 수 있겠습니까?" 하니, 선사가 가로되, "부처님 말씀을 믿어 의지하라. 괴로움에서 벗어나는 좋은 법이 염불 같은 것이 없으니 만일 염불을 아니하면 생사에서 도망하기 어려울지니라." 하였다.

물어 가로되, "염불법문은 어디서 나온 바가 있습니까?" 하니, 대답하여 가로되, "염불법문은 오직 한 경經과 한 교敎 가운데 실려 있는 바가 아니다. 대개 대천 항하사 같은 경전 안에 하나도 염불법문 갖추지 않은 것이 없으니, 만일 이 법에 의지해 닦으면 분명히 (극락)정토에 왕생하리라." 하였다.

묻기를, "염불이 얼마만한 공덕이 있기에 가히 정토淨土에 왕생할 수 있겠습니까?" 하니, 답하되, "만일 사람이 사천하에 있는 칠보七寶로써 부처님과 보살과 연각과 성문들께 공양하면 그 복이 심히 많으나, 사람에게 권하여 염불 한 소리 한 것만 같지 못하니, 그 복이 저것(칠보공양)보다 나으니라." 하였다.

묻기를, "부처님 이름을 한 소리를 함이 어찌 능히 낫겠습니까?" 하니, 답하되, 『불국왕생론』에 이르시되, 비유컨대 혹 저기 어떤 사람이 처음에 땅에 태어나면서 곧 능히 하루에 천 리씩 행하여 천년이 차도록 (땅) 가운데에 가득한 칠보로 받들어 부처님께 보시할지라도, 혹 어떤 사람이 후에 사나운 세상에 능히 한 소리 아미타불을 일컫는 것만 같지 못하니, 그 복이 저것보다 낫다고 하신 것이니라. 자기가 염하는 것도 오히려 이와 같은데 어찌 하물며 남에게 권함이 그렇지 않겠느냐?" 하였다.

묻기를, "부처님 덕이 비록 그렇게 이와 같으나 범부의 죄업이 많은데 어찌 일생에 염불하는 것으로 문득 능히 정토에 왕생하겠습니까?" 하니, 답하되, "『십육관경』에 이르시되, '지심至心으로 나무아미타불 한 소리를 염하면 팔십억겁 생사 중죄를 멸한다.'고 하셨으니, 혹 어떤 사람이 오역십악五逆十惡을 지었을지라도 임종에 아미타불을 열 번만 염하면 오히려 왕생함을 득하거늘, 하물며 일생을 재계하고 염불함에야 말해 무엇 하겠느냐?" 하였다.

물어 가로되, "세상에 사는 사람이 많이 말하되 집안일이 얽매며 세상일이 몸에 얽매였으니 아직 늙음을 기다린 후에 염불하리라 하나니, 이들의 말을 오직 원하나니 풀이하여 주옵소서." 하니, 답하여 가로되, "괴롭고 괴로운지라. 어떤 사람들이 미혹하고 그른 말을 하는가? 마땅히 생각하여라. 인생은 세상에 있으니, 능히 몇 때나 있겠느냐? 돌불과 번갯빛이 눈 깜짝할 사이에 문득 지나가나니, 이 늙지 않고 병 없던 과거를 좇아 몸과 마음을 떨쳐 내어 세상일을 쓸어버리고, 하루 광경光景을 얻어 하루 동안 부처님 이름을 염하고, 한때를 내어 공부를 하고, 한때에 정업淨業을 닦고, 남의 목숨이 마칠 때를 임하여 잘 죽으며 나쁘게 죽음을 말미암아 오직 내가 얽히고 설킴을 미리 판단하여 나의 앞길이 편안하고 번듯하기를 구하라. 만일 이같이 하지 않으면 후에 뉘우쳐도 따르기가 어려울지니 생각하고 생각하라. 또한 아미타는 매우 염불하기 쉽고 정토에 태어나기도 매우 쉬움을 기뻐하나니, 세상 사람이 비록 집안일을 영판營辦(다스리고 주관)하는 것을 면키는 어려우나 또한 모름지기 일찍 향을 사르고 부처님을 염할지니라. 하물며 이 염불법문은 사람마다 가히 두루 행할지니, 비유하건대 천년이나 어두웠던 집에 하나의 등이 비치면 밝아짐과 같은 것이라. 그러므로 비록 소를 죽이며 말을 잡는 사람이라도 잡던 칼을 놓아 버리고 또한 가히 닦을 수 있을 것이니, 그러므로 닦기 어렵지 않은 것이다. 또한 온갖 세속의 일을 하는 것이 방해되지 아니하니 벼슬에 있는 자에게는 직업 하는 것이 방해되지 아니하고, 선비로 있는 자에게는 닦아 글 읽는 것이 방해되지 아니하고, 상고商賈(장수)로 있음에 앉아서 팔며 다니면서 파는 것이 방해되지 아니하고, 농부로 있음에 밭 갈며 씨를 심는 것이 방해되지 아니하고. 부인으로 있음에 여인 노릇함이 방해되지 아니하고 공문公門(궁궐)에 있음에 윗사람을 섬기는 것이 방해되지 아니하고, 중의 무리에 있음에 참선함이 방해되지 아니함이니, 무리의 온갖 하는 바가 모두 서로 방해되지 아니하니라. 혹 새벽과 저녁에 예배하고 염불하며, 혹 바쁜 가운데에도 틈을 얻어(내어) 날마다 혹 천 소리, 백 소리를 염불하며 혹 삼백, 오백 소리를 염불하며 혹 열 소리를 염불하되 오직 반드시 회향回向하여 서원을 발하여 서방에 가서 태어나기를 원할지니라. 진실로 능히 이같이 하면 분명히 왕생하리니, 진 선남자야, 네가 만일 재계하기를 정미精微롭고 엄숙하게 하여 한마음으로 부처님을 염하고서도 정토에 태어나지 못할진대, 나는 반드시 혀를 빼어 밭을 가는 지옥에 떨어지리라." 하시었다. 내가 선사를 보고 "맹세 발원함을 깊고 중히 하겠습니다." 하였다.

여동빈呂洞賓[6] 오도송

　동빈이 검을 날려 황룡 선사를 베려 하다가 도리어 황룡 선사에게 항복하였다. 황룡 선사를 뵙고서는 바야흐로 진성眞性을 알아 도를 깨닫고 드디어 게偈 하나를 읊었다.

　표주박과 바랑 버리고 거문고 깨부수고
　이제는 영중 땅의 황금 생각지 않노라
　한 번 황룡 선사 뵈온 후로는
　비로소 전부터 마음 잘못 쓴 것 알았네.

呂洞賓悟道頌
洞賓飛劍斬黃龍。却被黃龍降伏。及見黃龍禪師。方悟眞性了道。遂說一偈云。弃却瓢囊擊碎琴。如今不戀永中金。自從一見黃龍後。始覺從前錯用心。

녀동빈에 도 알고 지은 글이라
동빈이 검을 늘녀 황뇽션ᄉᆞ을 버히려 ᄒᆞ다가 도로혀 황뇽션ᄉᆞ의 항복ᄒᆞ이믈 닙고 밋 황뇽션ᄉᆞ을 보고 비야호로 진셩을 아라 도를 알고 드듸여 ᄒᆞ 게을 니르되 표ᄌᆞ박과 ᄂᆞ못츨 ᄇᆞ리며 거문고을 텨 ᄇᆞ의티고 이지ᄂᆞᆫ 영듕짜 힛 금을 싱각디 아니ᄒᆞ노라 ᄒᆞ번 황뇽션ᄉᆞ을 본 후로부터 비로서 견오로부터 ᄆᆞ음 그릇 쓰믈 알괘라 ᄒᆞ니라

　여동빈呂洞賓이가 도를 알고 지은 글이다

6　여동빈呂洞賓 : 당나라 도사. 이름은 엄嚴. 동빈은 자. 호는 순양자純陽子.

동빈이가 검을 날려 황룡 선사를 베려 하다가 도리어 황룡 선사에게 항복당함을 입고 황룡 선사를 보고 바야흐로 진성眞性을 알아 도를 깨닫고 드디어 하나의 게偈를 이르되,

  표주박과 주머니(물거름자루) 버리고 거문고 쳐 부서뜨리고
  이제는 영중 땅의 황금 생각지 아니하노라.
  한 번 황룡 선사를 본 후로부터
  비로소 전부터 마음 잘못 썼음을 알았도다.

하였다.

백낙천의 송

내 나이 칠십하나.
다시는 시 읊지 않으리.
경전 읽는 것은 눈 힘만 허비하는 것이요,
복을 지음에 분주한 물결에 휩쓸릴까 두렵네.
어떻게 마음과 눈을 제도할까?
아미타불 한 소리라.
걸을 때도 아미타불
앉아서도 아미타불
비록 화살처럼 바쁠지라도
미타 염불 그치지 않으리.
통달한 이는 나를 보고 웃겠지.
아미타불 염불만 많이 한다고.
통달하면 또 어찌할 것이며
통달하지 못하면 또 어떠하리.
널리 법계 중생들에게 권하노니
아미타불 함께 염하기를.
윤회의 괴로움 벗어나려면
부디 아미타불 염해야 하리.

白樂天頌

白樂天頌云。余年七十一。不復事吟哦。看經費眼力。作福畏奔波。何以度心眼。一聲阿彌陀。行也阿彌陀。坐也阿彌陁。縱饒忙似箭。不離阿彌陁。達人應笑我。多却阿彌陀。達又作麽生。不達又如何。普勸法界衆。同念阿彌陁。要脫輪廻苦。須念阿彌陀。

빅낙텬의 숑이라

빅낙텬이 글 지어 니로되 내 나히 닐흔흔나히라 다시 글읇기을 일삼디 아니ᄒ고 경 보기ᄂ 눈힘만 허비ᄒᄂ 커시요 복 지으믄 물결 둣둣호믈 저허 ᄒ노라 엇디 써 ᄆ음과 눈을 디낼고 흔 소릐 아미타을 념홀노다 ᄃ니매도 아미타요 안즈매도 아미태로다 비록 쌘르미 살 ᄀᆺ 홀씨라도 아미타을 여휘디 아닐노다 통달흔 사ᄅᆷ이 반ᄃ시 나이 아미타불 만히 념ᄒ믈 우스려니와 달ᄒ미 ᄯ 무어시며 달티 못ᄒ미 ᄯ 엇디ᄒ리요 너비 법계옛 무리의게 권ᄒ노니 흔가지로 아미타을 념ᄒ라 뉸회예 괴로오믈 벗고져 홀딘대 부듸 아미타을 념ᄒ라 ᄒ니라

백낙천白樂天의 송頌이다
백낙천이 글을 지어 이르길,

내 나이는 일흔하나라.
다시 글 읊기를 일삼지 아니하고
경經을 보는 것은 눈의 힘만 허비하는 것이요,
복을 짓는 것은 물결 달리듯 함을 저어하노라.
어떻게 마음과 눈을 지나게 할까?
한 소리 아미타를 염할 것이로다.
다님에도 아미타요,
앉음에도 아미타로다.
비록 빠름이 화살 같을지라도
아미타를 여의지 말 것이로다.
통달한 사람은 반드시 내가
아미타불 많이 염하는 것을 웃으려니와
통달함은 무엇이며,

통달하지 못함은 또 어찌하겠는가?
널리 법계의 무리에게 권하노니,
한가지로 아미타불을 염하라.
윤회의 괴로움에서 벗어나고자 할진대
부디 아미타를 염하라.

하였다.

송 재상 무진 거사

무진 거사가 말하기를 "몸이 재상 자리에 있음을 탄식하노니, 뜻은 공문空門[7]을 즐겨 하노라. 이 세계를 생각건대, 오탁이 마음을 어지럽히고 많은 악이 본성에 섞여 있는데 정관력正觀力[8]도 없고 요인력了因力[9]도 없어 본성이 미타요 마음이 정토임을 깨닫지 못하는구나. 삼가 석가세존의 금구金口로 하신 가르침을 따르고, 서방 극락세계 아미타불을 오로지 염하며 저 세존의 크나큰 원력願力의 가피를 받아 지니기를 구하노라. 과보가 가득 찰 때를 기다려 극락에 왕생하는 것은 마치 순조로운 물길에 배를 타서 내 힘을 들이지 않아도 이르게 되는 것과 같도다." 하였다.

宋相無盡居士

無盡居士云。自歎身居相位。意樂空門。思此世界。五濁亂心。衆惡雜性。無正觀力。無了因力。本性彌陁。唯心淨土。不能悟達。謹遵釋迦世尊金口之敎。專念西方極樂世界阿彌陀佛。求彼世尊大願大力。加被攝受。待報滿時。徃生極樂。猶如順水乘舟。不勞自力而到矣。

송나랏 직샹 무진거시라

무진거시 니로딕 스스로 몸이 직샹 벼슬에 이시믈 탄ᄒᆞ고 ᄯᅳᆺ에 공문을 즐겨 이 셰계예 오탁이 ᄆᆞ음을 어즐이고 뭇 사오나온거시 본셩애 셕겨시되 졍관힘이 업스며 뇨인힘이 업논디라 본셩이 미타요 오직 ᄆᆞ음이 졍톤 줄을 능

---

7 공문空門 : '불교'를 달리 이르는 말. 불교가 공空 사상을 근본으로 하므로 이렇게 이른 것이다.
8 정관력正觀力 : 올바른 통찰력. 지혜로써 대상을 있는 그대로 파악하는 힘.
9 요인력了因力 : 인식하는 힘. '요인불성了因佛性'은 삼불성三佛性의 하나로, 성불의 원인이 되는, 진리를 관조함으로써 드러나는 지혜를 말한다.

히 아디 못ᄒᆞ믈 싱각ᄒᆞ야 삼가 셕가 셰존에 금구에 교을 준힝ᄒᆞᄉᆞ와 셔방 극낙셰계 아미타불을 오올나 념ᄒᆞ야 뎌 셰존에 큰 원과 큰 힘으로 더 닙펴 셥슈호믈 구ᄒᆞ야 뵈 찬 재예 극낙애 왕싱ᄒᆞ기을 슌ᄒᆞᆫ 물에 ᄇᆡ를 ᄐᆞ미 ᄀᆞᆺᄒᆞ야 내 힘을 잇비 아녀도 니르믈 기ᄃᆞ리뇌다 ᄒᆞ니라

송나라 재상 무진 거사라

무진 거사가 이르기를, "스스로 몸이 재상 벼슬에 있음을 탄식하고 뜻에 공문空門을 즐기어 이 세상에 오탁五濁이 마음을 어지럽히고 많은 나쁜 것들이 본성에 섞이었으되, 정관正觀할 힘이 없으며 요인了因할 힘이 없는지라. 본성은 아미타요 오직 마음은 정토인 줄을 능히 알지 못함을 생각하여 삼가 석가세존의 금구金口의 가르침을 준행하여 서방 극락세계 아미타불을 온전히 염하고 저 세존의 큰 원력으로 더 입히어 섭수攝受[10]하기를 구하여 과보가 찬 때에 극락에 왕생하기를 순한 물에서 배를 타고 가는 것과 같으며, 나의 힘을 고단하게 아니 해도 (극락에) 다다르기를 기다리나이다."라고 하였다.

---

10 섭수攝受 : 자비심으로 중생을 보살피고 구제해 주는 것.

호제동자다라니경[11]

보광정견여래普光正見如來가 전도녀顚倒女에게 말하였다. 저 아비지옥과 무상한 살귀殺鬼는 인정으로 구하여 벗어나기 어렵다. 비록 무량한 칠보七寶가 있다 하더라도 목숨을 대신 사지 못할 것이다. 또 국왕이나 왕자나 대신과 장자들이 그 세력을 믿을지라도 무상한 살귀가 이르러 그 보배로운 목숨을 끊는 것을 그 누구도 피할 수 없다. 오직 부처 불佛 한 글자만이 능히 이 고통에서 벗어나게 할 수 있다.

護諸童子陀羅尼經。普光正見如來。語顚倒女云。彼阿鼻地獄。無常殺鬼。情求難脫。縱有無量七寶。無能贖命。縱使國王王子大臣長者。恃其勢力。無常鬼至。斷其寶命。無一能免。唯佛一字。能免斯苦云云。

호제동ᄌᆞ다라니경에 보광정견여러 뎐도녀ᄃᆞ려 니르샤딕 뎌 아비디옥과 덧덧홈 업슨 살권은 인정오로 구ᄒᆞ야 벗기 어려오니 비록 혜아림 업슨 금은과 칠뵈 이실디라도 능히 목숨을 사디 못홀 거시요 설ᄉ 비록 국왕과 왕ᄌ와 대신과 가오면 사름이 그 세력을 미들디라도 무샹귀 니르러 그 보븨로온 목숨을 긋츠문 ᄒᆞ나토 능히 면ᄒᆞ리 업거니와 오직 부텨 ᄒᆞᆫ 직 능히 이 괴로오믈 면ᄒᆞ다 ᄒᆞ시니라

『호제동자다라니경護諸童子陀羅尼經』에 "보광정견여래가 전도녀에게 이르시길, 저 아비지옥과 일정함이 없는 살귀殺鬼는 인정으로 구하여 벗어나기 어려우니, 비록 헤아릴 수 없이 많은 금은과 칠보가 있을지라도 (그것으

---

11 『호제동자다라니경護諸童子陀羅尼經』: 『불설호제동자다라니주경佛說護諸童子陀羅尼呪經』의 별칭.

로) 능히 목숨을 사지 못할 것이요, 설사 비록 국왕과 왕자와 대신과 부유한 사람이 그 세력을 믿을지라도 무상한 살귀가 이르러 그 보배로운 목숨을 끊는 것을 하나도 능히 면하게 할 수 있는 사람이 없거니와 오직 부처(佛) 한 글자만은 능히 이 괴로움을 면할 수 있다."고 하시었다.

역자 후기

　염불보권문은 18세기에 염불신앙을 권장하기 위하여 명연 스님이 펴낸 염불 종합서이다. 이 책은 서민대중을 위한 염불서로서, 그 중요한 몇 가지 가치를 지적하면 다음과 같다. 첫째, 이 책은 명연 스님 이전부터 전해 오던 여러 불서를 비롯해 주로 18세기 염불신앙의 대중화 과정을 화석처럼 간직하고 있는 염불 종합서적이라 할 수 있다. 둘째, 이 책은 18세기 초에 처음 편찬된 이후 거의 백 년 동안 전국의 주요 사찰들에서 증보·간행됨으로써 18세기 각 지역의 방언을 담고 있는 한글 불전 자료집이다. 셋째, 조선 전기에 간경도감에서 언해·간행한 불전이 관판문헌의 대표적인 사례라면, 이 책은 조선 후기 여러 사찰에서 언해 간행·유포된 사찰판 불전언해의 대표적인 사례라 할 수 있다. 넷째, 염불에 관한 여러 영험 체험은 물론이고 염불을 권면하는 시가(가사와 한시)·산문(불교소설, 발원문), 반야심경 독송자료 등 다양한 층위의 다양한 양식의 실상을 보여주는 책이다. 이와 같은 점에서 앞으로 많은 생산적인 담론을 창출해 낼 수 있는 불교문화사적 자료로 평가된다.

　이처럼 다양한 가치를 지닌 이 책을 국어학 전공자와 국문학 전공자가 함께 머리를 맞대고 현대어로 번역·소개하는 일은 매우 바람직한 일이라 생각된다. 마침 동국대학교 불교문화연구원에서 계획한 한국불교전서역주 사업의 일환으로 이 책의 공동번역 작업에 역자의 일원으로 참여하게 된 것은 참으로 불연佛緣이 아닐 수 없다. 가연佳緣을 맺어 준 불교문화연구원 측에 감사드리며, 묵묵히 고전의 현대화를 위해 헌신하는 한국불교전서 편집부 선생님들, 그리고 교정의 번거로움을 웃음으로 감싸준 출판부의 한동진 선생님께 감사드린다.

2012. 9.
정 우 영

찾아보기

개경게開經偈 / 87
개법장진언開法藏眞言 / 88
『관경觀經』 / 77, 128
관음보살 자재 여의륜주 / 115
『금강경』 / 70

『나선경那先經』 / 58
나옹 화상 서왕가西往歌 / 104

대불정수능엄신주大佛頂首楞嚴神呪 / 114
『대비경大悲經』 / 37
『대아미타경大阿彌陁經』 / 41
대자보살大慈菩薩 / 51
『대집경大集經』 / 37
『대화엄경大華嚴經』 / 55
도량게道場偈 / 90

명연明衍 / 32
『무량수경無量壽經』 / 45

무량수불설왕생정토주無量壽佛說往生淨土
呪 / 160
『미타감응도彌陁感應圖』 / 70

백낙천白樂天 / 31, 212
『법원주림法苑珠林』 / 66
『법화경法華經』 / 51, 55
부모효양문父母孝養文 / 128
불설아미타경阿彌陀經 / 147

사십팔 대원四十八大願 / 37, 174
소동파蘇東坡 / 31
『십육관경十六觀經』 / 37

여동빈呂洞賓 / 210
여래십대발원문如來十大發願文 / 101
염불작법念佛作法 / 87
『예념미타도량참법禮念彌陀道場懺法』 / 31
왕랑반혼전王郎返魂傳 / 176
왕생게往生偈 / 100
『왕생전往生傳』 / 64, 68, 72, 74, 79, 81
왕자성王子成 / 31
용문사龍門寺 / 32

염불보권문 • 221

『유마경維摩經』 / 144
이태백李太白 / 31
인과문因果文 / 109
임종정념결臨終正念訣 / 120

정구업진언淨口業眞言 / 87
『지장경』 / 82
『징험전』 / 77

찬불게讚佛偈 / 91

참회게懺悔偈 / 91
『천수경千手經』 / 73
청허淸虛 / 32

현씨발원문玄氏發願文 / 161
현씨행적玄氏行跡 / 168
『현호경賢護經』 / 51
『호제동자다라니경護諸童子陀羅尼經』 / 217
『화엄경』 / 30
황산곡黃山谷 / 31
회심가고 / 131